格下げは
"事前に予測" できる！

社債格付の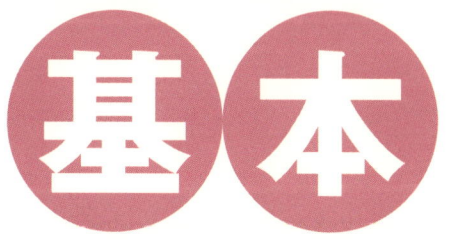

近藤 登喜夫 著

税務経理協会

はしがき

　格付は米国で発達し，日本には1980年代後半に導入され，定着しています。ところが，エンロンやワールドコムの破綻に際して格下げが十分に行われていなかったこと，リーマンショック時において高い格付が付与されていた証券化商品が相次いでデフォルトしたこと，リーマン・ブラザーズが破綻する数日前までA格という高い格付であったこと，最近ではエルピーダメモリが格付BBB－という投資適格のままで破綻したことなどから，格付に対する信頼性が揺らいでいます。

　筆者は，1990年前後に格付機関に勤務し，格付アナリストとしてさまざまな業種に属する企業の格付に従事してきました。その後，保険会社において格付を取得する立場から，格付会社5社のインタビュー（レビュー）を受け，あるいは質問項目に対する説明を行うといった経験をしています。リーマンショック前後には有価証券や貸付のリスク管理をする地位にあり，格付を利用した投資枠を設定することや，個別企業のクレジットリスクをチェックする業務を担当しています。このように，格付を付与する，取得する，利用するという3つの立場において豊富な経験を積んできました。

　本書は，格付を利用する立場に立ち，投資家を主なターゲットとして執筆しています。

　米系格付会社は日本企業に厳しいとか，日系の格付会社は米系格付会社よりも甘いという意見に接することがありますが，それは基準となる座標軸を持たず，本質を理解していないことによるものです。日米格付会社の格付格差，個別格付会社の特徴などを正しく理解した上で，格付を利用する必要があります。

　利用上の問題として，格付の遅行性があり，格下げをどのように予測するかという課題があります。とくに，BBB格クラスの債券に投資する際には，格

付符号を鵜呑みにするのではなく，利用者自身がある程度の分析をする必要があります。その分析をする際のポイントや，どのように格下げを見通すかについても言及しています。

　本書は二部構成であり，第1部では格付に関する知識や格付手法について述べています。第2部では主に事業債を中心に，格付分布の全体像を把握すること，そして格付を利用する方法について述べています。

　格付をきちんと理解した上で利用すれば，格付は極めて有用なものということができます。そのために必要となる知識やノウハウを，幅広くかつ多角的視点から網羅的に取り扱っており，格付を利用した投資判断，投資枠の管理，格下げの事前予測，格付を利用したリスク管理を行う上で，参考になるものと確信する次第です。

　なお，本書の中で示された内容や意見は，あくまで筆者の個人的見解であり，所属する企業の見解を示すものではありません。

平成24年12月

近藤　登喜夫

目次
CONTENTS

はしがき

PART1　格付に関する知識

CHAPTER1　格付会社　　2

≫1　格付会社とは……………………………………………………… 2
≫2　米国の格付会社の歴史………………………………………… 3
≫3　日本の格付会社の歴史………………………………………… 5
　（1）適債基準……………………………………………………… 5
　（2）格付会社の設立……………………………………………… 6
≫4　格付会社の業容………………………………………………… 8
≫5　米国のNRSRO登録会社……………………………………… 10

CHAPTER2　格付の種類　　15

≫1　格付符号の意味………………………………………………… 15
　（1）格付符号（レター）………………………………………… 15
　（2）投資適格と投機的格付…………………………………… 17
　（3）各種の格付符号……………………………………………… 17
≫2　格付の種類……………………………………………………… 18
　（1）発行体格付…………………………………………………… 18
　（2）長期債務格付………………………………………………… 18
　（3）短期格付……………………………………………………… 20

- 》3 格付対象 …………………………………………………… 21
- 》4 勝手格付 …………………………………………………… 22
  - （1）依頼格付と勝手格付 ………………………………… 22
  - （2）勝手格付に関する批判 ……………………………… 22
  - （3）山一證券事件 ………………………………………… 24
  - （4）勝手格付の利用制限 ………………………………… 26
  - （5）勝手格付（非依頼格付）の価値 …………………… 26

CHAPTER 3　格付の利用　　28

- 》1 米国のネット・キャピタル・ルール …………………… 28
- 》2 バーゼルⅡの自己資本比率規制 ………………………… 29
- 》3 証券化商品格付に関する利用上の注意 ………………… 31
- 》4 保険会社 …………………………………………………… 33
  - （1）日本のソルベンシー・マージン比率規制 ………… 33
  - （2）米国における債券保有 ……………………………… 34
- 》5 年金基金等 ………………………………………………… 35
  - （1）年金積立金管理運用独立行政法人 ………………… 35
  - （2）地方職員共済組合 …………………………………… 37
- 》6 投資信託 …………………………………………………… 39

CHAPTER 4　格付会社における企業分析の視点　　41

- 》1 格付プロセス ……………………………………………… 41
- 》2 重視する財務指標 ………………………………………… 43
  - （1）財務指標 ……………………………………………… 43
  - （2）R&Iのゾーン別財務指標 …………………………… 46
  - （3）業種別の違い ………………………………………… 48
- 》3 金融機関 …………………………………………………… 50
- 》4 ストラクチャード・ファイナンス商品 ………………… 52
  - （1）ABSの仕組み ………………………………………… 52
  - （2）格付の視点 …………………………………………… 52

目 次

　　　① 債権譲渡……………………………………………………………… 52
　　　② SPV …………………………………………………………………… 54
　　　③ サービサー…………………………………………………………… 54
　　　④ キャッシュ・フローと信用補完……………………………………… 54
≫5　手順と日程 ……………………………………………………………………… 55

CHAPTER 5　格付会社間の格付格差　　　　　　　　　　　　　　　　　57

≫1　累積デフォルト率 ……………………………………………………………… 57
　（1）バーゼルⅡの規定 …………………………………………………………… 57
　（2）累積デフォルト率比較 ……………………………………………………… 59
　（3）累積デフォルト率を比較する上での問題 ………………………………… 61
　　　① 過去の計算期間……………………………………………………… 63
　　　② デフォルトの定義…………………………………………………… 63
　　　③ 格付取消しの取扱い………………………………………………… 65
≫2　大手格付会社による日本企業格付と累積デフォルト率 …………………… 68
　（1）地域別の格付状況 …………………………………………………………… 68
　（2）日本企業の格付が低かった理由の考察 …………………………………… 69
　　　① 価値観の違い………………………………………………………… 69
　　　② メイン銀行制度……………………………………………………… 70
　　　③ 財務体質の違い……………………………………………………… 70
≫3　格付格差の推移 ………………………………………………………………… 71
≫4　具体的な格付格差の検証 ……………………………………………………… 72
　（1）事業会社 ……………………………………………………………………… 72
　　　① 東京電力……………………………………………………………… 72
　　　② 製造業………………………………………………………………… 73
　　　③ 商社…………………………………………………………………… 73
　　　④ その他の事業会社…………………………………………………… 74
　（2）親子会社 ……………………………………………………………………… 74
　（3）金融機関 ……………………………………………………………………… 75
≫5　世界の自動車業界に関する格付 ……………………………………………… 75

CHAPTER 6　格付に対する信用低下　79

》1 投資家の評価 ……………………………………………………… 79
　（1）アンケート …………………………………………………… 79
　（2）情報誌 ………………………………………………………… 81
　（3）格付の失敗 …………………………………………………… 82
》2 マイカル ………………………………………………………… 82
》3 エンロンとワールドコム ……………………………………… 85
　（1）エンロン ……………………………………………………… 85
　（2）ワールドコム ………………………………………………… 87
》4 CDO等の証券化商品 …………………………………………… 88
　（1）住宅ローンの証券化 ………………………………………… 88
　（2）証券化商品のデフォルト率 ………………………………… 89
　（3）デフォルト率とデフォルト相関 …………………………… 93
　　① デフォルト率とデフォルト相関 …………………………… 93
　　② 数理モデル検証 ……………………………………………… 95
　（4）国内の証券化商品 …………………………………………… 96
》5 リーマン・ブラザーズ ………………………………………… 99
》6 エルピーダメモリ ……………………………………………… 101

CHAPTER 7　格付会社に対する規制　105

》1 証券監督者国際機構（IOSCO）………………………………… 105
　（1）基本行動規範 ………………………………………………… 105
　（2）行動規範の遵守状況 ………………………………………… 109
》2 米国の規制 ……………………………………………………… 109
　（1）信用格付機関改革法 ………………………………………… 109
　（2）ドッド＝フランク法 ………………………………………… 110
》3 日本の規制 ……………………………………………………… 111
　（1）信用格付業者制度 …………………………………………… 111
　（2）金融商品取引法改正の目的 ………………………………… 112
　（3）信用格付業者向けの監督指針（平成22年4月）………… 112

》**4** 格付の利用のあり方 …………………………………………… 114

PART2　社債投資のための格付利用法

CHAPTER 1　格付格差の分析　　120

》**1** 格付件数 ……………………………………………………… 121
》**2** 格付ノッチ差 ………………………………………………… 123
》**3** AA格の分析 ………………………………………………… 129
　（1）自己資本1兆円以上 ………………………………………… 129
　（2）自己資本5,000億円以上1兆円未満 ……………………… 132
　（3）自己資本5,000億円未満 …………………………………… 134
》**4** A－の分析 …………………………………………………… 136
》**5** BBB－以下の分析 …………………………………………… 140

CHAPTER 2　業種別の格付状況　　141

》**1** 業種ごとの特徴 ……………………………………………… 141
　（1）鉱業，建設 …………………………………………………… 142
　（2）食品 …………………………………………………………… 143
　（3）繊維，紙パルプ ……………………………………………… 144
　（4）化学，医薬品 ………………………………………………… 145
　（5）石油・石炭，ゴム，ガラス・土石製品，鉄鋼，非鉄金属 …… 146
　（6）金属製品，機械 ……………………………………………… 148
　（7）電機機器 ……………………………………………………… 149
　（8）輸送用機器，精密機器，その他製造 ……………………… 150
　（9）電力，ガス …………………………………………………… 152
　（10）陸運，海運，空運，倉庫・運輸関連 ……………………… 152
　（11）情報・通信 ………………………………………………… 154
　（12）卸売，小売 ………………………………………………… 155
　（13）不動産，サービス ………………………………………… 156
　（14）その他金融 ………………………………………………… 157

- 》**2** 格付のない優良企業 ……………………………………………… 158
- 》**3** 一般事業会社の格付取得状況 …………………………………… 159
- 》**4** その他金融会社の格付取得状況 ………………………………… 176

CHAPTER 3　業界レポートの利用　　　　　　　　　　　　　　178

- 》**1** 業種別格付方法レポート ………………………………………… 178
- 》**2** 格付方法レポートの内容 ………………………………………… 180
- 》**3** 格付会社の分析深度 ……………………………………………… 185
  - （1）産業の特性 ………………………………………………… 185
  - （2）市場地位，競争力のポイント …………………………… 188

CHAPTER 4　有価証券報告書の活用　　　　　　　　　　　　　193

- 》**1** 有価証券報告書の構成 …………………………………………… 193
- 》**2** 企業の概況と業績等の概要 ……………………………………… 195
- 》**3** 財務分析 …………………………………………………………… 197
  - （1）利益 ………………………………………………………… 197
  - （2）EBITDA …………………………………………………… 198
  - （3）キャッシュ・フロー ……………………………………… 198
  - （4）有利子負債 ………………………………………………… 202
  - （5）自己資本 …………………………………………………… 203
- 》**4** 金融取引 …………………………………………………………… 206
  - （1）メイン銀行 ………………………………………………… 206
  - （2）担保提供状況 ……………………………………………… 207
- 》**5** 事業等リスク ……………………………………………………… 209
  - ① 市況変動 ……………………………………………………… 209
  - ② 多額な設備投資 ……………………………………………… 211
  - ③ 戦略的提携 …………………………………………………… 211
  - ④ 産業活力の再生 ……………………………………………… 211
  - ⑤ 財務制限条項 ………………………………………………… 212

目 次

CHAPTER 5　格下げの事前予測　214

≫1　エルピーダメモリ………………………………………… 214
（1）社債の発行……………………………………………… 214
（2）ニュースリリースの精読……………………………… 217
（3）破綻までの経緯………………………………………… 217
≫2　コバレントマテリアル……………………………………… 221
（1）業績推移………………………………………………… 221
（2）ニュースリリースの理解……………………………… 225
（3）事業譲渡の分析………………………………………… 225
≫3　リーマン・ブラザーズ…………………………………… 227
（1）業績悪化………………………………………………… 227
（2）格付会社レポートの利用……………………………… 231
（3）破綻に至るまで………………………………………… 231

CHAPTER 6　格付を上手に利用する方法　236

≫1　格付の遅行性……………………………………………… 236
（1）日程上の制約…………………………………………… 237
（2）実績数値による制約…………………………………… 237
（3）マンパワーの制約……………………………………… 238
≫2　日米格付会社間の格付格差……………………………… 238
（1）事業会社………………………………………………… 238
（2）金融機関………………………………………………… 239
（3）世界的企業との比較…………………………………… 239
（4）日本企業の累積デフォルト率が低い理由…………… 241
≫3　JCRとR＆Iの格付格差………………………………… 242
≫4　格付に関する諸課題……………………………………… 243
（1）投資適格と投機的格付の間（BBB－）……………… 243
（2）格付取消し……………………………………………… 244
（3）格付ショッピング……………………………………… 245
（4）格付ビジネスモデル…………………………………… 245
≫5　格付会社に関する監督規制……………………………… 246

≫6 格付利用と財務分析の併用 ……………………………………… 247
 （1）ニュースリリースの精読 ………………………………… 247
 （2）業界レポートの活用 ……………………………………… 247
 （3）財務分析の併用 …………………………………………… 247

索引 ……………………………………………………………………… 249

略語一覧

ABS	資産担保証券（Asset-Backed Securities）
CAMELS	米国の銀行評定制度の略称
CBO	社債の証券化商品（Collateralized Bond Obligation）
CDO	社債やローンの証券化商品（Collateralized Debt Obligations）
CLO	ローンの証券化商品（Collateralized Loan Obligation）
CMBS	商業用不動産ローン担保証券（Commercial Mortgage-Backed Securities）
DER	有利子負債÷自己資本比率（Debt Equity Ratio）
DIP	占有継続債務者（Debtor In possession）
DRAM	読み書きが自由にできるRAMの一種（Dynamic Random Access Memory）
EBITA	金利，税引前利益（Earnings Before Interest and Tax）
EBITDA	金利，税引，償却前営業利益（Earnings Before Interest, Tax, Depreciation and Amortization）
EDINET	有価証券報告書の開示に関する電子開示システム（Electronic Disclosure for Investors' NETwork）
FRB	連邦準備制度理事会（Federal Reserve Board）
GPIF	年金積立金管理独立行政法人（Government Pension Investment Fund）
IOSCO	証券監督者国際機構（International Organization of Securities Commissions）
JBRI	日本公社債研究所
NAIC	全米保険監督官協会（National Association of Insurance Commissioners）
NIS	日本インベスターズ・サービス
NRSRO	公認格付機関（Nationally Recognized Statistical Rating Organization）
RMBS	住宅ローン資産担保証券（Residential Mortgage-Backed Securities）
ROA	総資本事業利益率（Return On Assets）
SEC	証券取引委員会（U.S.Securities and Exchange Commission）
SPV	特別目的事業体（Special Purpose Vehicle）

PART 1

格付に関する知識

■第1部では，格付を利用する上で必要な基礎知識を取り上げています。

　格付が発展してきた歴史を踏まえ，主要格付会社ごとに特徴や業容を概観します。また，格付符号の意味や種類の違い，格付がどのように利用されているかという基本を押さえた上で，格付会社が格付付与のプロセスで何を重視しているのかを解説し，格付格差が生じる原因を探ります。

　5章以降は，さらに一歩進んで，具体的な事例に基づき，格付格差につながる原因を細かく検討し，リーマンショックにおける証券化商品のデフォルトや格付の失敗とみなせる事例を踏まえ，近年の格付会社規制の流れまでを説明しています。

CHAPTER 1 格付会社

格付は米国発祥ですが，世界中には数多くの格付会社が存在しています。ここでは米国と日本における格付の歴史を振り返っています。

格付会社は民間企業です。米国ではNRSRO（公認格付機関）として9社が登録されていますので，どのような会社が登録され，各社ごとにどのような特徴や特色があるかについて述べています。

格付対象分野は，金融機関，保険会社，事業会社，証券化商品，政府証券（ソブリン）に大別されますが，分野ごとの市場シェアを把握し，格付アナリストの陣容を見ておくことが格付利用のはじめの一歩となります。

≫1 格付会社とは

　格付会社は，企業が発行する社債などに関して，償還されない可能性（債務不履行リスク）の程度を，アルファベットの簡単な符号を用いて投資家に提示しています。投資家はこの格付を利用して，自らの投資判断に役立つ情報として利用しています。

　格付は米国が発祥の地ですが，現在では世界中に格付会社が設立され，デフォルトリスク社（DefaultRisk）のホームページによれば世界中に76の格付会社が，黒沢義孝著『経済は〈格付け〉で動く』では，45カ国・地域で112の格付会社が存在するといわれています。

　米国では格付会社は"rating agency"と呼ばれています。このため日本では「格付機関」と訳していましたが，営利事業を営む純粋な民間会社であり，公的機関と誤解されやすいということから最近では「格付会社」という呼び名が一般的に使われるようになっています。

≫2 米国の格付会社の歴史

　格付会社として，米国のムーディーズ，スタンダード・アンド・プアーズ（以下S&P），フィッチが，いわゆる3大格付会社といわれています。

　この中で，設立が最も古いものがS&Pです（図表1）。1860年にヘンリー・プアーはプアーズ出版を創業し，1922年には事業債の格付を開始しています。一方，スタンダード統計社は1920年に設立され，1924年に事業債の格付を開始しています。そして1941年にライバル同士であった両社が合併してS&Pとなりました。その後，1966年には大手出版会社のマグロウヒル社に買収されて，100％子会社となっています。

　ムーディーズは1900年にジョン・ムーディーにより設立され，1909年には『鉄道投資分析』を出版しています。当時は鉄道建設がブームで，鉄道会社は200社以上ありました。そこで，投資家に対して簡単な符号を用いて格付情報を提供したわけです。同社は1914年に事業債の格付を開始しています。1962年にはダン・アンド・ブラッドストリート社に買収され，その後，分離されて2000年にニューヨーク証券取引所に上場を果たしています。

　フィッチは1913年にジョン・ノレス・フィッチにより設立され，1924年に事業債の格付を開始しています。フィッチはムーディーズとS&Pの後塵を拝していましたが，合併により勢力を大きく拡大させています。

　まず，1997年に欧州の銀行格付に強みを持つ仏英合弁のIBCA（International Bank Credit Analysis）と合併し，2000年にはストラクチャード・ファイナンス（仕組金融）に強いダフ・アンド・フェルプスと合併。さらには世界最大の銀行格付会社といわれたトムソン・バンクウォッチを買収して成長し，現在では3大格付会社の一角を占めるまでになりました。資本はフランスの持株会社であるフィマラットが保有しています。

　米国の格付会社の歴史を辿ると，4つの局面（フェーズ）があることがわかります。第1フェーズは1929年に発生した大恐慌です。大恐慌時に低格付債券のデフォルト率が30～40％と高かったのに対して，高格付を得ていた債券の

図表1　米国における格付の歴史

1860年	ヘンリー・プアーがプアーズ出版を設立	第1フェーズ
1900年	ジョン・ムーディーがムーディーズ設立	
1909年	ムーディーズが『鉄道投資分析』を出版	
1913年	ジョン・ノレス・フィッチがフィッチを設立	
1914年	ムーディーズが事業債の格付を開始	
1920年	スタンダード統計社設立	
1922年	プアーズが事業債の格付を開始	
1924年	スタンダードが事業債の格付を開始	
1929年	大恐慌を経験し、格付に対する重要性が認知	
1936年	通貨当局が銀行の証券投資の適格銘柄選定に格付を採用	
1941年	スタンダードとプアーズの合併によりS&Pが誕生	
1962年	ダン・アンド・ブラッドストリートがムーディーズを買収	第2フェーズ
1966年	マグロウヒルがS&Pを買収	
1968年	S&Pが地方債の格付を有料化	
1970年	ペン・セントラル鉄道が倒産。企業が不安を和らげるべく格付を取得	
1970年	ムーディーズが地方債の格付を有料化	
1974年	従業員退職所得保障法（ERISA）が成立。格付の重視を要求	第3フェーズ
1975年	証券取引委員会（SEC）が、NRSRO（公認格付機関）制度を導入	
1997年	フィッチとIBCAが合併し、フィッチIBCA設立	
2000年	ムーディーズがニューヨーク証券取引所に上場	
2000年	フィッチIBCAとダフ・アンド・フェルプスが合併しフィッチ誕生	
2004年	エンロン等の格付に対する反省から、IOSCO基本行動規範を策定	第4フェーズ
2006年	参入規制の緩和と監督強化を目的に信用格付機関改革法が成立	
2008年	サブプライム問題が発生。証券化商品格付への信認が低下	
2010年	ドッド＝フランク法が成立。格付に依拠した規則や規制の廃止を要求	

出所　R&I『格付けQ&A　決まり方から使い方まで』p14など

デフォルトが少なかったことから、格付の価値が認識されて発展する契機となっています。

　第2フェーズは1960年代です。ムーディーズやS&Pは業績不振によって大手出版会社等に買収され、経営改善のために発行体から格付手数料を取るビジネスモデルに転換しています。1970年にはペン・セントラル鉄道が倒産。企業側も投資家の不安を緩和するために有料でも格付を取得しようという動きが

強まりました。当初，格付会社は格付情報を投資家に販売することで収益を得ていたのですが，この時点以降，発行体から手数料を徴収したことで収益は安定し，繁栄の礎ができました。

　第3フェーズは，監督当局による格付の利用です。1975年にはSEC（証券取引委員会）がNRSRO（公認格付機関）制度を導入しました。この結果として実績のあるムーディーズとS&Pへの寡占化が進みました。この時期は監督当局の認定に基づく格付利用推進期と見ることができます。

　最後の第4フェーズは2004年以降の格付見直し局面です。エンロンは破綻する数日前まで投資適格を得ていたことから格付に関する議論が高まり，IOSCO（証券監督者国際機構）による格付機関に対する「基本行動規範」が策定されました。その後，2008年にはサブプライム問題が発生し，高い格付の証券化商品がデフォルトを起こしたことから格付への信頼が低下すると同時に，利益相反という観点より，発行体から手数料を徴求するビジネスモデルに対して批判的な意見が出るようになりました。米国では2010年にドッド＝フランク法が制定され，格付に依拠した規則や規制の撤廃が求められています。

≫3　日本の格付会社の歴史

（1）適債基準

　日本でも1920年代後半の大恐慌で社債のデフォルトが頻発したことから1933年には「社債浄化運動」が表面化し，社債は原則として有担保とされました。また，「適債基準」が作成され，この基準を満たさないと社債を公募発行できない時代でもありました。

　その後，海外では無担保社債が一般的になっていたことから，1979年には無担保適債基準が設けられています（図表2）。

　1984年になり，「社債問題研究会」が格付機関の設置と適債基準の緩和・撤廃を提言したことを受け，1987年には一定の格付を取得すれば適債基準の中の数値基準を満たさなくても起債できるように変更となり，1990年には数値

図表2	無担保公募事業債の適債基準（1979年）					
純資産額	自己資本比率	純資産倍率	使用総資本事業利益率	インタレスト・カバレッジ・レシオ	配当率直近5期連続
億円以上	％以上	倍	％以上	倍	％以上
6,000	40	4	10	4	12
3,000	45	6	14	8	12
1,000	50	8	18	12	12

（注1） 純資産倍率＝純資産÷資本金
（注2） 使用総資本事業利益率＝（営業利益＋受取利息・配当金）÷使用総資本
（注3） インタレスト・カバレッジ・レシオ＝（営業利益＋受取利息・配当金）÷支払利息
出所　岡東務『日本の債券格付』（税務経理協会）p38

基準が撤廃されて，格付基準に一本化されています。そして1996年4月には適債基準そのものが撤廃されて起債が自由化されました。

（2）格付会社の設立

　1977年に証券取引審議会基本問題委員会が「望ましい公社債市場の在り方に関する報告書」を取りまとめ，これを契機に1979年には日本経済新聞社によって「日本公社債研究所」（JBRI）が設立されています。

　1984年には「日米円ドル委員会」が格付機関の設置について言及したことから，1985年には日本興業銀行や都市銀行などが株主となって「日本インベスターズ・サービス」（NIS），日本長期信用銀行，東京銀行，保険会社や地方銀行等が出資して「日本格付研究所」（JCR）が相次いで設立されています。

　1987年には大蔵省がJBRI，NIS，JCRの国内3社とムーディーズ，S&P，フィッチの海外3社を「適格格付機関」として認定し，実質的な格付業務がスタートしています。

　その後，1998年にはJBRIとNISが合併し「格付投資情報センター」（R&I）が発足しています。

　なお，三國事務所という格付会社があり，1983年から日本の企業情報を海外投資家に提供し，ポートフォリオに日本企業を組み入れようとする海外投資

家に重宝されていました。格付対象が1,500社とカバー率が高く、ムーディーズやS&Pの格付水準に概ね合致していたので、海外投資家にとって利用価値があったわけです。しかしながら、同社の格付は財務データを基にした非依頼格付であり、適格格付機関でないこともあり2010年には事務所を閉鎖しています。

このように、日本では当局が提唱して格付会社が設立され、適債基準の緩和や自己資本規制など諸規制で格付が利用されたことにより、格付が定着してきました。

図表3	日本における格付の歴史
1975年	日本経済新聞社が社内に「公社債研究会」を設置
1977年	証券取引審議会基本問題委員会「望ましい公社債市場の在り方に関する報告書」において格付会社の設立に言及
1978年	イトーヨーカ堂が米国で無担保・無保証債を発行
1979年	日本公社債研究所（JBRI）設立
1985年	日本格付研究所（JCR）、日本インベスターズ・サービス（NIS）設立。ムーディーズ・ジャパン設立
1986年	S&Pが東京事務所を設置
1987年	大蔵省がJBRI, NIS, JCR及び海外3社を「適格格付機関」と認定
1988年	担保付社債の適債基準に格付を導入
1990年	証券会社の自己資本規制で格付を利用
1990年	厚生年金基金の運用で格付の利用を開始
1990年	国内転換社債の複数格付を義務化
1992年	大蔵省が「企業内容等の開示に関する省令」に基づき格付機関を指定
1995年	社債発行の開示書類に格付情報を記載
1996年	大蔵省が適債基準と財務制限条項のルールを撤廃、起債が完全自由化
1997年	銀行の自己資本比率規制におけるマーケット・リスクに関して格付基準を導入
1998年	JBRIとNISが合併し、格付投資情報センター（R&I）が発足
1998年	格付機関の指定制度の整理がなされ、「指定格付機関」が制定
2009年	金融商品取引法が一部改正され、登録を受けた「信用格付業者」に対する公的規制の枠組みが導入

出所　R&I『格付けQ&A　決まり方から使い方まで』p14など

IOSCOの「基本行動規範」や，米国の信用格付機関改革法の制定を受けて，2009年には金融商品取引法の一部が改正され，登録した「信用格付業者」に対する規制・監督強化という枠組みが導入されています（図表3）。

》4 格付会社の業容

　ムーディーズの業績推移（図表4）を眺めると，収入は2002年の10億2,300万ドルから2007年には22億5,900万ドルと2倍以上となり，極めて順調に業容を拡大していたことがわかります。2008年にはサブプライム問題の影響で多少悪化したものの2009年から再度上昇基調を辿っており，2011年には収入ベースで過去最高を記録しています。

　利益率が極めて高く，2006年には収入20億3,700万ドルに対して純利益は7億5,400万ドルと，収入に対する純利益率は37％にも達しています。リーマンショック後に純利益率は多少低下してはいますが，2011年でも25％と相当に高い水準を維持しており優良企業であることがわかります。

　格付事業の分野別収入内訳をアニュアルレポートから抜き出してみたのが，

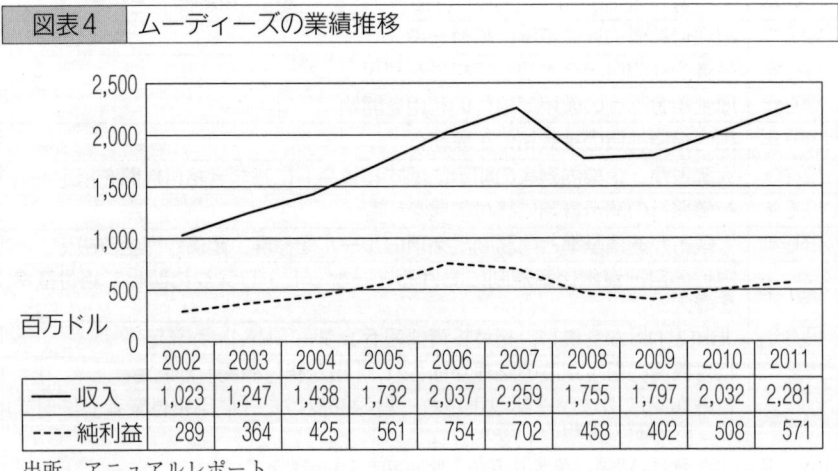

図表4　ムーディーズの業績推移

	2002	2003	2004	2005	2006	2007	2008	2009	2010	2011
——収入	1,023	1,247	1,438	1,732	2,037	2,259	1,755	1,797	2,032	2,281
----純利益	289	364	425	561	754	702	458	402	508	571

出所　アニュアルレポート

CHAPTER 1 格付会社

| 図表5 | ムーディーズの格付分野別収入 |

単位：百万ドル

		2005	2006	2007	2008	2009	2010	2011
ストラクチャード・ファイナンス	①	709	884	886	405	305	291	345
事業会社		277	336	412	307	408	564	652
金融機関		214	222	262	263	259	279	295
公共，プロジェクト，インフラ等		185	198	221	230	246	272	277
合計	②	1,385	1,640	1,780	1,205	1,218	1,405	1,569
①÷②		51%	54%	50%	34%	25%	21%	22%

出所　アニュアルレポート

　図表5です。同社のセグメントはMIS（Moody's Investors Service）部門とMA（Moody's Analytics）部門に分けられており，図表5はこのうちのMIS部門の内訳を示したものです。

　これを見ると，ストラクチャード・ファイナンス（仕組金融）の売上に占める占有率（①÷②）が2007年まで50％を超えていることがわかります。2008年にサブプライム問題が顕在化する前までストラクチャード・ファイナンス全盛期であったわけです。

　2011年においては，ストラクチャード・ファイナンスの占める割合は22％まで低下し，その代わりに事業会社向けの格付が増加しています。

　ムーディーズの強いところは，格付部門だけではなくMA部門も確固たる基盤を有していることです。2011年の収入は全体では22億8,100万ドルでMIS部門が15億6,900万ドル，残りの7億1,200万ドルがMA部門です。MA部門の内訳はリサーチ及びデータ解析が4億2,500万ドル，リスクマネジメント・サービスが1億7,300万ドル，プロフェッショナル・サービスが2,900万ドルとなっています。ムーディーズは積極的なM&AによりMA部門の陣容を強化し，高い成長を遂げています。

　S&Pはマグロウヒルの1部門ですが，S&P500株価指数に代表されるような

インデックスでも定評があり、こちらも格付以外に強固な事業基盤を有しています。

　翻って日本の格付会社の業容はどうでしょうか。R&Iの平成23年度決算は決算公告によれば、PL面で売上高は37億円7,400万円で当期利益は1億2,900万円であり、BS面では自己資本29億300万円、総資産47億7,200万円でした。
　なお、売上高の内訳は信用格付行為に伴う対価が22億1,400万円で、情報販売など信用格付行為以外の対価が15億6,000万円となっています。
　このように、業績は安定していますが、規模においてはムーディーズの足元にも及ばないことがわかります。

》5 米国のNRSRO登録会社

　格付会社の数は多いのですが、重要なのは米国のNRSRO（Nationally Recognized Statistical Rating Organization）としての認定です。言葉どおりに訳せば「全国的に認知された統計的格付機関」ということになるのですが、要するにSECが認めた「公認格付機関」ということです。
　当初、SECはNRSROを限定的にしか認定しておらず、米国に進出していたIBCAはNRSRO登録が欲しいがためにフィッチと合併したといわれています。そのフィッチがさらに合併を重ねた結果、2000年末には、ムーディーズ、S&P、フィッチの3社にまで減少してしまい、それ以降も数社が認定を受けたにすぎません。
　その後、エンロンが高い格付を得たままで破綻したことや、格付会社の寡占化が問題になり、2006年9月には信用格付機関改革法が制定されました。同法はSECに対して、格付機関の参入障壁を撤廃することや、NRSROの指定基準の明確化及び指定プロセスの透明化を求めています。
　2012年3月時点でNRSROとして登録されている格付会社は9社、その内訳は米国7社、カナダ1社、日本1社です（図表6）。

図表6	NRSRO登録会社（2012年3月）	
	登録日	所在
A.M.Best	2007.09.24	米国
DBRS	2007.09.24	カナダ
Eagan-Jones	2007.12.21	米国
フィッチ	2007.09.24	米国
JCR	2007.09.24	日本
KBRA	2008.02.11	米国
ムーディーズ	2007.09.24	米国
Morningstar	2008.06.23	米国
S&P	2007.09.24	米国

出所　SEC「Annual Report on Nationally Recognized Statistical Rating Organizations (March 2012)」p6.7

　従来、日本のR&Iも登録を受けていましたが、2010年5月17日に証券化商品に関する格付分野について、登録の取下げを申請しています。SECが改正した規則は日本の金融商品取引法等に基づく関連法令と整合的でなく、日本を適用除外すべきというのがその理由です。その後、2011年10月14日には証券化商品以外のすべての分野について、SECに対して登録の取下げを申請しています。R&Iのニュースリリースによれば、「経営戦略上の判断によるもの」と記載されています。

　これはSECの改正規則では米国外で行う格付業務にまで規制が及ぶことから、登録を取り下げたものと見られています。

　3大格付会社以外には次のような企業がNRSRO登録に名を連ねています。まず、A. M. Bestは1899年創立と歴史が大変に古く、従来から保険会社の格付に強く知名度も高い格付会社です。

　DBRS（Dominion Bond Rating Service）は1976年に設立されており、トロントを起点として北米中心に幅広く事業展開をしています。

　Eagan-Jonesは1995年に設立され、投資家の立場に立ち、発行体から格付

図表7　事業分野別格付件数

	金融機関	保険会社	事業会社	証券化商品	政府証券	合計	シェア
A.M.Best	NR	5,062	2,043	54	NR	7,159	0.25%
DBRS	14,941	156	3,863	10,091	13,533	42,584	1.51%
Eagan-Jones	89	47	877	13	19	1,045	0.04%
フィッチ	61,550	1,657	13,385	64,535	363,897	505,024	17.93%
JCR	159	30	495	NR	52	736	0.03%
KBRA	16,515	48	1,002	0	59	17,624	0.63%
ムーディーズ	61,581	4,540	30,285	101,546	841,235	1,039,187	36.90%
Morningstar	NR	NR	NR	8,322	NR	8,322	0.30%
R&I	503	48	2,836	NA	1,031	4,418	0.16%
S&P	54,000	8,200	44,500	117,900	965,900	1,190,500	42.27%
合計	209,338	19,788	99,286	302,461	2,185,726	2,816,599	100.00%
3大格付会社	177,131	14,397	88,170	283,981	2,171,032	2,734,711	97.09%
3大格付会社シェア	84.61%	72.76%	88.80%	93.89%	99.33%	97.09%	

出所　SEC「Annual Report on Nationally Recognized Statistical Rating Organizations (March 2012)」p9

手数料を徴収しないビジネスモデルを展開しています。エンロン事件では一番早く格付を投機的なBB格まで下げたことで有名となりました。

　KBRA（Kroll Bond Rating Agency）は年金基金等が40％の株式を保有し，特にサブプライム問題で信用を失った格付の信頼回復を目指して活動する，2010年に設立された新規参入の格付会社です。

　Morningstarは投資信託の格付では有名な会社です。

　NRSROの格付件数を見ると，S&Pが42.27％，ムーディーズが36.90％，フィッチが17.93％で3大格付会社では97.09％と圧倒的なシェアを占めていることがわかります（図表7）。

　対象分野別に見ると，金融機関ではムーディーズとフィッチが拮抗しており，S&Pは3位にあります。フィッチは銀行格付に強いIBCAやトムソン・バンクウォッチと合併した経緯からわかるように金融機関格付では高いシェアを

CHAPTER 1 格付会社

| 図表8 | 格付アナリスト数 |

	格付アナリスト	格付アナリスト管理者	合計
A.M.Best	77	43	120
DBRS	75	20	95
Eagan-Jones	2	3	5
フィッチ	712	337	1,049
JCR	27	30	57
KBRA	9	4	13
ムーディーズ	1,088	116	1,204
Morningstar	17	7	24
R&I	74	4	78
S&P	1,109	236	1,345
合計	3,190	800	3,990

出所　SEC「Annual Report on Nationally Recognized Statistical Rating Organizations (March 2012)」p14

誇っています。

　保険会社ではA. M. BestがS&Pに次いで2番目に多い格付を付与していることがわかります。事業会社，証券化商品，政府証券は，S&P，ムーディーズ，フィッチの順です。

　次に，格付する上で重要な格付アナリストの数ですが，全体では3,990名，そのうち3大格付会社に3,598名と全体の90％が集中しています（図表8）。

　日本の格付会社はJCRが57名，R&Iが78名です。JCRについては格付アナリストよりも管理者が多く表示されていますが，注書きで格付アナリスト管理者についてはアナリストとして責任を有する者も含まれているとされていることから，主任やチーフといった肩書をもったアナリストも含まれているものと推察できます。

【参考文献表示】
DefaultRisk.com「Credit Rating Agencies…Globally」ホームページ
黒沢義孝『経済は〈格付け〉で動く』39～43頁（中経出版　2011年）

A・ファイト『格付ゲーム　格付会社の光と影』46〜64頁（シュプリンガー・フェアラーク東京　2003年）

野口晃『図解　格付けの基礎知識』152〜165頁（東洋経済新報社　1998年）

秋本敏男「企業評価の一手法としての債券格付け」『経営論集』第55号（2002年3月号）36〜37頁（東洋大学経営学部）

R&I『格付けQ&A　決まり方から使い方まで』12〜20頁（2001年）

R&I「金融商品取引法第66条の39の規定に基づく説明書類　第27期」

三井秀範監修，野崎彰編『詳説　格付会社規制に関する制度』2頁，13〜14頁，44〜50頁（商事法務　2011年）

森脇彬『現代債券格付論』2〜20頁（税務経理協会　平成12年）

岡東務『日本の債券格付』36〜43頁（税務経理協会　平成16年）

資本市場研究会『社債発行市場の在り方について（証券取引審議会報告）』22〜24頁（資本市場研究会　昭和62年）

ムーディーズ「アニュアルレポート」（2007〜2011年 Form10-K）

SEC「Annual Report on Nationally Recognized Statistical Rating Organizations」6〜14頁（2012年）

CHAPTER 2 格付の種類

　格付はAやBBBといった符号で表示されます。各社がほぼ同じ符号を用いていることから，各社の格付符号は同じクレジットリスクを示すものと錯覚しがちですが，そもそも格付会社は独自に格付符号の定義を定めており，同じ符号であっても意味するところは異なります。
　格付種類は，発行体格付，長期債務格付，短期格付などいくつかありますが，特に発行体格付と長期債務格付の違いを押さえておく必要があります。
　また，山一證券破綻の引き金となったといわれている勝手格付（非依頼格付）について，その経緯や利用価値についても触れています。

》1　格付符号の意味

（1）格付符号（レター）

　格付符号は，ムーディーズ以外は同じ符号を使用しています。ムーディーズは格付BBBをBaaと表現していますが，これはBにa（again）とa（again）を加えたものです。したがって，実質的には，各格付会社の符号そのものは同じものと理解することができます。以下において，他社比較を行う場合には，ムーディーズのBaa＝BBBと読み替えています。
　問題なのは，同じ符号であっても意味する内容が微妙に異なることです。格付を利用する立場で考えると，A格，BBB格，BB格の3つが重要となります。図表1において，A格を例にとれば，ムーディーズ「中級の上位で，信用リスクが低い…」，S&P「債務を履行する能力は高い…」，R&I「信用力は高く，部分的に優れた要素がある。」，JCR「債務履行の確実性は高い。」という概念は全く同じものなのでしょうか。

| 図表1 | 各社の格付符号と定義の一部抜粋 |

	ムーディーズ	S&P	R&I	JCR
AAA	信用力が最も高く，信用リスクが限定的である…	債務を履行する能力は極めて高い。	信用力は最も高く，多くの優れた要素がある。	債務履行の確実性が最も高い。
AA	信用力が高く，信用リスクが極めて低い…	債務を履行する能力は非常に高く，最上位格付「AAA」との差は小さい。	信用力は極めて高く，優れた要素がある。	債務履行の確実性は非常に高い。
A	中級の上位で，信用リスクが低い…	債務を履行する能力は高い…	信用力は高く，部分的に優れた要素がある。	債務履行の確実性は高い。
BBB	信用リスクが中程度…一定の投機的な要素を含む。	債務を履行する能力は適切であるが，…債務履行能力が低下する可能性がより高い	信用力は十分であるが，…注意すべき要素がある。	債務履行の確実性は認められるが…確実性が低下する可能性がある。
BB	投機的要素を持ち，相当の信用リスクがある…	より低い格付の発行体ほど脆弱ではない…大きな不確実性，脆弱性を有しており，履行する能力が不十分となる可能性がある。	信用力は当面問題ないが，将来環境が変化する場合，十分注意すべき要素がある。	債務履行に当面問題はないが，将来まで確実であるとはいえない。
B	投機的であり，信用リスクが高い…	現時点では債務を履行する能力を有しているが，「BB」に格付された発行体よりも脆弱である。…債務を履行する能力や意思が損なわれやすい。	信用力に問題があり，絶えず注意すべき要素がある。	債務履行の確実性に乏しく，懸念される要素がある。
CCC	安全性が低く，信用リスクが極めて高い…	債務者は現時点で脆弱であり，その債務の履行は，良好な事業環境，財務状況，及び経済状況に依存している。	債務不履行に陥っているか，又はその懸念が強い。債務不履行に陥った債権は回収が十分には見込めない可能性がある。	現在においても不安定な要素があり，債務不履行に陥る危険性がある。
CC	非常に投機的であり，デフォルトに陥っているか，あるいはそれに近い状況にあるが，一定の元利の回収が見込める…	債務者は現時点で非常に脆弱である。	債務不履行に陥っているか，又はその懸念が極めて強い。債務不履行に陥った債権は回収がある程度しか見込めない。	債務不履行に陥る危険性が高い。
C	最も格付が低く，通常，デフォルトに陥っており，元利の回収見込みも極めて薄い…		債務不履行に陥っており，債権の回収もほとんど見込めない。	債務不履行に陥る危険性が極めて高い。

出所 各格付会社のホームページ

　そもそも格付会社は自社で格付の定義を定めていますので，各社各様であり，横断的に整合性をとっているわけではありません。利用者側がそれをどう利用するかという問題です。

米国では長い歴史があり、ムーディーズとS&Pの格付は相互に代替可能として利用してきました。しかしながら、後の章で見るように、日本の格付会社の格付ランクと海外大手格付会社の格付ランクは相当に異なりますし、日本の中でもR&IとJCRは同じ符号でも格付の示すリスクの度合いが異なることに注意が必要です。

（2）投資適格と投機的格付

　一般にBBB格以上を投資適格（investment grade）、BB以下を投機的格付（speculative grade）と区別しています。投機的という意味は不適格という意味ではありませんが、投資適格に対峙する用語であるために、投資不適格というイメージが強く醸し出されます。このため、BB格以下の債券はジャンク・ボンドと呼ばれ、ゴミ扱いされることもあります。

　期間3年でどの程度のデフォルトが発生するかについて、各格付会社では累積デフォルト率を公表していますが、BBB格では1％、BB格でも7％程度というレベルとなっています。すなわち、BB格でも93％はデフォルトしないことになりますので、BB格＝ゴミというのは間違いです。

　なお、投資する立場から利回りに着目して、BB格クラスは「ハイ・イールド債」とも呼ばれています。

（3）各種の格付符号

　Aという格付レターには、A＋（プラス）、A（フラット）、A－（マイナス）が含まれています。すなわち、A格はプラス、フラット、マイナスという3つに区分できます。この1つ1つの差がノッチです。この例では、A＋はA－よりも2ノッチ高いということになります。

　また、格付会社は、格付の方向性（アウトルック）を示すものとして、格付符号の後にポジティブやネガティブという用語を示しています。R&Iによれば"格付の方向性は、発行体の中期的な方向性についての意見である。格付の方向性には、ポジティブ、ネガティブ、安定性及び方向性未定がある"とされ

ています。例えばA－［ネガティブ］は格付がA－から下がる方向にあることを示します。

　この他，業績や事業環境が急激に変動した時や，合併や買収などの事象が発生した際に，クレジット・モニターやレーティング・モニターなどを発動し，見直しした後に，それを解除して場合によっては格付を上下させています。例えば，R&Iは2012年5月7日に高炉各社を格下げ方向のレーティング・モニターに指定し，精査の結果，6月29日付で新日本製鐵及びジェイ・エフ・イー・ホールディングスをともに，AA－からA＋に引き下げています。

　なお，証券化商品に関しては，サブプライム問題の教訓から格付符号は一般の事業会社等と別の符号が望ましいとの意見が出されたこともあり，ムーディーズでは符号の後に，証券化商品の格付であることを示す「sf」（ストラクチャード・ファイナンス）という小文字を添付しています。さらに，証券化商品はパラメータのセンシティビティ（感応度）が高く，格付が一般の事業会社格付とは異なることから，「Vスコア」を案件ごとに開示しています。

≫2 格付の種類

（1）発行体格付

　発行体格付，長期債務格付，短期格付という分け方が基本となります。発行体格付とは企業すなわち発行体がデフォルトするリスクを評価することになります。デフォルトの定義については，累積デフォルト率の節で詳説しますが，一言で言えば債務不履行となるリスクを評価することになります。

（2）長期債務格付

　長期債務格付は，発行体格付をベースとして，個々の債務の回収リスク等を評価することとなります。すなわち，発行体のデフォルトリスクにデフォルト後の債券の回収リスクを加味したものということができます。発行体格付と長期債務格付とは同じ符号になることが多いのですが，回収リスクの高低によ

り，差が出ることもあります。

　例えば，川崎汽船は2012年7月に300億円の劣後ローンを調達しています。JCRは発行体格付をBBB＋，長期債務である劣後ローンをBBB－とし，R&Iは発行体格付をBBB－，劣後ローンをBBとし，それぞれ2ノッチの差を付けています。

　一般的な劣後ローンでは1ノッチ差となることが普通ですが，本件は期間が60年と長いこと，借入人の裁量により利息支払いの繰延べができること，破綻時における請求順位は他の全債務に劣後することから，2ノッチの差が付いています。JCRは期限付劣後ローンでは長期債務格付から原則1ノッチ以上，利息繰延条項の付いた永久劣後ローンは原則2ノッチ以上のノッチダウンをするとしています。

　担保の有無によって発行体格付と長期債務格付に差が出ることもあります。S&Pは東京電力の発行体格付はB＋ですが，社債にはBB＋を付与しています。東京電力の社債は電気事業法に基づいて一般担保権が付いており，無担保の銀行借入れよりもデフォルト時の返済順位が高いためです。

図表2	短期格付のランク（R&I）

符号	定　　義
a-1	短期債務履行の確実性は高い。
a-2	短期債務の確実性は高いが，上位の格付に比べると，注意すべき要素がある。
a-3	短期債務履行の確実性は当面問題ないが，環境が大きく変化する場合，注意すべき要素がある。
b	短期債務の確実性はa格と同等ではなく，注意すべき要素がある。
c	最低位の格付で，債務不履行に陥っているか，又はその懸念が極めて強い。

（注）　a-1に属するもののうち，短期債務履行の確実性が特に高いものにプラスの表示を使用することがある。プラスも符号の一部。
出所　R&I「短期債務の考え方」p1

| 図表3 | 発行体格付と短期格付の対応関係 |

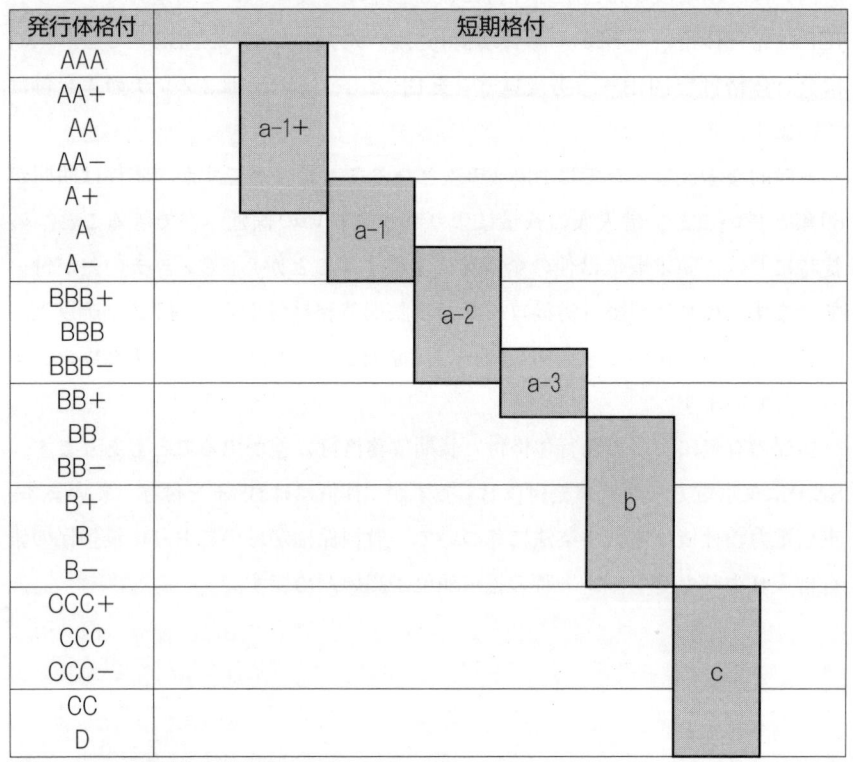

発行体格付	短期格付					
AAA	a-1+					
AA+	a-1+					
AA	a-1+					
AA−	a-1+					
A+		a-1				
A		a-1				
A−		a-1				
BBB+			a-2			
BBB			a-2			
BBB−			a-2			
BB+				a-3		
BB				a-3		
BB−				a-3		
B+					b	
B					b	
B−					b	
CCC+						c
CCC						c
CCC−						c
CC						c
D						c

（注）　上記は原則的な対応関係を示したものである。
出所　R＆I「短期格付の考え方」p2

（3）短期格付

　短期格付は，コマーシャル・ペーパー（CP）などの短期金融債務について付与されます。短期格付では一般に短期の金融債務が約定どおりに履行されるかどうかの確実性が評価され，債務不履行時の損失可能性は反映されていません。

　図表2はR＆Iによる短期格付のランク，図表3はR＆Iにおける発行体格付と短期格付との対応関係を示したものです。

　図表3を見てわかるように，発行体格付と短期格付はリンクしているのです

が，A＋，A－，BBB－の箇所では，発行体格付と短期格付とは1対1の対応関係ではありません。

A＋レベルの企業は短期的にはデフォルトする確率が極めて小さいこともあり，最上位の「a-1＋」になる可能性があります。その一方でA－では「a-2」に落ちるケースがあります。

なお，この対応関係は格付会社ごとに多少の違いがあります。

≫3 格付対象

格付対象は，事業債格付を起点とし，各種の信用力を幅広く評価するという流れにあり，地方債，ソブリン，ストラクチャード・ファイナンス，保険金支払能力，国公立大学，医療法人，投資法人，個別ローン，中小企業などに対象を拡大させてきました。

この中で，基本となるのは，事業会社，金融機関，ストラクチャード・ファイナンス，ソブリンの4つといえます。

事業会社格付は，企業の置かれた事業環境や業界動向を基に財務分析を行うことで，金融機関における貸付審査に近いものといえます。

金融機関格付は，個別の金融機関の内容を単独（スタンドアローン）で評価し，その上で国からどの程度の支援を受けられるかを判断することになります。銀行は資金を調達して，それを運用するわけですので信用力が悪化すると資金調達に影響が出ます。銀行は金融システムの中核を占めており，銀行のデフォルトは金融システムに甚大な悪影響を与えます。そのために，ある程度は国からのバックアップが期待できます。また，銀行は規制上の自己資本の厚さが重要となるため，優先出資証券など各種のハイブリッド証券を発行しており，金融機関を格付する際には，これらをどのように判定するかも重要なポイントになります。

ストラクチャード・ファイナンス格付では仕組みに関するリスク分析，裏付けとなる資産の分析，キャッシュ・フローに関する分析などが必要となります

ので，多角的な検討と，数理モデル等を利用したストレステストなど各種の観点からの精査が求められますので，格付会社の中に専門的な部署を構えて格付を行っています。

ソブリン格付については，中央政府の債務履行能力を評価することになります。R&Iは，財政状況，資金調達構造，経済基盤，政治社会基盤，政策運営力の5つの評価項目について，それぞれ定量評価と定性評価を吟味して，総合的に判断しています。

≫4 勝手格付

（1）依頼格付と勝手格付

　企業（発行体）が格付会社に依頼し，格付会社が格付を付与するのが通常の依頼格付です。これに対して，格付会社が企業からの依頼がないにもかかわらず格付を付与することが勝手格付といわれるものです。勝手格付について，格付会社では一般に非依頼格付（unsolicited rating）と呼んでいます。

　勝手格付というと言葉の語感がよくないのですが，企業から料金を貰って格付する発行体手数料モデルは1970年頃に完成したものであり，それまでは格付会社が勝手に格付を付与していたわけです。したがって，本来的には勝手格付そのものが問題になるものではありません。

　なお，勝手格付は格付符号の後に別の小文字を入れるなどにより，依頼格付と区別されています。JCRでは「p」，R&Iは「op」，S&Pは「pi」という小文字を格付符号の後に付けています。ムーディーズは依頼格付と勝手格付を区別するための小文字は使用していません。

（2）勝手格付に関する批判

　ムーディーズは1996年に日本において格付業務を開始しています。日本に進出して，すぐに多くの企業から依頼格付を受注することは難しい状況にありました。その一方で海外の投資家からは日本の企業に対する格付の要望もあっ

たはずです。

　当初の勝手格付は公開情報のみによって行われていました。格付を付与する側からすれば詳細な情報がない中では，どうしても格付ランクは依頼格付よりも保守的に，企業にとっては厳しい格付になりがちです。そのうえ，日本における経営環境や事業風土を十分に理解していなかったことから，日本企業に対する勝手格付は，当初かなり厳しいものとなりました。

　勝手格付に関しては，A・ファイト著『格付ゲーム　格付会社の光と影』に，勝手格付を受けた企業に対するインタビュー記事が詳しく書かれています。ある不動産会社は，"アメリカの住宅メーカーは建売住宅の販売が主体であるのに対して，日本では開発事業が大きなウェイトを占めている。日本では不動産の所有はそのために必要なのだと主張してもわかってもらえない。"などと問題を指摘しています。また，勝手格付を受けた日本企業の中には，依頼格付に変更した途端に格付が大きくアップしたケースもあり，営業戦略として使われているという意見もありました。

　勝手格付に関する分析はいくつかありますが，証券アナリストジャーナルの1999年3月号に投資工学研究所の鈴木茂央氏が「本邦事業会社に対する勝手格付に関する考察」を投稿されております。1998年10月時点で付与された格付

図表4　勝手格付に対する見方

調査時点	1988年	2002年
有効回答社数	144	115
投資家のニーズがあれば，「勝手格付」が行われるのは構わない。	19	18
「勝手格付」が行われるのはやむを得ないが，格付会社は格付の公表の際，「勝手格付」と「依頼格付」とを区別して明示するべきである。	87	64
「勝手格付」が行われるのはやむを得ないが，格付会社は格付の根拠をもっと詳細に公表すべきである。	90	72
「勝手格付」は，格付会社が格付依頼を獲得するための営業戦略として使われており，格付自体の信憑性に問題がある。	43	25
その他	−	4

出所　国際金融情報センター「主要格付会社の特徴と評価（2003年版）」p9

を分析し，"日米格付会社にはそもそも格付格差が存在するが，今回の分析ではS&P，ムーディーズの勝手格付は依頼格付に比べて，それぞれ2ノッチ，1ノッチの差が確認され，勝手格付は依頼格付よりも辛目に格付されていることが示された。"と結論付けています。

また，国際金融情報センターが行ったアンケート結果から，当時行われた勝手格付に対する企業の評価を知ることができます（図表4）。全般的に見ると，積極的に勝手格付を支持する意見はわずかであったことがわかります。

（3）山一證券事件

勝手格付で最も有名な事件は，山一證券に関するものです。ムーディーズが勝手格付を付与し，格付をBa3（BBプラス）に引き下げたことから山一證券は破綻したというものです。

山一證券は1997年9月24日に前社長が利益供与問題で逮捕されており，10月23日の中間決算では赤字を発表するなど信用不安が台頭していました。

11月3日には三洋証券が破綻し，損失隠しの噂があった山一證券の株式は大幅に売りたたかれています。そういう状況下，ムーディーズは11月6日に格下げを検討する旨を発表しました。

11月17日に北海道拓殖銀行の破綻により金融不安が一気に表面化。11月20日には富士銀行が支援に乗り出すとの報道がありましたが，逆に富士銀行の株式が下落し，銀行としても担保の範囲で限定的にしか融資はできないとの立場を鮮明にせざるを得なくなっています。

ムーディーズは翌11月21日付でBaa3から3ノッチ下のBa3に引き下げることを公表しています。この日は金曜日で，週明けから資金繰りが厳しくなることが予想される中，22日の土曜日に，日経新聞が「山一證券自主廃業へ」という記事を掲載し，結局11月24日に自主廃業へと追い込まれています。野澤社長が「社員は悪くありません」という有名な号泣会見の放映されることになりました。

ムーディーズの勝手格付が山一證券を廃業に追い込んだという記事もありま

図表5　山一証券の破綻に至る経緯

月	日	曜日	内容
11	3	月	三洋証券破綻。マーケットでは山一證券の株が売りたたかれ,短期の資金繰りにも窮する事態になった。
11	6	木	ムーディーズが「山一證券の格下げを検討する」旨を発表する。
11	14	金	富士銀行から,「メインバンクとはいえ株主への責任もあり,富士銀行が損を被ることはできない。全面協力ではなく,限界ある協力と理解してもらいたい。つまり,担保に見合った範囲で力になりたい」と非常に厳しい回答がなされた。
			大蔵省に2,600億円の「含み損」があることを口頭で伝えた。
11	20	木	弁護士が東京地方裁判所に赴き,山一證券について会社更生について事前相談に乗ってもらいたい旨の申し入れをするも,「相談は受け付けられない」との回答。非公式に「飛ばし」があると会社更生は難しいとの見解が述べられた。
11	21	金	ムーディーズがBaa3から3ノッチ下のBa3に引き下げることを発表。週明けから国内外における資金繰りに重大な影響を及ぼすことが必至となった。
11	22	土	日本経済新聞朝刊が「山一自主廃業」の記事を掲載した。山一證券のほとんどの役員及び社員は初めて「自主廃業」を知った。
11	24	月	午前,大蔵大臣に自主廃業に向けた営業休止の申請を行った。午前11時30分より野澤社長は記者会見を行った。

出所　1998年4月山一證券株式会社社内調査委員会「社内調査報告書」p72〜78を基に作成

したが,投機的格付への引下げは,メイン銀行からも見放され,かつ金融当局の支援も受けられない状況下にあっては,致し方ないものと思われます。

損失「飛ばし」による簿外債務が2,600億円にも上っており,それを織り込むと自己資本規制上の危機ラインである120％を下回る状況にあり,「飛ばし」が表面化すれば業務停止命令を受けることが確実な情勢でした。ウェブ上にある山一證券の「社内調査報告書」を見る限り,破綻は時間の問題であったものと推定します（図表5）。

ムーディーズが格下げしたから破綻したわけではありませんが,格下げが契機になったことは事実です。勝手格付の評判と,平成金融危機時における山一證券や北海道拓殖銀行等の破綻が勝手格付のイメージを悪化させたという見方ができるかもしれません。

（4）勝手格付の利用制限

　銀行の自己資本規制に関し，バーゼルⅡにおける標準的手法よってリスク・ウェイトを計算する際には，依頼格付のみが認められ勝手格付は利用できなくなりました。このため，勝手格付の利用価値が下がり，米国の格付会社は格付の取下げに動いています。

　ちなみに，S&Pが付与した日本法人に対する発行体格付数を見ると，2006年末には381社であったものが，2011年末には196社に半減しています。

　なお，各社とも公開ウェブサイトで勝手格付（非依頼格付先）を公表していますが，S&Pは2012年1月31日時点で2社，ムーディーズは2012年4月4日時点で30社と少なくなっています。

（5）勝手格付（非依頼格付）の価値

　格付会社の立場からすれば，まず，業界の立ち位置を評価することが必要です。そして，業界内のトップ企業の格付ランクをどこに置くかを考え，その後に業界内の準大手企業以下を格付することになります。ちなみに，JCRはR&Iと比べると非依頼格付を多く付与していますが，その多くが業界のリーディングカンパニーに対するものです。R&Iは業界のリーディングカンパニーに対する依頼格付が多いため，非依頼格付はそれほど多くはないようです。

　本来的には，勝手格付を含め，多くの企業を格付すれば，それだけカバー率が高くなり，情報を販売する上での価値は確実に上がります。長期的に見れば，格付の累積デフォルト率を計算する上でも格付先数の多さは，統計結果の安定に寄与します。

　発行体から収入を得る現在のビジネスモデルでは，どうしても一番高い格付を付与してくれる格付会社から格付を取得するという格付ショッピングという問題が残りますが，勝手格付が客観的で公平なものであれば，勝手格付は格付ショッピングに対する抑制効果も期待でき，価値のあるものです。

【参考文献表示】

JCR「コーポレート等の信用格付方法」1～11頁（2012年3月26日）
R&I「R&Iの信用格付の基本的な考え方」1～3頁（2012年5月7日）
R&I「格付符号と定義」1～5頁
R&I「短期格付の考え方」1～4頁
R&I「ソブリンの格付の考え方」1～8頁
R&I「新日本製鐵，ジェイ　エフ　イー　ホールディングス」ニュースリリース（2012年6月29日）
ムーディーズ「証券化商品のVスコアとパラメータ・センシティビティのアップデート」1～4頁（2010年9月10日）
鈴木茂央「本邦事業会社に対する勝手格付に関する考察」『証券アナリストジャーナル』（1999年3月号）34～47頁（日本証券アナリスト協会）
A・ファイト『格付ゲーム　格付会社の光と影』212～215頁（シュプリンガー・フェアラーク東京　2003年）
国際金融情報センター『主要格付会社の特徴と評価（2003年版）』9～10頁（国際金融情報センター　2002年）
山一證券社内調査委員会「社内調査報告書」72～78頁（1998年）
S&P「日本法人のデフォルト・格付け遷移調査 2011年版」7頁（2012年4月）

CHAPTER 3 格付の利用

■格付は大きく分けて，銀行・保険・証券といった広義金融機関における資本規制の数値を計算する上で利用されるケースと，有価証券などの運用ルールの中で利用されるケースがあり，格付はそのインフラとして不可欠です。
　ここでは，運用方針という視点から，年金基金や投資信託の運用ルールにおいて，A格やBBB格，あるいは投機的格付であるBB格の債券投資に対して，どのような投資制限を設けているのかについて解説しています。安全を志向する年金基金等のスタンスを理解することは，自社のルールを策定する上でとても参考になります。

≫1 米国のネット・キャピタル・ルール

　1975年に，米国のSEC（米国証券取引委員会）は「ネット・キャピタル・ルール（純資本ルール）」という新たな制度を導入しました。
　これはSECに登録する証券会社を対象にした自己資本比率規制で，総負債額がネット・キャピタルの1,500％を超えてはならないというルールです。
　ネット・キャピタルは会計上の純資産に一定の劣後債務を加え，そこから流動性の低い資産等を控除して求められます。証券については時価の一定割合をヘアカットして，ネット・キャピタルが計算されます。ところが，NRSROとして認可された格付会社2社から投資適格とされた証券については，流動性が高く価格の変動率も低いことから低いヘアカット率が適用されるという優遇措置が導入されています。
　このネット・キャピタル・ルールの導入によって，NRSROとして認可を受けた格付会社の利用が拡大することになりました。

≫2 バーゼルⅡの自己資本比率規制

バーゼルⅡにおいて,銀行は自己資本比率を8%以上に保つ必要があります(図表1)。

図表1	バーゼルⅡの自己資本比率規制

$$\frac{\text{自己資本}}{\text{信用リスク+市場リスク+オペレーショナル・リスク}} \geq 8\%$$

出所　金融庁

そのためには,分子の自己資本を厚く積み増すか,分母のリスクを圧縮する必要があります。リスクとは残高に一定の比率を乗じるか,あるいは統計的な手法で計算した金額です。信用リスクとは貸付や債券運用において生じる与信先のデフォルトリスク,市場リスクは株式や債券そしてデリバティブなどで被る価格・金利・為替の変動リスクです。ちなみに,オペレーショナル・リスクは事務やシステムあるいは不正や情報漏洩などで損失を被るリスクを各種の方法で計算した金額です。

信用リスクを計測する上では,計算が容易な「標準的手法」と難易度の高い「内部格付手法」がありますが,「標準的手法」を採用した場合には格付会社の格付を用いてリスクを計算することが認められています。

格付会社の格付であればすべて利用できるのではなく,監督当局が選定した格付会社の格付(依頼格付)だけが認められます。平成18年3月末のバーゼルⅡ実施に際し,日本では「適格格付機関」として,JCR,R&Iの日系2社と,ムーディーズ,S&P,フィッチの大手3社が選定されています。

「標準的手法」において,信用リスクは貸付や債券の残高に一定のリスク・ウェイトを乗じて計算しますが,リスク・ウェイトが小さいほど,リスクは小さな金額となります。

信用リスクに関係する資産を大まかに分けると,国債などのソブリン,金融

図表2　信用リスクに関するリスク・ウェイト

ソブリンのリスク・ウェイト

信用評価	AAA〜AA−	A+〜A−	BBB+〜BBB−	BB+〜BB−	B+〜B−	B−未満	無格付
リスク・ウェイト	0%	20%	50%	100%	100%	150%	100%

金融機関のリスク・ウェイト

信用評価	AAA〜AA−	A+〜A−	BBB+〜BBB−	BB+〜BB−	B+〜B−	B−未満	無格付
リスク・ウェイト	20%	50%	100%	100%	100%	150%	100%

事業法人のリスク・ウェイト（短期以外）

信用評価	AAA〜AA−	A+〜A−	BBB+〜BBB−	BB+〜BB−	B+〜B−	B−未満	無格付
リスク・ウェイト	20%	50%	100%	100%	150%	150%	100%

証券化商品のリスク・ウェイト（標準的手法。投資家の場合）

信用評価	AAA〜AA−	A+〜A−	BBB+〜BBB−	BB+〜BB−	B+〜B−	B−未満	無格付
リスク・ウェイト	20%	50%	100%	350%	資本控除	資本控除	資本控除

出所　金融庁「金融庁告示第28号」（2007年3月30日）
　　　金融庁「バーゼルⅡにおける適格格付機関の格付と告示上のリスク・ウェイトとの対応関係（マッピング）について」（2006年3月31日）p1〜4

機関，事業法人（事業会社），証券化商品に区分されます。ソブリンはAA格以上の国の国債であればリスクはゼロ，A格では20%，BBB格では50%，BB格では100%と格付が下がるに従って，リスクは高く計算されます（図表2）。

　金融機関と事業会社のリスク・ウェイトは似ており，B格において金融機関では100%，事業法人では150%という箇所だけが相違しています。

　証券化商品は投資適格であるBBB格以上では金融機関や事業法人と同じですが，BB格以下になるとリスクが急激に大きく計算されます。なお，サブプライム問題の教訓から証券化商品に関して，2011年末より実施されたバーゼル2.5では，バーゼルⅡと比べるとリスク・ウェイトを概ね2倍程度に引き上げています。

図表3	非依頼格付の使用禁止

> バーゼルⅡに関するQ&A＜非依頼格付の使用禁止＞
>   標準的手法を採用する金融機関がリスク・ウェイトの判定にあたり使用できる格付とは，中央政府に付与されたものを除き，適格格付機関が発行体からの依頼に基づき付与している格付（括弧内省略）を指します。
>   従って，適格格付機関が付与した格付であっても，公開情報のみに基づき付与された格付（いわゆる「勝手格付」）を含め，発行体からの依頼に基づくことなく付与された格付は，第49条に規定する「非依頼格付」に該当し，自己資本比率の算出上での使用は認められません。（以下省略）

出所　金融庁「バーゼルⅡ第1の柱に関する告示の一部改正（案）及び第3の柱に関する告示（案）等に対するパブリックコメントの回答等について　（別紙37）」（平成19年3月23日）

　なお，前章でも触れましたが，適格格付機関であっても勝手格付は自己資本比率算出上の利用は認められていません（図表3）。

3　証券化商品格付に関する利用上の注意

　金融庁は，銀行や証券，保険などの金融機関に対して監督指針を定めており，各金融機関はこれを遵守しながら経営を行っています。
　大手銀行を対象とした，「主要行等向けの総合的な監督指針」の中に市場リスク管理（Ⅲ-2-3-3）に関する項目があります（図表4）。
　その中に，証券化商品等投資における商品内容の適切な把握という項目があり，（イ）「証券化商品等への投資や期中管理にあたり，格付機関の格付手法や格付の意味を予め的確に理解した上で外部格付を利用する等，外部格付に過度に依存しないための態勢が整備されているか。」という記載があります。
　過度に依存しないこととは，（ロ）にあるように，裏付けとなる資産内容を把握し，優先劣後構造などのストラクチャー（仕組み）を分析し，その価格変動の状況を自分で確かめているかということになります。
　格付会社の格付でも，一般の事業会社や金融機関向けの投融資について，こ

| 図表4 | 証券化商品に関する利用上の注意 |

主要行等向けの総合的な監督指針（一部抜粋）
平成24年5月　金融庁

Ⅲ－2－3－3　市場リスク管理
　(3) 証券化商品等のクレジット投資のリスク管理
　　②証券化商品等投資における商品内容の適切な把握
　　　イ　証券化商品等への投資や期中管理にあたり，格付機関の格付手法や格付の意味を予め的確に理解した上で外部格付を利用する等，外部格付に過度に依存しないための態勢が整備されているか。
　　　ロ　証券化商品等の投資において，裏付となる資産内容の把握，優先劣後構造（レバレッジの程度）や流動性補完，信用補完の状況，クレジットイベントの内容といったストラクチャーの分析及び価格変動の状況の把握等，自ら証券化商品等の内容把握に努めているか。
　　　ハ　証券化商品投資では，原資産ポートフォリオの運用・管理をオリジネーター，マネージャー等の関係者に依存していることから，関係者の能力・資質，体制等の把握・監視に務めているか。

Ⅲ－3－2－4－4　自己資本の充実の状況等の開示
　(2) 定性的な開示事項
　　②「信用リスクに関する次に掲げる事項」
　　　ロ　「エクスポージャーの種類ごとのリスク・ウェイトの判定に使用する適格格付機関等の名称」について，すべての法人等向けエクスポージャー（中小企業向けエクスポージャーを除く。）に100％のリスク・ウェイトを適用している場合は，それを開示しているか。
　　　　「内部格付手法が適用されるポートフォリオについて，次に掲げる事項」について
　　　　b.「内部格付制度の概要」には，以下の内容が記載されているか。
　　　　　・内部格付制度の構造（内部格付を付与するに当たり，外部格付を主要な要素として用いている場合は，両者の関係について説明を含む。）

出所　金融庁ホームページ

のような利用上の注意事項は規定化されていないことから，証券化商品の格付は一般の事業会社等とはリスクが異なるということを明確に示していると考えることができます。

これは保険会社の監督指針においても同様なことが盛り込まれています。

なお，この規定は，サブプライム問題で証券化商品の損失が大きかったことから新たに盛り込まれたものです。

≫ 4 保険会社

（1）日本のソルベンシー・マージン比率規制

銀行の自己資本規制に匹敵するものとして，保険会社には，ソルベンシー・マージン比率規制があります。

ソルベンシー・マージン比率の計算は，銀行のバーゼルⅡと同様に，自己資本とリスクとを比較します。自己資本をリスクで割って求めるので，自己資本が大きいか，リスクが小さいほど比率は上昇します。ソルベンシー・マージン比率は800％などと，銀行の自己資本比率の数値と比べると大きく表示されますが，リスク係数等が違うことが主因で，本質的な枠組みは同じです。

図表5は資産運用リスクの中の信用リスクのリスク係数を示したものです。ランク1はリスク係数がゼロです。この中には最上級格付を有する国の中央政府や中央銀行などが含まれます。格付がなくても，わが国の地方公共団体や公企業のリスク係数はゼロとなります。

ランク2はリスク係数が1.0％のものです。ここには金融機関向け与信のすべてが含まれます。事業法人向け与信（無担保）は格付BBB格以上で，そのほかでは担保付きの与信などが含まれます。

事業法人の格付がBB格以下で，無担保の貸付や社債となるとリスク係数が4.0％と跳ね上がります。

| 図表5 | ソルベンシー・マージン比率計算上のリスク係数 |

資産運用リスクの中の信用リスク

		与信先，発行体等	リスク係数
貸付金債券預貯金	ランク1	a 最上級格付を有する国の中央政府，中央銀行及び国際機関 b OECD諸国の中央政府及び中央銀行 c わが国の政府関係機関，地方公共団体及び公企業 d a～cに掲げる者の保証するもの e 保険約款貸付	0.0%
	ランク2	a ランク1のaに該当しない国の中央政府，中央銀行及び国際機関 b 外国の政府関係機関，地方公共団体及び公企業 c わが国及び外国の金融機関 d BBB格相当以上の格付を有する者 e a～dに掲げる者の保証するもの f 抵当権付住宅ローン g 有価証券，不動産等を担保とする与信 h 信用保証協会の保証する与信	1.0%
	ランク3	ランク1，2に該当せず，ランク4に掲げる事由が発生していない先への与信等	4.0%
	ランク4	破綻先債権，延滞債権，3か月以上延滞債権，貸付条件緩和債権	30.0%

出所　金融庁監督局保険課「ソルベンシー・マージン比率の概要について」平成18年11月20日p7

（2）米国における債券保有

　米国の大手保険会社である，アクサ・エクイタブルのアニュアルレポートには，格付ごとの債券等の保有残高が記載されています。投資家はこれを見て保有資産の質を判断することができます。

　この中で事業法人向けの保有残高を抜き出したものが図表6です。NAICとは全米保険監督官協会のことですが，NAICの区分に合わせて格付をベースに開示しています。

CHAPTER **3** 格付の利用

| 図表6 | アクサ・エクイタブルの事業法人向け与信 |

単位：百万ドル

NAIC区分	格付	公正価値
1	A格以上	13,039
2	BBB	9,918
3	BB	670
4	B	87
5	C以下	17
6	デフォルト	6
	合計	23,737

出所　2011年アニュアルレポート（FORM10-K）p7-38

》5 年金基金等

（1）年金積立金管理運用独立行政法人

　格付は年金基金が資産運用を行うための基準として用いられています。組織として資産運用を行う場合には，まず初めに運用方針や運用ルールを定め，それに基づいて実際の運用を行い，ルールどおりに運用が行われているかをチェックします。

　GPIF（Government Pension Investment Fund：年金積立金管理運用独立行政法人）は旧年金福祉事業団が平成18年に独立行政法人として設立された組織で，2010年度の運用資産は116兆円に達する世界最大の年金基金です。ここでは厚生年金と国民年金の給付の財源となる年金積立金の管理・運用を行うにあたって，「管理運用方針」が定められています。

　その中に，格付に関連する箇所がいくつか盛り込まれており（図表7），主なものとしては，運用受託機関の選定に関する基準，選定した運用機関が行う運用に関する基準，そして自家運用に関する基準の3つがあります。

　GPIFは資産運用規模が巨額に上るため，内外の金融機関や投資顧問等に運用を委託しています。第3「運用受託機関の管理に関する事項」では運用を受託した機関が守るべき運用ガイドラインを定め，投資対象はBBB格以上に限

| 図表7 | 年金積立金管理運用独立行政法人の「管理運用方針」 |

年金積立金管理運用独立行政法人の「管理運用方針」（一部抜粋）

平成24年4月1日最終改正

第3 運用受託機関の管理に関する事項
 2 運用ガイドライン
  (1) 各資産に関する事項
   ①国内債券
    ウ 国債，地方債及び特別の法律により法人の発行する債券（政府保証が付された債券に限る。）以外の債券を取得する場合には，別表2に定める格付機関のいずれかによりBBB格以上を得ている銘柄とすること。ただし，格付のない金融債については，その発行体が格付機関のいずれかによりBBB格以上の格付を得ていること。
    エ ウの債券で，取得後にいずれの格付機関による格付もBBB格未満となった債券については，発行体の債務不履行リスク等に十分留意した上で，売却等の手段を講じること。
   ③外国債券
    ウ 格付機関のいずれかによりBBB格以上の格付を得ている銘柄とすること。ただし，格付のないモーゲージ証券，ジャンボ・ファンドブリーフ及び政府若しくは国際機関により発行又は保証された格付のない銘柄については，その発行体又は保証機関が格付機関のいずれかによりBBB格以上の格付を得ていること。
    エ ウの債券で，取得後にいずれの格付機関による格付もBBB格未満となった債券については，発行体の債務不履行リスク等に十分留意した上で，売却等の手段を講じること。
第5 運用受託機関の選定及び評価等に関する事項
 1 運用受託機関
  (1) 選定基準及び方法
   ① 選定基準
    エ 運用と併せて資産管理を行う運用受託機関にあっては，2社以上の格付機関からBBB格以上の格付（依頼格付による発行体格付であって，長期格付に限る。）を得ており，かつ，格付機関のいずれからもBB格以下の格付を得ていないこと。
第6 自家運用に関する事項
 3 取引先選定等の基準
  (1) 取引先の選定
   ① 最低限満たすべき要件
    エ 短期資産の運用又は債券の貸付運用を行う取引先にあっては，2社以上の格付機関からBBB格以上の格付（依頼格付による発行体格付であって，長期格付に限る。）を得ており，かつ，格付機関のいずれからもBB格以下の格付を得ていないこと。

出所 年金積立金管理運用独立行政法人の「管理運用方針」の一部を抜粋

定し，取得後にBB格に下がった場合には原則として売却することが定められています。

GPIFが自社で行う自家運用は，第6「自家運用に関する事項」に定めがあります。こちらは，運用受託機関に対するものよりも厳しく，複数の格付会社からBBB格以上を取得し，かつ，いずれの格付会社からもBB格以下を付与されていないことと定められています。

なお，運用委託先については，第5「運用受託機関の選定及び評価等に関する事項」に規定があります。BBB格を取得していない機関には運用を委託しないという内容です。前章で山一證券の格下げを取り上げましたが，運用受託機関はBB格に下がると資金調達ができず，また，運用の受託もできなくなり，通常では単独での存続が難しくなります。

（2）地方職員共済組合

もう1つ，別の年金基金の規定を見ましょう。

地方公務員が加入する共済組合の資産運用については，地方公務員等共済組合法施行令で「長期経理の余裕金の運用に関する基本方針」が定められています。

図表8を見るとGPIFよりも，保守的な内容であることがわかります。3「信託による委託運用」では通常の社債はBBB格以上と規定されています。特定社債とは資産流動化法によるもので証券化商品の一種で，これはA格以上と定められています。外国の法人が日本国内で発行する債券はA格以上とされています。

2「自家運用」では国内社債ではA格以上，円貨建外国債のうち外国政府等が発行するものはAA格以上，日本企業が発行する外国債はA格以上，転換社債はA格以上と，基本的な目線はA格以上という規定です。

一般論ですが，年金基金は安全を最優先した運用が求められており，その中でも保守的な年金基金では，A格以上を基準にしているところが多いといわれています。

図表8　地方職員共済組合の「運用に関する基本方針」

長期経理の余裕金の運用に関する基本方針　（一部抜粋）
平成23年1月1日改正

Ⅲ　資産の管理及び運用に関する事項
　2　自家運用
　　(3) 長期運用
　　　①投資対象資産
　　　　イ　国内社債
　　　　　適格格付機関のいずれかからA格以上の格付を取得している社債（新株引受権付社債を除く。）
　　　　ウ　円貨建外国債
　　　　　（イ）外国政府の発行する円貨債券，条約に基づく国際機関の発行する債券又は政府保証債に相当する外国法人の発行する円貨債券で，適格格付機関のいずれかからAA格以上の格付を取得しているもの
　　　　　（ウ）日本企業又は日本企業の海外現地法人の発行する円貨債券で，適格格付機関のいずれかからA格以上の格付を取得しているもの
　　　　オ　転換社債
　　　　　適格格付機関のいずれかからA格以上の格付を取得しており，（以下省略）
　3　信託による委託運用
　　(4) 運用上の遵守事項
　　　③国内債券
　　　　（イ）適格格付機関のいずれかからBBB格以上の格付を取得している社債
　　　　（ウ）適格格付機関のいずれかからA格以上の格付を取得している特定社債
　　　　（エ）外国若しくは外国法人の発行する証券又は証書で，適格格付機関のいずれかからA格以上の格付を取得しているもの
　　　　　ただし，組合が提示する運用ガイドラインの定めにより，BBB格以上の格付を取得しているものを投資対象とすることができる。

出所　地方公務員等共済組合法施行令第16条第4項の規定に基づく「長期経理の余裕金の運用に関する基本方針」

≫6 投資信託

　一般投資家に販売している投資信託にも様々なものがあります。

　債券や株式をどのように資産配分するかは，期待リターンや想定リスクをベースにポートフォリオが決定されます。期待リターンとはどの程度の収益が見込めるかということ，想定リスクとは価格下落等によってどの程度の損失が考えられるかということを意味しています。

　債券のリスクは金利リスク，信用リスク，為替リスクが主なものですが，信用リスクについては，格付をベースに管理されています。

　格付そのものではなく，例えば格付会社の格付を多変量解析によりモデル化して独自に格付スコアを出して管理しているケースもありますが，いずれにしても格付会社の格付は信用リスク（デフォルトリスク）を測定する上で重要な要素となっています。

　債券型の投資信託説明書（交付目論見書）を見ると，ファンドの特色として，どの程度の格付の債券が組み入れられているかが記載されています。

　リスクを抑制した投資信託は，"取得時はBBB格以上の投資適格債で，組入債券の平均格付はA格以上になること"といった具合であり，リスクを積極的に取るような投資信託はBB格以下の銘柄も多く組み入れています。

　あるエマージング・マーケット・ボンドを対象とする投資信託の格付別構成比率を見たところでは，A格以上が18％，BBB格が41％，BB格24％，B格以下又は無格付17％となっていました。なお，こういった世界的な債券を対象にした場合には，3大格付会社，中でもムーディーズとS&Pの格付が多く使われています。

　以上見てきたように，格付は金融機関における自己資本規制，資産運用における基準の制定において必要不可欠なインフラとなっていることがわかります。

【参考文献表示】

小立敬「証券会社のネット・キャピタル・ルールから格付参照の廃止を図る米国SECの提案」『野村資本市場クォータリー 2011 Summer』（1〜10頁　野村資本市場研究所）

本山美彦『格付け洗脳とアメリカ支配の終わり』100〜112頁（ビジネス社　2008年）

金融庁「バーゼルⅡにおける適格格付機関の格付と告示上のリスク・ウェイトとの対応関係（マッピング）について」1〜4頁（平成18年3月31日）

金融庁「バーゼルⅡ第1の柱に関する告示の一部改正（案）及び第3の柱に関する告示（案）等に対するパブリックコメントの回答等について（別紙37）バーゼルⅡに関するQ&A追加」（平成19年3月23日）

金融庁監督局保険課「ソルベンシー・マージン比率の概要について」（平成18年11月20日）

金融庁「主要行等向けの総合的な監督指針」（平成24年5月）

金融庁「保険会社向けの総合的な監督指針」（平成23年6月）

地方公務員等共済組合法施行令に基づく「長期経理の余裕資金の運用に関する基本方針」（平成23年1月1日）

年金積立金管理運用独立行政法人「管理運用方針」（平成24年4月1日）

アクサ・エクイタブル「アニュアルレポート（FORM10-K）」7-38頁（2011年）

CHAPTER 4 格付会社における企業分析の視点

■格付を行う際は，産業リスク，個別企業リスク，財務リスクの観点からの分析が重要となりますが，格付会社がどのような財務指標を重視しているかについて解説しています。
　また，金融機関格付と一般の事業会社格付との違いや，ストラクチャード・ファイナンス商品格付における基本的な仕組みを提示し，リーガルリスクとキャッシュ・フローリスクをいかに分析しているかについても述べています。
　格付会社の分析ポイントを理解することは，投資家が自らが行う企業分析の精度を高めることになります。

≫1 格付プロセス

　格付は事業リスクと財務リスクとを総合的に分析することです。
　R&Iは事業リスクを産業リスクと個別企業リスクに分け，まず産業リスクを評価し，その上で個別企業リスクと財務リスクを評価し，最終的に発行体格付を行っています。
　R&Iのホームページにある「業種別格付方法」から，2010年4月22日に公表された半導体についてまとめた箇所を図表1に示しておきました。ここで取り上げられている半導体業界は，デバイスメーカーで，企業でいえば，エルピーダメモリやルネサスエレクトロニクスなどが該当します。
　産業リスクはどの業界にも共通するものです。R&Iでは，「市場規模，市場成長性，市場のボラティリティ」，「業界構造（競争状況）」，「顧客の継続性・安定性」，「設備・在庫投資サイクル」，「コスト構造」の6つの視点から分析するアプローチを採用し，産業リスクは「高い」と判定しています。

| 図表1 | 業種別格付方法 |

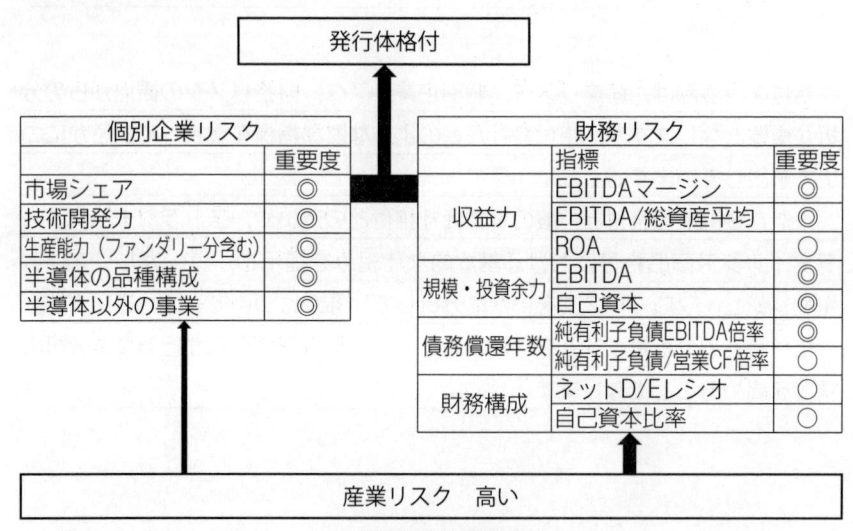

発行体格付

個別企業リスク

	重要度
市場シェア	◎
技術開発力	◎
生産能力（ファンダリー分含む）	◎
半導体の品種構成	◎
半導体以外の事業	◎

財務リスク

	指標	重要度
収益力	EBITDAマージン	◎
	EBITDA/総資産平均	◎
	ROA	○
規模・投資余力	EBITDA	◎
	自己資本	◎
債務償還年数	純有利子負債EBITDA倍率	◎
	純有利子負債/営業CF倍率	○
財務構成	ネットD/Eレシオ	○
	自己資本比率	○

産業リスク　高い

注：◎極めて重視，○重視

産業リスクの見方
(1) 市場規模，市場成長性，市場のボラティリティー
(2) 業界構造（競争状況）
(3) 顧客の継続性・安定性
(4) 設備・在庫投資サイクル
(5) 保護，規制・公共性
(6) コスト構造

出所　R&I「業種別格付方法　半導体」2010年4月22日

　個別企業リスクとしては，市場シェアや技術開発力など5項目を極めて重視するという二重丸「◎」にしています。
　また，財務リスクに関しては，規模・投資余力の項目である，EBITDA（Earnings Before Interest, Tax, Depreciation and Amortization）や自己資本等の5項目を「◎」にしています。

　事業リスクを分析するという観点としては，有名なマイケル・ポーターのファイブ・フォース・モデルがあります（図表2）。これは売手（仕入先）及び買手（販売先）との交渉力，業界間の競争，新規参入業者（参入障壁），代

CHAPTER 4 格付会社における企業分析の視点

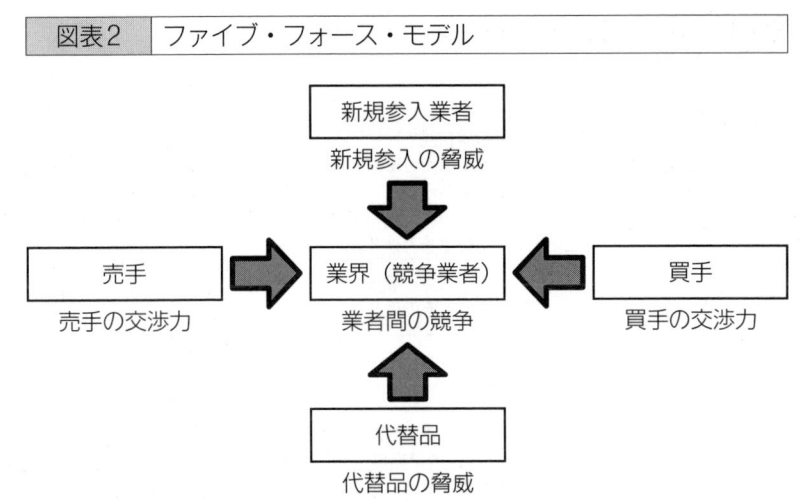

図表2　ファイブ・フォース・モデル

```
                    ┌──────────┐
                    │ 新規参入業者 │
                    └──────────┘
                      新規参入の脅威
                         ↓
   ┌────┐         ┌──────────────┐         ┌────┐
   │ 売手 │  →    │ 業界（競争業者） │    ←   │ 買手 │
   └────┘         │  業者間の競争   │         └────┘
   売手の交渉力     └──────────────┘         買手の交渉力
                         ↑
                    ┌──────────┐
                    │  代替品   │
                    └──────────┘
                      代替品の脅威
```

出所　M.E.ポーター著「競争優位の戦略」p8

替品の脅威の5つの要因から分析するというものです。

　マイケル・ポーターは5つの要因の強さは産業ごとに異なっており，また産業の進化によって変化するとしています。そして，これら5つの要因の集合的な強さによって，資本コストを超えるような利益を稼ぐことができるとしています。

　これは，格付会社が行う産業リスクの見方を理解する上でも有用であると思います。

≫2　重視する財務指標

（1）財務指標

　財務分析においては，安全性，収益性，流動性，成長性，生産性を分析しますが，格付では債務返済能力を見ることから，特に安全性と収益性が重視されます。

　安全性は貸借対照表，収益性は損益計算書を中心に分析し，貸借対照表項目と損益計算書項目を比較することで動態的な分析を行います。JCRとR&Iが

| 図表3 | 格付で重視する財務指標 |

JCR

	区分	指標	分子	分母
1	b	営業利益率	営業利益	売上高
2	c	使用総資本事業利益率	営業利益＋受取利息・配当	資産合計＋割引・譲渡手形
3	b	利払能力	事業利益	支払利息・割引料
4	c	キャッシュ・フロー比率	税引利益－配当・賞与＋減価償却費±その他非資金支出	固定負債－固定負債性引当金
5	c	総キャッシュ・フロー比率	税引利益－配当・賞与＋減価償却費±その他非資金支出	固定負債－固定負債性引当金＋1年以内長期借入金・社債＋短期借入金
6	a	キャピタリゼーション比率	固定負債－固定負債性引当金＋1年以内長期借入金・社債	固定負債－固定負債性引当金＋1年以内長期借入金・社債＋少数株主持分＋資本
7	a	総キャピタリゼーション比率	固定負債－固定負債性引当金＋1年以内長期借入金・社債＋短期借入金	固定負債－固定負債性引当金＋1年以内長期借入金・社債＋少数株主持分＋資本＋短期借入金
8	a	自己資本比率	資本	資産合計

出所　JCR『ゼミナール　格付け信用審査と実際（第二版）』p118～119など

R&I

	区分	指標	分子	分母
1	b	キャッシュ・フロー	リテインド・キャッシュ・フロー＝当期利益＋減価償却－前期の配当金・役員賞与 オペレーティング・キャッシュ・フロー＝リテインド・キャッシュ・フロー±運転資金の増減 フリー・キャッシュ・フロー＝オペレーティング・キャッシュ・フロー－設備投資	
2	b	EBITDA	事業利益（営業利益＋受取利息・配当金）＋固定資産償却額	
3	c	総資本事業利益率（ROA）	営業利益＋受取利息・配当金	使用総資本
4	c	営業資産営業利益率	営業利益	売上債権＋棚卸資産－仕入債務＋稼働有形固定資産＋差入保証金
5	b	インタレスト・カバレッジ	営業利益＋受取利息・配当金	支払利息・割引料
6	b	EBITDAベースのインタレスト・カバレッジ	EBITDA	支払利息・割引料
7	a	純有利子負債構成比	有利子負債－現預金	自己資本＋有利子負債－現預金
8	c	有利子負債キャッシュ・フロー倍率	有利子負債	リテインド・キャッシュ・フロー
9	c	有利子負債EBITDA倍率	有利子負債	EBITDA

出所　R&I『格付けQ&A　決まり方から使い方まで』p70など

どのような指標を重視しているかを見てみることとします（図表3）。

なお，キャッシュ・フローについてはここでは損益計算書分析と捉えています。また，参考までに，貸借対照表分析比率をa，損益計算書分析比率をb，両者を合わせた動態的分析比率をcと区分しています。

JCRは，収益分析としては，営業利益率，使用総資本事業利益率，利払能力，キャッシュ・フロー比率を重視し，資本分析では，キャピタリゼーション比率と自己資本比率を重視しています。

R&Iは，収益分析では，キャッシュ・フロー，EBITDA，使用総資本事業利益率，営業資産営業利益率，インタレスト・カバレッジ，資本分析では純有利子負債構成比，有利子負債キャッシュ・フロー倍率，有利子負債EBITDA倍率を重視しています。

JCRとR&Iでは重視している指標に多少の違いはありますが，基本的には，事業の収益力と自己資本の厚みを分析していることがわかります。格付は長期債務の返済能力を見ることになりますので，収益で返済する能力と，資本で返済する能力を吟味することになるわけです。

図表4　ゾーン別財務指標

発行体格付（ゾーン）	会社数	純有利子負債営業CF倍率	純有利子負債EBITDA倍率	ROA	EBITDA/総資産	ネットD/Eレシオ	自己資本比率	EBITDA	自己資本
	社	倍	倍	%	%		%	億円	億円
AAA	3	1.36	1.81	6.99	11.48	0.27	55.92	8,397	47,955
AA	54	0.78	0.71	7.59	12.25	0.20	53.14	2,355	9,468
A	184	1.93	1.30	5.63	9.96	0.37	48.31	722	2,643
BBB	112	2.85	2.29	5.32	9.20	0.64	39.53	254	870
BB	6	15.48	5.23	4.26	9.05	1.65	21.52	360	843
全社	359	2.26	1.59	5.82	10.06	0.45	45.91	880	3,465
上場全社	2,264	1.30	0.76	5.01	8.45	0.70	48.45	200	950

出所　R&I「格付別財務指標・2010年度版」2011年11月14日

| 図表5 | 収益性と資本の厚み |

区分		項目ないし指標	
収益性	事業収益の絶対額	EBITDA	
	事業収益力	ROA	EBITDA/総資産
	有利子負債と収益力の比較	純有利子負債営業CF倍率	純有利子負債EBITDA倍率
資本の厚み	自己資本の絶対額	自己資本	
	自己資本の厚み	自己資本比率	
	資本と有利子負債の比較	ネットD／Eレシオ	

出所　R&Iの「ゾーン別財務指標」を筆者が区分

（2）R&Iのゾーン別財務指標

　R&Iは「格付別財務指標2010年度版」においてゾーン別財務指標の平均値を公表しています（図表4）。

　これを事業の収益力と自己資本の厚みから区切ってみると，図表5のように分けることができます。

　収益力分析の基本はEBITDAになります。これは一般に営業利益＋減価償却費で計算します。営業活動による償却前利益ということで，M&Aにおいては事業価値を測る尺度としても重用されています。

　ROA（総資本事業利益率）は投下された総資本でどの程度の事業利益（営業利益＋受取利息・配当金）を獲得しているかを測定するものです。

　営業CFはキャッシュ・フロー計算書の営業活動キャッシュ・フローと考えられます。これは当期純利益に減価償却費を加えたものをベースとし，それに売上債権や棚卸資産などの増減を加えて計算するものです。

　売上債権や棚卸資産を大幅に圧縮したような場合は別ですが，営業CFは金利や法人税等を控除した金額ですので，通常ではEBITDAよりも小さくなります。

　主役はEBITDAで脇役が営業CFです。このEBITDAを使って，総資産や有利子負債と比較します。

CHAPTER 4 格付会社における企業分析の視点

図表6　自己資本比率とネットD/Eレシオ

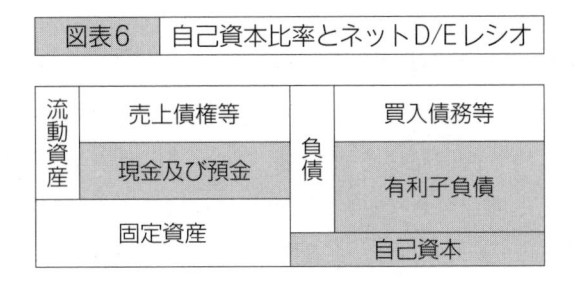

流動資産	売上債権等	負債	買入債務等
	現金及び預金		有利子負債
固定資産			
		自己資本	

　次に，資本の厚みですが，自己資本の絶対額は極めて重要です。自己資本比率は言うまでもなく自己資本を総資産で割った比率で，ネットD/Eレシオは有利子負債から現預金を引いたネット有利子負債を自己資本で割った数値です。D/EレシオはDER（Debt Equity Ratio）とも呼ばれて財務分析で重視されている指標です。

　自己資本比率とネットD/Eレシオは近い関係にあります。自己資本が増えれば，自己資本比率は上昇し，自己資本との関係で相対的に有利子負債が小さくなるので，ネットD/Eレシオも改善（数字は小さくなる）します（図表6）。

　図表4のゾーン別財務指標を見て，ゾーン間の違いが最もわかるのは自己資本で，その次はEBITDAです。比率となると，格付の高いゾーンと低いゾーンの違いが鮮明ではなくなっています。

　純有利子負債営業CF比率と純有利子負債EBITDA倍率は共に倍率が小さいほうがよいのですが，AA格がAAA格よりも高い値を示していますし，AAA格からBBB格まで大きな差は生じていません。

　ROAとEBITDA／総資産は共に利益率ですので，高いほうがよいのですが，AA格が最高で，AAA格，A格，BBB格，BB格の順番となっています。A格とBB格では財務内容が全く違うはずですが，示されている数値を見る限り，大きな差というわけではありません。

　ネットD/Eレシオと自己資本比率は兄弟指標ですので，傾向は似ていますが，自己資本比率がより鮮明に格付ランクの違いを示しています。

ゾーン別財務指標では高い格付と低い格付の格差が明確に出てきていませんが，これは次のような理由によるものです。
　業界のリーディングカンパニーはAA格に入ることが多いのですが，財務内容によってはA格やBBB格になります。その一方，準大手で財務内容がよい企業はA格に入る場合もあります。BBB格では大きくて財務内容が悪い企業と中堅で財務内容が良好な企業が混在することになります。したがって，各社の比率を平均すると，ゾーン別に明確な格差が生じなくなります。
　なお，貸借対照表項目である有利子負債や自己資本の金額は大きく変動しませんが，収益項目はその期の業績で大きく変動します。タイの洪水，東日本大震災などの突発的事象はもちろんのこと，市況産業ではその時々の景気動向によって大きく収益が左右されます。

(3) 業種別の違い

　業種別に見ても，結構な違いがあるものです。ここでは，財務省の「法人企業統計季報」の平成22年度を見てみます（図表7）。
　収益性は売上高営業利益率，資本の厚みは自己資本比率で示されています。売上高営業利益率では8番目にある化学が7.5％と高いのは医薬品が含まれているためです。その一方で19番目の自動車業界（輸送用機械器具）が1.6％とあまり高い値ではありません。国際的な競争が激しいことが背景にあるものと考えられます。また，34番目の不動産は賃貸収入が売上高となるため，売上高営業利益率で見ると高くなっています。
　自己資本比率は全産業平均で35.6％という数字です。平成13年度では25.2％でしたので10年間に10ポイント以上も上昇しています。20％程度の業種もあれば，50％を超えている業種もあります。なお，24番目の鉱業・採石・砂利採取が，売上高営業利益率及び自己資本比率とも高い数値を示していますが，これは業界最大手の国際石油開発帝石の売上高が9,430億円で営業利益が5,297億円と大きく，自己資本比率も74.5％と高いことが影響していると考えられます。

CHAPTER 4 格付会社における企業分析の視点

| 図表7 | 業種別の経営指標 |

平成22年度

		流動比率	固定比率	自己資本比率	売上高営業利益率	総資本回転率
		%	%	%	%	回
1	全産業	131.5	158.8	35.6	2.8	0.96
2	製造業	141.5	115.4	44.3	3.2	0.97
3	食料品	121.7	136.3	40.9	2.8	1.32
4	繊維	148.1	130.1	40.0	1.6	0.79
5	木材・木製品	127.4	143.7	30.2	0.5	1.11
6	パルプ・紙・紙加工品	118.1	164.7	34.0	2.9	0.88
7	印刷・同関連業	166.1	112.2	42.4	1.2	1.11
8	化学	170.9	95.5	55.3	7.5	0.76
9	石油製品・石炭製品	103.1	209.8	21.6	1.9	1.89
10	窯業・土石製品	149.4	121.2	42.9	3.5	0.70
11	鉄鋼	116.7	158.6	37.0	2.8	0.83
12	非鉄金属	118.4	166.4	34.0	2.8	0.84
13	金属製品	177.1	105.4	44.8	2.3	0.85
14	はん用機械器具	153.9	99.7	41.8	3.5	0.76
15	生産用機械器具	159.3	104.0	43.3	3.2	0.81
16	業務用機械器具	170.8	86.9	53.0	5.0	0.94
17	電気機械器具	126.1	117.7	43.3	3.0	0.91
18	情報通信機械器具	123.4	121.8	40.9	2.0	1.08
19	輸送用機械器具	136.3	113.8	47.7	1.6	1.07
20	自動車・同付属品	138.8	112.7	50.6	1.2	1.10
21	その他製造	170.1	91.6	49.6	5.1	0.96
22	非製造業	127.1	183.3	32.0	2.7	0.96
23	農林水産	111.0	282.1	19.6	△2.0	1.03
24	鉱業, 採石, 砂利採取	175.7	110.1	64.4	24.3	0.45
25	建設	142.9	115.5	30.0	1.4	1.22
26	電気	70.6	462.6	19.3	7.2	0.40
27	ガス・熱供給・水道	96.2	179.0	44.8	5.7	0.79
28	情報通信	171.3	118.2	51.7	7.2	0.79
29	運輸, 郵便	107.3	258.8	28.9	3.7	0.69
30	陸運	75.9	302.1	27.1	4.4	0.61
31	水運	157.3	169.7	35.4	3.3	0.99
32	卸売	131.7	129.5	27.4	1.0	1.96
33	小売	104.0	188.3	28.3	1.3	1.81
34	不動産	128.9	296.7	25.4	12.1	0.22
35	物品賃貸	159.1	185.0	12.9	5.1	0.31
36	サービス	114.9	163.4	42.3	3.4	0.68
37	宿泊	49.9	834.0	10.3	1.1	0.61
38	飲食サービス	88.6	443.5	15.2	1.5	1.57
39	生活関連サービス, 娯楽	82.9	282.1	25.2	1.6	1.04
40	学術研究・専門・技術サービス	127.0	142.3	48.6	4.8	0.40
41	医療, 福祉	101.8	531.5	12.2	4.8	0.98
42	教育, 学習支援	100.0	190.5	33.3	2.5	1.15
43	職業紹介・労働派遣	172.0	91.0	35.6	1.6	2.19
44	その他のサービス	143.4	121.0	56.3	5.2	0.63

注　流動比率＝流動資産÷流動負債
　　固定比率＝固定資産÷自己資本
　　総資本回転率＝売上高÷総資本
出所　財務省財務総合政策研究所「法人企業統計年報特集（平成22年度）」

≫3 金融機関

　広義金融機関の中には証券会社や保険会社も含まれますので，ここでは銀行の格付について考えます。

　銀行の発行体格付は，基本的には銀行単独（スタンドアローン）の評価と政府の支援評価をベースに行われていると考えられます。これに，銀行は永久劣後債や優先株などのハイブリッド証券を発行して自己資本を厚くしていることから，これらに関する資本性の評価が加わります。

　銀行単独の評価は，米国の銀行評定制度「CAMELS」（図表8）の考え方を取り入れて行っているといわれています。同制度は銀行検査の結果を統一金融機関格付制度に基づいてレーティング評価するもので，1979年に「CAMEL」として導入され，1997年には市場リスクが重要とされたことから，市場リスクに対する感応度が追加されて「CAMELS」に至っています。

　Cは自己資本で，自己資本比率が必要十分であるかがチェックされます。Aの資産内容は不良債権比率などが調査の対象となります。Mの経営は評価しにくい項目ですので経営者へのインタビューや経営計画の方向性や進捗状況等によってフォローするケースもあります。Eの収益性は業務純益の分析と収益構造の分析となります。Lの流動性は資金調達の安定性，資産と負債の期間や金額に関するミスマッチリスク，流動性リスク管理態勢の分析です。最後のS

図表8　CAMELSの構成項目

Composite	Rating	総合評価
C	Capital Adequacy	自己資本
A	Asset Quality	資産内容
M	Management	経営
E	Earnings	収益性
L	Liquidity	流動性
S	Sensitivity to Market Risk	市場リスクに対する感応度

出所　金融庁検査局「米国における評定制度（CAMELS）について」
　　　平成17年2月

は市場リスクに対する感応度で金利や株価，為替が下落した場合にどの程度の悪影響を受けるかを分析することです。

　これら各項目について評価した上で，個別銀行としての総合評価を決定します。

　一般の事業会社格付と大きく異なるものは国の支援（セーフティ・ネット）を考察・評価することです。銀行は金融システムの中核をなしており，銀行の経営破綻は社会に重大な影響を及ぼします。また，銀行は資金を市場から調達しており，経営破綻は銀行間の資金融通機能を麻痺させてしまいます。

　国の支援は，国の格付であるソブリン格付のレベルに大きく左右されることになります。ソブリン格付がA＋であれば，その国の銀行はA＋が上限となるわけです。銀行単独の評価がBBBで，政府の支援が期待できるのであれば，2〜3ノッチのアップが行われ，A−やAに格付されることになります。

　スペインやイタリアなどソブリン格付が下がっている国の銀行ではノッチアップは小さい一方で，ドイツのソブリン格付はAAAであり，銀行の業態にもよりますが，多いところでは5〜6ノッチのアップされているところもあるといわれています。

　長期債務格付との関係で，様々なハイブリッド証券が発行されています。これらが発行される主な理由は，銀行の自己資本比率規制に対応するためです。バーゼルIIや今後導入されるバーゼルIIIにおいて，自己資本にカウントできる種類や金額が決められています。格付会社では，各格付会社が資本とみなす基準を有しており，それに基づいて当該ハイブリッド証券の格付が決定されることになります。

　銀行は巨額の資金を短期市場や預金で調達し，それを貸付や債券投資等で運用する業態です。また，資本の金額に比べて，スワップやヘッジ，各種のデリバティブの取扱いも多く，その意味で銀行という業態はリスクの塊であり，銀行単独の評価においては，それほど高い格付とはなりません。

≫4 ストラクチャード・ファイナンス商品

（1）ABSの仕組み

　ストラクチャード・ファイナンス商品（SF商品）とは，証券化商品や，債券のリパッケージ商品にデリバティブを組み込んだ商品を指しています。証券化商品の歴史を辿ると，まず住宅ローンが証券化され，続いて1985年にこれ以外の資産担保証券としてABS（Asset-Backed Securities）が米国で発行され，その後は様々なものが発行されています。

　ABS取引は相対で行う単なる債権譲渡ではなく，譲渡された資産をプールし，それを裏付けに証券を発行するものです。少し古いですが基本的な流れを説明しているものとして日本銀行月報に記載された図表9を示しておきます。

　基本的な流れは次の4つです。

① オリジネーター（原債権者）は，保有する債権をSPV（Special Purpose Vehicle）に譲渡する。

② SPVは譲り受けた債権を裏付けとして新たな証券であるABSを発行し，調達した資金を原債権者に支払う。

③ 原債務者からの資金回収は，サービサー（資金回収代理人）が行う。

④ 原債権のキャッシュ・フローと発行証券の元利金支払いを担保するために，信用補完や流動性補完のための措置を講じる。

（2）格付の視点

　リスクの観点からは，リーガルリスクとキャッシュ・フローに関するリスクに大別できます。これをABS取引の流れに沿ってみると，次のようになります。

① 債権譲渡

　債権譲渡が担保付貸借取引と判定されると，原債権者が破産した場合に譲渡資産が破産財団に組み込まれてしまいます。このため，法的に正しく真正売買されたと認定できることが求められます。

CHAPTER 4 格付会社における企業分析の視点

図表9 ABS取引の基本的な仕組み

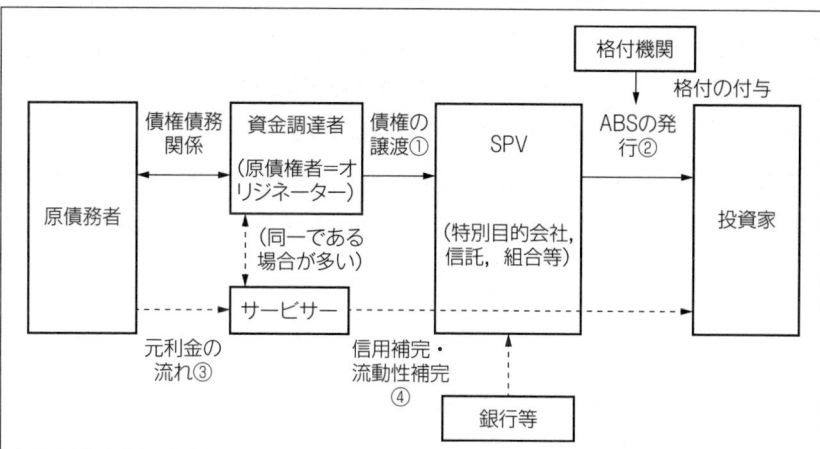

```
                      資金調達者              格付機関
          債権債務    (原債権者=オ  債権の         │
          関係       リジネーター)  譲渡①          ▼
原債務者 ◄────────► ┌──────────┐ ──────► SPV  ABSの発  格付の付与
          │          └──────────┘          行②
          │            │(同一である          (特別目的会社, ──────► 投資家
          │            │場合が多い)          信託, 組合等)
          │            ▼
          └────────► サービサー ─────────►
              元利金の           信用補完・
              流れ③             流動性補完
                                 ④
                                        銀行等
```

各取引当事者の役割

1 オリジネーター

オリジネーターは，保有する金融債権を譲渡することにより，預金調達を行う。その際，オリジネーターは保有する多数の債権の中からABSの裏付けとなる債権を選定・抽出する。

2 SPV

SPV（Special Purpose Vehicle）とは，オリジネーターの有する債権を譲り受ける一方で，それを裏付けとした証券を発行し，資金調達を行う主体を言う。SPVは，オリジネーターの他の債権と証券の裏付けとなる債権を分離するための主体であり，導管（conduit）とも呼ばれる。SPVの形態としては，会社形態をとる場合（この場合は，特別目的会社〈Special Purpose Company〉と呼ばれる），信託，パートナーシップの形態をとる場合等，様々な形態が考えられる。
なお，SPVは，債権の買い取り等の業務を行うために，代理人（トラスティー等）を設置している。

3 サービサー

SPVは，通常，債権回収等の機能を持たないことから，サービサーがSPVに代わって譲渡された債権の回収・管理等を行う。サービサーはSPVとの契約に基づき回収業務の対価として手数料を受け取る一方，原権利者からの回収金の管理，発行体への回収金引き渡し，延滞債権の回収等のほか，余剰資金の一時的な運用等を行う。

4 格付機関

各ABSプログラムごとに，「投資家が当初契約どおりのABSの元利払いを受けられないリスクがどれだけあるか」を審査し，格付を施していく。銀行，インベストメント・バンク等のプログラムの設計主体は，格付機関からの高格付の取得を目指す場合には，設計のプロセスにおいて様々な仕組上の工夫を施すことによって証券のリスクを抑制することに注力する。

出所　日本銀行月報「資産担保証券（ABS）取引について」1996年4月号

② SPV

　SPVがオリジネーターの子会社であると，オリジネーターが破産した時に，法人格否認の法理によってSPVの資産が親会社の資産として破産財団に取り込まれるリスクがあります。このため，SPVの株主にオリジネーターとは無関係な公益信託を入れるなどの対策がとられます。

　また，SPV自らが破産や支払不能となることを防止するために，倒産隔離の措置が必要となります。日本において組成される商品は信託法にて確保されている信託形式が多いとされています。

③ サービサー

　オリジネーターがサービサーを兼ねている場合には，オリジネーターの口座に混在して滞留している資金に対して投資家の権利が及ばなくなるコミングリング・リスクがあり，各種の対策がとられています。

④ キャッシュ・フローと信用補完

　ABSの安全性は裏付けとなる債権プールのキャッシュ・フローに依存しているため，原債権の信用リスクの判断が重要となります。また，それを補完するスキームあるいは補完者の支払能力もリスクとなります。

　格付に際しては，債権譲渡から元利金の回収という仕組みに存在するリーガルリスクのチェック，信用補完や流動性補完が十分であるかのチェック，そして裏付資産がきちんとキャッシュ・フローを生むのかどうかのチェックが重要となります。

　信用補完の方法には，優先劣後構造や第三者信用補完などがあります。優先劣後構造とは，ABSを優先部分と劣後部分に分けて，キャッシュ・フローを優先部分から先に充当し，劣後部分への元利金は優先部分に劣後するというものです。仮に損失が発生した時には，劣後部分から損失を被ることになります。リスクが高い分，金利も高く貰えますので，優先部分はローリスク・ローリターン，劣後部分はハイリスク・ハイリターンとなります。

第三者信用補完とは，信用力のある銀行等が保証するものです。米国には，モノラインと呼ばれる保険保証専門会社があり，当初は地方債の保証を行っていたのですが，資産担保証券の保証まで範囲を拡大し，サブプライム問題で大きな痛手を被ったことがあります。

≫5 手順と日程

格付を取得するには，2～3カ月の期間が必要といわれます（図表10）。格付会社は特に新規格付先に対しては多くの資料を徴求します。銀行が企業に融資する際にも様々な資料を求めるのですが，質量ともにそれをはるかに凌駕する

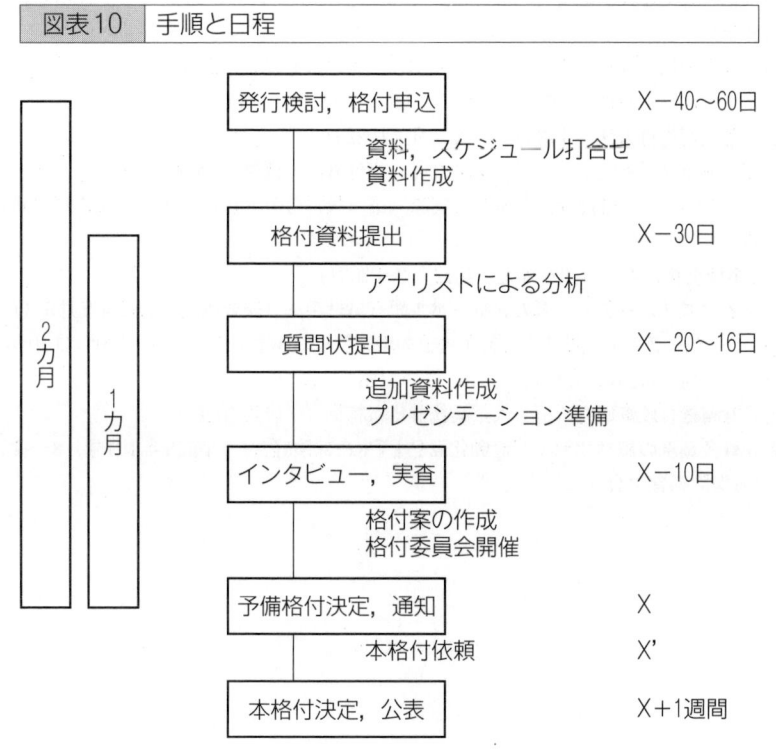

図表10　手順と日程

期間	手順	日程
2カ月	発行検討，格付申込	X－40～60日
	資料，スケジュール打合せ 資料作成	
	格付資料提出	X－30日
	アナリストによる分析	
1カ月	質問状提出	X－20～16日
	追加資料作成 プレゼンテーション準備	
	インタビュー，実査	X－10日
	格付案の作成 格付委員会開催	
	予備格付決定，通知	X
	本格付依頼	X'
	本格付決定，公表	X＋1週間

出所　JCR『ゼミナール　格付け信用審査と実際（第二版）』p101

レベルです。提出された資料を格付アナリストが時間をかけて分析し，企業あてに質問状を提示します。それに基づいて，経営者や財務責任者，さらには主要な部門責任者へのインタビューを行います。メーカーであれば主力工場の実査は必然です。セグメントが複数あるケースでは複数の工場の実査も行うことになります。

　インタビュー終了後に，格付アナリストは様々な角度から分析し，レポートを作成します。そのレポートについてはチームで審議した後に，格付委員会等に付議して最終的な格付を決定することになります。

【参考文献表示】
R&I『格付けQ&A　決まり方から使い方まで』70頁，170～179頁（日本経済新聞社 2001年）
R&I『資産担保証券投資ガイド』36～38頁（日本経済新聞社　2000年）
R&I『格付別財務指標・2010年度版』1～3頁（2011年11月14日）
R&I「業種別格付方法（半導体）」（2010年4月22日）
R&I「ストラクチャードファイナンス商品　格付方法の概要」（2010年12月22日）
JCR『ゼミナール　格付け信用審査と実際（第二版）』101，117～120頁（東洋経済新報社 1996年）
JCR「業種別格付方法（銀行等）」（2012年3月26日）
ムーディーズ「ムーディーズのグローバル銀行格付手法（統合版）」（2012年7月6日）
M. E. ポーター著，土岐坤他訳『競争優位の戦略』8～10頁（ダイヤモンド社　2010年）
金融庁検査局「米国における評定制度（CAMELS）について」（平成17年2月）
財務省財務総合政策研究所『法人企業統計年報特集（平成22年度）』
筆者「資産金融の証券化および流動化商品」『生命保険経営』（平成9年1月号）85～107頁（生命保険経営学会）

CHAPTER 5 格付会社間の格付格差

■日米格付会社の格付格差について，日系格付会社が甘いという意見がありますが，累積デフォルト率で見る限り，そうではありません。反対に米系格付会社が日本企業に対してだけ厳しいわけではないことも，いくつかの業界データが示しています。

　累積デフォルト率の計算は格付会社間で同一ではなく，完全な比較ができないこと，さらには計算方法の違いを理解することが大切です。

　また，後半では格付格差について，その理由や経緯を説明しており，これらは格付を利用する上で考慮すべき事項となります。

≫1 累積デフォルト率

（1）バーゼルⅡの規定

　銀行の自己資本規制であるバーゼルⅡでは，格付会社の格付を基に信用リスクを評価することが認められています。その場合には，与信残高に図表1のリ

図表1	バーゼルⅡにおけるリスク・ウェイト				

標準的手法　事業法人向け与信（中小企業等を除く）　　　　　　単位：％

信用リスク区分	1	2	3	4	5
リスク・ウェイト	20	50	100	100	150
S&P	AAA〜AA−	A+〜A−	BBB+〜BBB−	BB+〜BB−	BB−未満
ムーディーズ	Aaa〜Aa3	A1〜A3	Baa1〜Baa3	Ba1〜Ba3	Ba3未満
フィッチ	AAA〜AA−	A+〜A−	BBB+〜BBB−	BB+〜BB−	BB−未満
R&I	AAA〜AA−	A+〜A−	BBB+〜BBB−	BB+〜BB−	BB−未満
JCR	AAA〜AA−	A+〜A−	BBB+〜BBB−	BB+〜BB−	BB−未満

出所　金融庁告示第28号（2007年3月30日）

| 図表2 | バーゼルⅡにおいて示された累積デフォルト率 |

3年累積デフォルト率　　　　　　　　　　　　　　　　　　　　単位：％

格付		AAA〜AA	A	BBB	BB	B
基準レベル	注1	0.10	0.25	1.00	7.50	20.00
モニタリングレベル	注2	0.80	1.00	2.40	11.00	28.60
トリガーレベル	注3	1.20	1.30	3.00	12.40	35.00

(注1) 基準レベル　国際的な格付会社の20年間における長期的な平均値
(注2) モニタリングレベル　デフォルト実績値の国際水準と比較して明らかに高い水準
(注3) トリガーレベル　国際水準と比較して極めて高く，適格格付会社としての格付が不適当な水準
出所　バーゼルⅡ附表2（Annex2）

スク・ウェイトを乗じてリスクを計算します。

　前提は格付会社の格付が安定していることです。格付が甘くなって，格付ランクに比べて多くのデフォルトが発生すると困りますので，監督当局は格付会社の累積デフォルト率を継続監視して，その数値が悪化した場合には，当該格付会社の格付をそのままでは認めないことを，バーゼルⅡにおいて規定化しています。

　バーゼルⅡの附表に具体的な数値基準が示されています（図表2）。基準レベルとは国際的な格付会社における過去20年間における長期的な平均値です。国際的な格付会社とはムーディーズやS&Pを指します。すなわち，こういった大手格付会社の平均的な格付水準に合わせた格付付与をする必要があるということになります。

　モニタリングレベルとは，特定の信用リスク区分について国際水準よりも著しく高いということを意味します。この場合には，監督当局と格付会社との間で，その理由について協議することが必要となります。

　トリガーレベルを2年連続で超えてしまうと，その格付会社の格付はバーゼルⅡで考えている格付とは違いますということになり，そのままでは利用が認められず，不利なリスク・ウェイトに移動することになります。例えば，甲格付会社のA格の累積デフォルト率が超過した場合にはリスク・ウェイトは本来の50％ではなく，BBB格の100％を使うことになります。

CHAPTER 5 格付会社間の格付格差

| 図表3 | 累積デフォルト率の各社比較 |

3年累積デフォルト率の実績（10年平均）　　　　　　　　　　単位：％

対象地域	JCR 日本	R&I 日本	ムーディーズ Global	S&P Global	フィッチ Global	(参考) バーゼルⅡ 基準レベル	モニタリングレベル	トリガーレベル
AAA	0.00	0.00	0.00	0.07	0.00	0.10	0.80	1.20
AA	0.00	0.00	0.00	0.07	0.00	0.10	0.80	1.20
A	0.45	0.44	0.15	0.41	0.38	0.25	1.00	1.30
BBB	1.13	0.70	1.31	1.60	2.04	1.00	2.40	3.00
BB	8.95	6.70	4.45	6.35	5.98	7.50	11.00	12.40
B	56.48	35.29	19.63	18.95	6.78	20.00	28.60	35.00

出所　下田尚人，河合祐子「格付格差の現状と背景」（日本銀行ワーキングペーパーシリーズ）p14

したがって，格付会社とすると，これに抵触すると信用を落とすのみではなく，格付会社の存在意義にも絡んでくるので，最低限この基準は死守するべきものと考えられています。

(2) 累積デフォルト率比較

　図表3は2005年頃における過去10年の累積デフォルト率の比較をしたものです。この図表が貴重なのは，各格付会社の協力を得て過去10年平均の実績率を計算している点です。

　最初のハードルはモニタリングレベルです。これと各社とを比較すると，日系格付会社のB格を除いて，すべてモニタリングレベルを下回っていることがわかります。B格は件数も少なく，投機的格付の中でも下位の格付ですので，特段の問題は生じません。

　従来，日系の格付会社は格付が甘いという見方をする人も多かったのですが，この数字を見る限りは，格付は決して甘くはなっていません。ポイントとなるのは，A格とBBB格です。A格ではJCRもR&Iも，S&Pやフィッチとほとんど同程度の累積デフォルト率を示しています。投資適格では一番下となるBBB格においては，むしろ日系のほうが大手格付会社よりも良好な数値を示

しています。

なお、このデータは概ね2005年までを計算対象期間としています。したがって、2008年に起きたリーマンショック前のものです。全体的に見るとリーマンショックの影響は欧米よりも軽微と考えられますので、日系格付会社の累積デフォルト率は海外の大手格付会社よりも悪化していることはないものと推定できます。

図表4　各社公表の累積デフォルト率

累積デフォルト率

期間	格付	JCR 日本	R&I 日本	ムーディーズ 世界	S&P 世界	フィッチ 世界
3年	AAA	0.00%	0.00%	0.02%	0.14%	0.00%
	AA	0.00%	0.00%	0.15%	0.15%	0.07%
	A	0.24%	0.30%	0.44%	0.33%	0.44%
	BBB	2.22%	0.55%	0.96%	1.19%	1.35%
	BB	10.12%	5.43%	5.92%	5.03%	4.90%
	全体	NA	0.79%	5.38%	4.60%	2.16%
5年	AAA	0.00%	0.00%	0.08%	0.38%	0.00%
	AA	0.00%	0.04%	0.39%	0.37%	0.12%
	A	0.08%	0.62%	0.91%	0.68%	0.74%
	BBB	1.85%	1.09%	1.95%	2.43%	2.54%
	BB	8.02%	7.53%	10.96%	9.04%	6.91%
	全体	NA	1.29%	8.10%	6.79%	2.79%
期間	自	2001	1978	1983	1981	1990
	至	2011	2011	2011	2010	2011

(注1)　ムーディーズのAaa=AAA、Aa=AA、Baa=BBB、Ba=BBと読み替えている。
(注2)　JCRの5年は狭義デフォルト率
出所　JCR「JCR格付推移マトリックスおよび累積デフォルト率」2012年3月5日
　　　R&I「信用格付とデフォルトの関係　デフォルト率・格付推移行列」2012年7月12日
　　　ムーディーズ「Annual Default Study：Corporate Default and Recovery Rates, 1920-2011」2012年3月
　　　S&P「日本法人のデフォルト・格付け遷移調査2011年版」2012年4月5日
　　　フィッチ「Fitch Ratings Global Corporate Finance 2011 Transition and Default Study」2012年3月16日

ただし，日本でもリーマンショック時には比較的小規模の上場不動産会社で多くのデフォルトが発生したことから，BBB格の累積デフォルト率については上昇している可能性があります。

　図表4は各社のホームページから最近の累積デフォルト率を比較してみたものです。海外の大手格付会社3社については全世界（グローバル）の格付先に関する累積デフォルト率を抜き出ししています。

　3年累積デフォルト率において，A格以上では日系2社のデフォルト率が低くなっています。BBB格ではJCRが2.22％とモニタリングレベルの2.40％に近付いていることが気になります。その点，R&Iは0.55％と低く良好で，海外大手3社はJCRとR&Iの中間の値です。BB格ではJCRだけが10％台と他社の2倍近くになっているのが気になりますが，BB格の企業が極めて少ないことが主因であると考えられます。

　全体のデフォルト率について横並びで眺めると，R&Iのデフォルト率が低いことから見てとれるように，特にA格以上では海外大手3社に比べて日系2社のデフォルト率が低くなっていることがわかります。

　日本では上場会社の中でも格付を取得している企業は大手を中心に少数派です。上場会社の中でも中下位の会社は格付を取得していないこと，そして，日本企業のデフォルト率がそもそも低いことなどが理由として考えられます。

　5年の累積デフォルト率に関しては，JCRでは広義のものを開示していないため，ここでは狭義の数値を使っています。そのために，広義の数値は，これよりも高くなっている可能性が高いことに留意が必要です。R&Iについて，海外大手3社と比較しても良好であることがわかります。

（3）累積デフォルト率を比較する上での問題

　実は，格付会社は各社が独自の基準や計算方式でデフォルト率を計算していますので，図表4で示したデフォルト率を単に比較してもあまり意味がありません。

　主な違いとしては，①過去の計算期間，②デフォルトの定義，③取消しの取

| 図表5 | デフォルト率の推移（S&Pが格付した世界の企業） |

単位：％，十億ドル

	デフォルト件数			デフォルト率			デフォルト額
	合計（注）	BBB格以上	BB格以下	合計	BBB格以上	BB格以下	
1981	2	0	2	0.14	0.00	0.62	0.06
1982	18	2	15	1.19	0.18	4.41	0.90
1983	12	1	10	0.76	0.09	2.93	0.37
1984	14	2	12	0.91	0.17	3.26	0.36
1985	19	0	18	1.11	0.00	4.31	0.31
1986	34	2	30	1.72	0.15	5.66	0.46
1987	19	0	19	0.95	0.00	2.79	1.60
1988	32	0	29	1.39	0.00	3.84	3.30
1989	43	2	35	1.74	0.14	4.66	7.28
1990	70	2	56	2.74	0.14	8.09	21.15
1991	93	2	65	3.27	0.14	11.04	23.65
1992	39	0	32	1.50	0.00	6.08	5.40
1993	26	0	14	0.60	0.00	2.50	2.38
1994	21	1	15	0.62	0.05	2.10	2.30
1995	35	1	29	1.04	0.05	3.52	8.97
1996	20	0	16	0.51	0.00	1.80	2.65
1997	23	2	20	0.63	0.08	2.00	4.93
1998	56	4	48	1.27	0.14	3.65	11.27
1999	109	5	92	2.13	0.17	5.55	39.38
2000	136	7	109	2.45	0.24	6.14	43.28
2001	229	8	173	3.77	0.26	9.74	118.79
2002	225	13	158	3.54	0.41	9.32	190.92
2003	120	3	89	1.90	0.10	4.98	62.89
2004	56	1	39	0.79	0.03	2.05	20.66
2005	39	1	30	0.58	0.03	1.44	42.00
2006	29	0	25	0.45	0.00	1.13	7.13
2007	24	0	21	0.37	0.00	0.89	8.15
2008	126	14	88	1.74	0.41	3.56	429.63
2009	265	11	223	4.06	0.32	9.52	627.70
2010	81	0	63	1.15	0.00	2.82	97.48
2011	53	1	43	0.75	0.03	1.71	84.26
平均	67	3	52	1.48	0.11	4.26	60.31
過去10年	102	4	78	1.53	0.13	3.74	157.08
過去20年	86	4	66	1.49	0.12	4.03	90.51

（注）　デフォルト件数には，デフォルトする前に格付が取り下げられた企業を含む。
出所　S&P「グローバル・コーポレート・デフォルト・スタディ2011年版」p2。なお，
　　　平均は筆者挿入

扱いの3つが考えられます。このほかでは，サンプルが少ないレター（例えばBB格，B格）では統計的にも安定していないことから，1社のデフォルトが累積デフォルト率に大きな影響を与えるリスクが考えられます。

① 過去の計算期間

デフォルト率は毎年一定ではありません。図表5を見ると，年によって相当な変動幅があることがわかります。

過去3年なり5年なりの累積デフォルト率を計算する際に，計算対象期間をどの程度にするかによって，結果が違ってきます。バーゼルⅡで示されている累積デフォルト率は過去10年間ですが，各社が公表しているデータは20年あるいはもっと長期のものとなっています。

過去10年と，それ以前とを比較して，過去10年以内に多くのデフォルトが発生しているのであれば，累積デフォルト率は高く計算されます。図表5の下段に1981年から2011年まで31年間の総平均と，過去10年，過去20年の平均を示しておきました。過去10年はリーマンショックの影響によりデフォルト率（合計）が1.53％と，総平均1.48％よりも多少高くなっています。

なお，デフォルト額を見ると2002年前後と2009年前後が大きくなっています。主なデフォルト先として，2001年にエンロン，2002年はワールドコム，2008年はリーマン・ブラザーズ，2009年にはフォードが含まれています。

② デフォルトの定義

デフォルトという定義には広義と狭義があります。

R&Iは，デフォルトを，「法的破綻」，「金融債務の支払不履行」，「債権者に著しく不利益となるような債務の条件変更の要請もしくは実施」の3つに分けています。

法的破綻とは民事再生法や破産法などの適用申請をすることです。この中には銀行取引停止処分や自主廃業等は含まれません。「金融債務の支払不履行」とは利息や元本の支払いがされないものです。したがって，法的破綻と金融債

務の支払不履行は客観的な情報によって判定できます。この2つが狭義のデフォルトです。

　この狭義のデフォルトに「債権者に著しく不利益となるような債務の条件変更の要請もしくは実施」を加えたものが広義デフォルトということになります。

　R&Iでは，次の場合に「債権者に著しく不利益となる」と判定するとしています。

- ▶ 当該条件変更がなければ，遠くない将来に，法的破綻や金融債務の支払不履行が現実のものとなる可能性が高いと判断できる（倒産回避の観点）。
- ▶ 債権者が，債務者の再建支援，又は債権者のより大きな損失の回避のため，やむなく応じていると判断できる（非任意性の観点）。
- ▶ 条件変更後の金融商品の経済的価値が当初の契約を下回り，債権者が経済的な損失を被ると判断できる（経済的損失の観点）。

　S&Pは，「日本法人のデフォルト・格付け遷移調査：2008年版」の中で，格付会社間のデフォルト率を比較する際の注意点をいくつか挙げています。

　1つ目は，発行体格付と債券格付の違いです。S&Pの対象格付は発行体格付であり債券格付ではありません。債券格付では担保処分等による回収が見込めることから，発行体格付のほうがデフォルト率は高くなります。

　S&Pの発行体格付は，債券がデフォルトする可能性だけではなく，貸出債権がデフォルトする可能性も織り込んでいます。日本では銀行による貸出債権に関する債務免除（債務の株式化を含む）が多く見られますが，こうした事例は発行体格付上ではデフォルトになります。

　2つ目は，デフォルトの判断そのものの差です。例えば「債務の株式化」という表現を使っていなくても，実質的な内容からS&Pでは何件かをデフォルトと認定しています。

　3つ目は，月次計算か年次計算かという問題です。

　図表6で説明しますと，2011年8月に新規にBBBを付与しましたが，業績悪化により11月末にはBBに下がり，翌年の2月中旬にデフォルトしたと仮定し

図表6　月次計算と年次計算による相違

年	月末	格付	備考	月次計算	年次計算
2011	8	BBB	新規格付	BBB	
	9	BBB		BBB	
	10	BBB		BBB	
	11	BB		BB	
	12	BB	年末	BB	BB
2012	1	BB		BB	
	2	D	デフォルト	D	D

ます。

通常は，月末時点で格付区分ごとに対象企業を集計して1つの集合体（コホート）を作成し，その中の対象企業をフォローしていきます。この場合に，コホートは，8月末から1月末までの6つできます。月次計算では，8月末，9月末，10月末の3つのコホートのBBBでデフォルトが発生したことになります。ところが，年次計算では2011年12月末のコホートしかありありません。この場合にはBBBのデフォルトはなく，BBだけでデフォルトが発生したことになります。

③　格付取消しの取扱い

格付取消しした後に，その企業がデフォルトした場合に累積デフォルトに含めるか含めないかの違いです。S&Pでは格付を取下げした後も，当該企業の監視を継続し，仮にデフォルトした場合には，その件数も含めたデフォルト率としています。他の多くの格付会社も取消し後の継続監視を行って，S&P同様の取扱いをしているのですが，途中で合併等も生じることから，各社がどの程度まで継続監視しているのか正確に比較することはできません。

なお，JCRは図表7の（注2）の計算式からわかるように，年初に格付のあった先について，その後の1年間のデフォルト率を計算し，その数字を累積的に乗じている方法を採用しています。

| 図表7 | JCRの広義デフォルト率 |

広義デフォルト率に基づく格付カテゴリー別3年累積デフォルト率（過去10年間の平均値）

	AAA-AA	A	BBB	BB	B	CCC以下
2011年	0.00%	0.24%	2.22%	10.12%	52.94%	75.00%

（注1）　1年目のデフォルト率：$\alpha 1$，2年目のデフォルト率$\alpha 2$，3年目のデフォルト率$\alpha 3$
（注2）　3年累積デフォルト率＝$1-(1-\alpha 1)\times(1-\alpha 2)\times(1-\alpha 3)$
出所　JCR「JCR格付推移マトリックスおよび累積デフォルト率」2012年3月5日 p3

| 図表8 | JCRのBBB格の累積デフォルト率の計算 |

	当初格付数	1年後デフォルト数	1年後格付数	2年後デフォルト数	2年後格付数	3年後デフォルト数	累積デフォルト率
BBB＋	810	1	724	3	635	2	0.85%
BBB	1,044	6	958	4	874	4	1.44%
BBB−	655	8	623	12	578	11	4.97%
合計	2,509	15	2,305	19	2,087	17	2.22%

	1年目	2年目	3年目	累積
取消し等	189	199	NA	NA
デフォルト率	0.60%	0.82%	0.81%	2.22%
非デフォルト率	99.40%	99.18%	99.19%	97.78%

出所　上段はJCR資料「JCR格付推移マトリックスおよび累積デフォルト率」2012年3月5日に関する「格付推移マトリックス・累積デフォルト率ヒストリカルデータ」など
　　　下段は上記JCR資料を基に筆者作成

　具体的にBBB格がどのように計算されているかを分解してみたものが図表8です。図表7にある（注2）の計算式に当てはめると，$1-(1-0.60\%)\times(1-0.82\%)\times(1-0.81\%)=2.22\%$となります。

　当初の格付数2,509社に関して1年目には15社がデフォルトしています。差額としての生存企業は2,494社ですが，1年間に189社の取消しがあったために，1年後に残った格付数は2,305社となっています。このことから，取消しとなった企業はデフォルト率計算上ではカウントされていないことがわかります。

　なお，BBB格の累積デフォルト率は2.22%ですが，BBB＋は0.85%，BBBは

| 図表9 | JCRの3年後の格付と格付取消し |

2007年1月格付先の3年後の格付

	3年後	AAA	AA+	AA	AA-	A+	A	A-	BBB+	BBB	BBB-	BB+	BB	BB-	B+	B+~C	D	NR	NR率
当初	586	13	9	22	39	65	83	87	71	63	27	1	3	0	0	2	10	91	15.5%
AAA	14	13	1																0.0%
AA+	10		8			1												1	10.0%
AA	25		1	20	2													2	8.0%
AA-	42				28	7			1	1								5	11.9%
A+	62			1	7	41	8	1										4	6.5%
A	87					11	49	11	5					1				10	11.5%
A-	96				1	3	17	55	8	1			1					10	10.4%
BBB+	85					2	7	15	37	7	1					1		15	17.6%
BBB	94						1	5	19	43	7						1	18	19.1%
BBB-	59			1		1		1	11	16		1					8	20	33.9%
BB+	5								1		2							2	40.0%
BB	4												1	1				2	50.0%
BB-	2																	2	100.0%
B+	1																1		0.0%

出所　JCR「JCR格付推移マトリックスおよび累積デフォルト率」2012年3月5日より作成

1.44％，BBB－は4.97％と1ノッチ違うごとに，累積デフォルト率はかなりなスピードで上昇することがわかります。

　図表9は，2007年1月のコホートに関して3年後の格付推移を見たものです。表の右にあるNRはノーレーティングすなわち，取消し等によって格付先ではなくなった企業数です。当初の586社に対して91社がNRで，NR率は15.5％です。NR率を上から下に見ると，格付がA－までは10％程度ですが，BBB＋以下はNR率が増加していることがわかります。特にBBB－では33.9％に相当する20社がNRとなっています。

　一般にNRの多くは企業側から取下要請のあったものといわれています。その理由は費用負担の軽減と格付低下です。通常，格付は一定期間を経過すればランクは上下していきます。AAA格は上がなく下がるだけで，AA格も格付そのものが相当に高いので上がる率よりも下がる率が高いのではないかと想像できます。A格やBBB格は全体とすれば，上がったり下がったりという状況

です。

　その中でBBB－を見ると下がっているのは，BBの1社とD（デフォルト）の8社です。NRは20社あるのですが，この中には格付がBB格に格下げされた，あるいは格付が落ちそうだということで取下げを申請した企業が多いのではないかと推定できます。実質的にBB格以下になっているのであれば，ある程度のデフォルトが発生することになります。NRを除外して計算すると，取下げ後にデフォルトした企業のデータが反映されなくなるというリスクが残ります。

≫2　大手格付会社による日本企業格付と累積デフォルト率

（1）地域別の格付状況

　図表10は，S&Pにおける日本法人の累積デフォルト率と，世界（グローバル）の累積デフォルト率を比較したものです。期間は3年と5年とも，すべて

| 図表10 | S&Pの地域別累積デフォルト率 | | | |

累積デフォルト率

期間	格付	日本 a	世界 b	a－b
3年	AAA	0.00%	0.14%	－0.14%
	AA	0.00%	0.15%	－0.15%
	A	0.00%	0.33%	－0.33%
	BBB	0.94%	1.19%	－0.25%
	BB	2.68%	5.03%	－2.35%
	全体	1.58%	4.60%	－3.02%
5年	AAA	0.00%	0.38%	－0.38%
	AA	0.00%	0.37%	－0.37%
	A	0.11%	0.68%	－0.57%
	BBB	1.70%	2.43%	－0.73%
	BB	4.69%	9.04%	－4.35%
	全体	2.27%	6.79%	－4.52%
期間	自	1975	1981	
	至	2011	2010	

出所　S&P「日本法人のデフォルト・格付け遷移調査2011年版」2012年4月5日ほか

のレターにおいて，日本のデフォルト率は世界よりも，はるかに低くなっていることがわかります。期間5年で見て，日本のA格以上はほとんどデフォルトがなく，これは世界のAAA格やAA格よりも良好な数値です。2ノッチ程度の，ノッチアップをすれば世界（グローバル）に近付くような感じを受けます。

これに関して，S&Pでは，"日本法人のデフォルト率は，CCC格以下を除くほとんどのカテゴリーでグローバル平均を下回っている。デフォルト率には地域差があり，また同率がグローバル平均より低いのは日本に限ったことではないが，この低めのデフォルト率が格付水準の妥当性に関してなんらかの意味合いを持つのか，あるとすればどのようなものなのか議論する価値がある。"との見解を示しています。

（2）日本企業の格付が低かった理由の考察

ムーディーズ，S&P，フィッチの日本企業に対する格付（依頼格付）は，日本に進出した当時には厳しいものでした。その理由として考えられるのは，①日本は東洋文化を持つ，欧米とは価値観の異なる国であること，②日本におけるメイン銀行制度等を評価していなかったこと，③欧米の企業と比較すると財務体質が劣ったこと，が原因と考えられます。

① 価値観の違い

大手3社は米国において長い格付の歴史を有しています。長年培ったノウハウを基に洗練された格付を誇っていたわけです。したがって，どうしても，自国での経験や価値観をベースに格付することになります。

日本の経営風土や経営環境等を分析することなく，欧米のモノサシで格付を行うわけです。例えば，日本では，恥の文化があります。倒産することは恥であり，倒産すれば他人様に迷惑をかけてしまって面目丸つぶれです。したがって，極力，倒産を回避するように努力します。米国では，破綻は珍しいことではありません。業績が悪化した企業は，連邦破産法第11条（チャプター・イレブン）を利用して，再起を図ろうとします。チャプター・イレブンの活用は

一種の経営戦略ということになります。

また，知らない国の企業に対しては，どうしても保守的な格付を付与しがちです。最初はやや低めの格付を付与し，その後の状況を見て格上げを考えるという発想です。

② メイン銀行制度

高度成長期において，企業は資金を確保するために銀行との関係を緊密に行っていました。企業の財務部長や財務担当者は決算の都度，決算説明をするために，メイン銀行はもとより，借入れのある金融機関を隈なく回って十分な説明をしていたわけです。

銀行員は，ある程度の年齢に達すると，取引先への出向や転籍が増えます。その結果，主な取引先にはメイン銀行のOBがいます。銀行は常日頃から，企業の状況を把握しており，業績が悪化した場合には，メイン銀行が中心になって支援するという構図ができあがっています。

他の金融機関もメイン銀行から要請があれば，無碍に断るようなことはしません。お互い様というわけです。

③ 財務体質の違い

格付を付与する際には，同業他社比較を重視します。日本の企業は，高度成長期には多額の借入れを行って，その資金を投資して借入金の金利を上回る利益を獲得することで成長してきました。

同業の欧米企業と比較すると，自己資本比率は劣ります。前章で示したように，平成22年度の全産業の自己資本比率は35.6％ですが，その10年前は25.2％と脆弱な状況でした。

また，日本の企業は成長重視で売上高を伸ばしてきており，一般に利益率は欧米企業よりも劣ります。そうなると，自己資本比率は低いし，総資本事業利益率や売上高利益率が低く，数字上では欧米企業に劣位することは明白です。

このため，高い格付は取得しにくい状況にあったと思われます。

図表11　格付格差（レートスプリット）の推移

単位：ノッチ差

			5/09	6/09	7/09	8/09	9/09	10/09	11/09
JCR	―	R&I	1.1	1.0	0.8	0.7	0.8	0.8	0.8
JCR	―	ムーディーズ	2.6	2.3	2.0	1.9	1.7	1.8	2.3
JCR	―	S&P	3.4	3.2	2.8	2.8	2.4	2.1	2.6
R&I	―	ムーディーズ	1.4	1.2	1.1	1.1	1.1	1.2	1.6
R&I	―	S&P	2.3	2.2	1.9	1.9	1.6	1.4	1.6
ムーディーズ	―	S&P	0.8	0.9	0.8	0.7	0.7	0.4	0.1

注　左の格付会社が右の格付会社より何ノッチ高いかを示す。
出所　みずほ証券金融市場調査部「格付会社の研究（2011年度版）」p13

≫3 格付格差の推移

　みずほ証券金融市場調査部では，毎年「格付会社の研究」という詳細なレポートを作成しています。図表11は，その中にある格付格差（レートスプリット）の推移を調査した資料です。

　日系2社間で見ると，JCRがR&Iよりも0.8ノッチ高くなっていますが，その差は縮小傾向にあります。

　米系2社間で見ると，ムーディーズはS&Pより0.1ノッチ高いだけで，その差は急速に縮小しています。

　一番高いJCRと一番低いS&Pの差は2.6ノッチです。その差は5年9月の3.4から縮小していますが，過去1年間で見ると逆に0.5ノッチ程度拡大しています。これは電力会社に関する格付で日系2社と米系2社では大きな格付格差が生じたことが最大の原因と思われます。この特殊要因を除けば，日米格付会社間の格付格差は縮小傾向にあるといえます。

| 図表12 | 事業会社の格付格差状況 |

単位：億円

	企業名	売上高	純利益	総資産	自己資本	自己資本比率	JCR	R&I	ムーディーズ	S&P	最大格差
公共	東京電力	53,685	△12,473	147,904	15,581	10.5%	A	BBB	B1	B+	8
	沖縄電力	1,584	80	3,852	1,254	32.6%	AAA	AA+	Aa3	AA−	3
	電源開発	6,359	195	20,124	4,158	20.7%	AAA	AA−	A1	A	5
	東京瓦斯	15,352	954	18,297	8,589	46.9%	AAA	AA+	Aa3	AA−	3
	東日本旅客鉄道	25,373	762	70,429	18,094	25.7%	AAA	AA+	Aa2	AA−	3
製造	新日本製鐵	41,097	931	50,009	18,608	37.2%	AA	AA−	A3	BBB+	5
	日産自動車	87,730	3,192	107,367	29,414	27.4%	A+	A	Baa1	BBB+	3
	日立製作所	93,158	2,388	91,856	14,399	15.7%	AA−	A+	A3	BBB+	4
	住友電気工業	20,338	706	19,563	9,490	48.5%	AA	AA−	A1	A	3
商社	伊藤忠商事	36,496	1,609	56,737	11,548	20.4%	AA−	A	Baa1	A−	4
	丸紅	36,838	1,365	46,791	7,736	16.5%	A+	A−	Baa2	BBB	4
	双日	40,146	159	21,170	3,300	15.6%	BBB	BBB	Baa3	BBB−	1
不動産	三菱地所	9,884	642	42,452	12,023	28.3%	AA+	AA	A1	A+	3
	三井不動産	14,052	499	37,807	10,199	27.0%	AA−	A+	A3	BBB+	4
その他	エヌ・ティ・ティ・ドコモ	42,242	4,904	67,916	48,504	71.4%	AAA	AA+	Aa2	AA	2
	セブン&アイHD	51,197	1,119	37,321	17,025	45.6%	AA+	AA	Aa3	AA−	2

(注) 決算は2011年中の本決算。格付は2012年5月末

≫4 具体的な格付格差の検証

(1) 事業会社

　ここでは累積デフォルト率を通してではなく，具体的な銘柄でどのような格付格差が生じているのかを検証してみます。

　事業会社のうち格付会社4社から格付を取得しているのは，16社あります。その中で最も差が開いているのが東京電力で8ノッチもの差が生じています。逆に最も少ないものは双日で1ノッチの差です。

① 東京電力

　JCRとS&Pは平均的に3ノッチ程度の差があることから，東京電力は平均的な差よりも，さらに5ノッチの差が開いているわけです。

　S&Pは東京電力の単独ベース（スタンドアローン）の信用力をCCC+とし，

政府の特別な支援を考慮して3ノッチアップして，発行体格付をBB+としています。JCRはスタンドアローンと政府支援に分けた説明をしているわけではありませんが，政府支援を強く意識してAを付与しているものと考えられます。

金融財政事情の2012年3月12日号に「格付利用再考特集」があり，JCRの社長がA格を付与している理由として"首都圏の電力供給を担っている会社も公共財の側面を持っており，これが債務不履行に陥ることを，国として許容することはないという考え方に立っている"と述べています。このことから，通常考えられるようなノッチアップ以上の大幅なアップをしていると推定することができます。

② 製造業

米系2社は通常ではA格が一般的には製造業の上限になっているものと考えられます。これに対して日系2社では一般的な上限がAA格と高くしていると見受けられます。

なお，新日本製鐵に関して，R&Iは7月に入りA+に下げています。

③ 商社

総合商社という事業形態は米国にないこと，一種の投資産業で多額のリスクを取っていることから，米系格付会社から高い格付を受けていません。

三菱商事が総合商社では最高の格付ですがA+レベルです。これに対して，JCRでは比較的高い格付を付与していることから4ノッチの差が付いています。

反対に，双日は僅か1ノッチの格差しかありません。日系格付会社の格付では伊藤忠商事と双日との差は4～5ノッチあるのですが，米系格付会社では2～3ノッチと小さくなっています。この理由はわかりませんが，米系は双日までの総合商社について投資適格であるBBB格を付与するという考え方にあると推定しています。

④ その他の事業会社

エヌ・ティ・ティ・ドコモ，セブン＆アイHDともに収益が安定し，財務体質も良好なことから，2ノッチの差となっています。

全業種にいえることですが，自己資本比率が高くて財務体質が強固な企業は，日米格付会社間の格差は3ノッチ内に収まっているのに対して，電源開発，日立製作所，伊藤忠商事，丸紅といった自己資本比率が20％ないし，それ以下の企業では格付格差は3ノッチ以上に拡大する傾向にあるように見受けられます。

（2）親子会社

格付格差で話題に上るのがプロミスの格付です（図表13）。

プロミスは2012年4月1日付で三井住友銀行を中核とする三井住友フィナンシャルグループ（SMFG）の完全子会社になりました。

ムーディーズは三井住友銀行の長期発行体格付をAa3としています。プロミスに対しては格付を見直し，それまでのB1からBa1に格上げしています。プロミス単独ではB2と評価し，SMFGの支援を期待できることから4ノッチアップして，Ba1としたものです。

親子会社の格付では，子会社のスタンドアローン格付をベースに引上げ幅を検討する「ボトムアップアプローチ」と，親会社の格付を基にして，どの程度のノッチ差を付けるかという「トップダウンアプローチ」があります。ムーディーズはボトムアップアプローチを採用したものと考えられます。

一方でR&Iは三井住友銀行をA＋と格付しています。プロミスについては，

図表13　プロミスの格付格差

格付会社	三井住友銀行	プロミス	ノッチ差
R&I	A＋	A−	2
ムーディーズ	Aa3	Ba1	7

出所　格付会社のニュースリリース

完全子会社化が公表された時点で，BBB−からA−に引き上げています。正確にはわかりませんが，トップダウンアプローチを採用している可能性が高いと考えます。

連結重視の流れにある中で，1997年には純粋持株会社が解禁となっています。こういったことを背景に，従来はボトムアップアプローチ主体であった評価方法がトップダウンアプローチに移行しつつあるともいわれています。

ただし，いずれの方式においても，親会社との関係，本業との関係，グループ内における位置付けの評価が重要となります。親会社の完全子会社となっても，本業との関係が希薄であると，親会社の信用力が十分に反映されずに，ノッチ調整は限定的となります。

（3）金融機関

金融機関を代表して，メガバンクの格付格差を見ますと，格差はほとんどない状況になっています（図表14）。

世界的に見ると，サブプライムショックと欧州金融危機で，欧米の銀行の格付が低下している中で，日本の銀行の格付は比較的安定しており，相対的に高い位置にあるということができます。

図表14　メガバンクの格付比較（2012年7月末）

	JCR	R&I	ムーディーズ	S&P
三菱東京UFJ銀行	AA	A+	Aa3	A+
三井住友銀行	AA−	A+	Aa3	A+
みずほ銀行	AA−	A+	A1	A+

出所　格付会社各社のホームページ

≫5 世界の自動車業界に関する格付

ムーディーズのホームページ上に2011年6月27日時点における「世界の自動車業界」の格付を説明した資料（図表15）があります。

図表15	世界の自動車業界の格付			
	企業名	格付	見通し	国
1	トヨタ自動車	Aa2	格下げ方向で見直し	日本
2	本田技研工業	A1	安定的	日本
3	BMW	A3	安定的	ドイツ
4	ダイムラー	A3	安定的	ドイツ
5	フォルクスワーゲン	A3	安定的	ドイツ
6	ヤマハ発動機	A3	ネガティブ	日本
7	ハーレーダビットソン	Baa1	安定的	米国
8	現代自動車	Baa2	安定的	韓国
9	日産自動車	Baa2	安定的	日本
10	起亜自動車	Baa2	安定的	韓国
11	プジョー	Baa3	安定的	フランス
12	フィアット	Ba1	格下げ方向で見直し	イタリア
13	ルノー	Ba1	ポジティブ	フランス
14	フォード	Ba2	ポジティブ	米国
15	GM	Ba2	安定的	米国
16	タタ	Ba3	安定的	インド
17	ジャガー	B1	安定的	英国
18	クライスラー	B2	ポジティブ	米国
19	アストン・マーティン	(P2) B2	安定的	米国

（注）　格付は2011年6月27日時点
出所　ムーディーズ「世界の自動車業界」2011年8月25日p4

　これを眺めてみると，日本の自動車各社は決して外国の企業よりも格付が低くなっているわけではないことがわかります。
　日本の大手自動車はトヨタ自動車を始めとして上位に位置しています。19社中A格以上は6社にすぎず，Baa格が5社，Ba格以下が8社もあります。米国のビック3及び，フィアットやルノーなど有力な欧州のメーカーも投機的格付となっています。
　格付において重視している指標（図表16）も日系の格付会社と大きな違いがあるわけでもありません。
　これを眺めると，日本の格付会社の格付と海外の大手格付会社とは，同じA

| 図表16 | 格付判断における主要要因 |

主要要因	要因に対するウェイト	サブ要因	サブ要因に対するウェイト
市場地位とその推移	35%	過去3年間のグローバルベースでの販売台数シェア推移	5%
		製品の幅と強さ	30%
レバレッジと流動性	20%	有利子負債／EBITDA	10%
		有利子負債／キャピタリゼーション	5%
		(現金＋市場性のある有価証券)／有価証券	5%
収益性と利益率	15%	EBITAマージン	5%
		EBITA／平均資産	5%
		税引後・特別項目控除前の純利益／売上高	5%
キャッシュ・フローと債務償還履行能力	30%	FCF／有利子負債	10%
		RCF／有利子負債	10%
		EBITA／支払利息	10%

出所　ムーディーズ「世界の自動車業界」2011年8月25日 p5

格という格付でも，意味する内容が全く異なることがわかると思います。

米系格付会社では，A格は業界大手の一流企業です。それに対して日系ではAA格を付与するケースが多く，このあたりに日系と米系との格付符号の意味合いの違いを読み取ることができると思います。

【参考文献表示】

バーゼル委員会「International Convergence of Capital Measurement and Capital Standards」202～205頁（2004年6月）

下田尚人，河合祐子「格付格差の現状と背景」No. 07-J-3。13～15頁（日本銀行ワーキングペーパーシリーズ　2007年3月）

JCR「JCR格付推移マトリックスおよび累積デフォルト率」11-D-0928。3頁（2012年3月5日）添付資料「格付推移マトリックス・累積デフォルト率　ヒストリカルデータ」

JCR「親子関係にある子会社の格付け　トップダウンアプローチの考え方について」（2007年12月14日）

R&I「信用格付とデフォルトの関係　デフォルト率・格付推移行列」全頁（2012年7月12日）

R&I「親会社と子会社の格付の考え方」1～5頁

ムーディーズ「Annual Default Study: Corporate Default and Recovery Rates, 1920-2011」(2012年3月) Excel data Exhibit 34-Average Cumulative Issuer-Weighted Global Default Rates by Letter Rating, 1983-2011
ムーディーズ「世界の自動車業界」(2011年8月25日)
S&P「日本法人のデフォルト・格付け遷移調査2008年版」5～7頁 (2009年6月22日)
S&P「日本法人のデフォルト・格付け遷移調査2011年版」1～8頁 (2012年4月5日)
S&P「グローバル・コーポレート・デフォルト・スタディー2011年版」2頁 (2012年7月4日)
S&P「2011 Annual Global Corporate Default Study And Rating Transitions」36～37頁 (2012年3月21日)
フィッチ「Fitch Ratings Global Corporate Finance 2011 Transition and Default Study」8頁 (2012年3月16日)
みずほ証券金融市場調査部「格付会社の研究 (2011年度版)」13頁 (2011年10月21日)
内海孚「市場に追随した格下げ競争は「公共財」的性格に反する」『金融財政事情』(2012年3月12日号) 21～23頁 (金融財政事情研究会)

CHAPTER 6 格付に対する信用低下

この章では，格付の失敗といわれる，マイカル，エンロン，リーマン・ブラザーズ，エルピーダメモリ，そして証券化商品の一種であるCDOについて，どのような格付状況であったのか，なぜ失敗とみなせるかを説明しています。
中でも格付の信頼を低下させた最たるものは，絶対安全なはずのAAAのものまでデフォルトしたCDO格付です。
高格付のトランシェに多くのデフォルトが発生したメカニズムはどのようなものだったのでしょうか。証券化商品格付は一般事業会社格付と格付符号は同じでも，ロジックが異なり，前提条件に左右されることがわかります。

≫1 投資家の評価

（1）アンケート

日本大学の三井秀俊准教授は，投資家がどのように格付会社を評価しているかについて2008年初めにアンケートを実施しています。配布先数は500で，そのうち回答率は19％でした。格付は信用リスク情報として使用できるかとい

| 図表1 | 格付は信用リスク情報として使用できるか |

2007年度　　　　　　　　　　　　　　　　　　　　　　　　　　単位：％

	JCR	R&I	ムーディーズ	S&P	フィッチ
使える	77.4	92.9	88.8	90.8	75.4
使えない	11.9	3.6	4.5	3.4	4.9
よくわからない	10.7	3.6	6.8	5.7	19.7

出所　三井秀俊准教授 「格付会社の信用リスク情報に対する投資家の評価」
　　　『経済集志』第80巻第4号（2011年1月）p260

| 図表2 | 調査レポートに対する満足度 |

2007年度　　　　　　　　　　　　　　　　　　　　　　　　　　単位：％

		JCR	R&I	ムーディーズ	S&P	フィッチ
5	非常に優れている	1.3	4.9	4.8	1.2	3.4
4	概ね優れている	53.2	63.0	62.7	64.2	56.9
3	どちらともいえない	40.3	28.4	28.9	28.4	34.5
2	やや低い	2.6	2.5	2.4	3.7	5.2
1	低い	2.6	1.2	1.2	2.5	0.0
5+4	満足率	54.5	67.9	67.5	65.4	60.3

出所　三井秀俊准教授　「格付会社の信用リスク情報に対する投資家の評価」
　　　『経済集志』第80巻第4号（2011年1月）p263

う問いに，R&IとS&Pについては90％以上の投資家が「使える」と極めて肯定的な回答を寄せています（図表1）。JCRとフィッチは70％台とやや下がります。JCRについては「使えない」が二桁とやや高く，フィッチは日本における事業展開があまり進んでいないことから「よくわからない」が二桁となっています。それでも，全体とすれば85％前後の人が使えると回答しており，格付に対して信頼を寄せていることがわかります。

　また，調査レポートの質に対する質問（図表2）には，「概ね優れている」が60％前後で最も多く，続いて「どちらともいえない」が30％前後となっています。「非常に優れている」と「概ね優れている」ことを「満足率」と定義してその比率を見ると，R&I，ムーディーズ，S&Pが65～68％と高い比率となっています。続いて，フィッチ，JCRの順ですが，一番低いJCRでも50％を超えていることから，格付会社のレポートに対しては，それなりの評価を得ているものと考えることができます。

　この調査の後に，サブプライム問題が深刻化し，リーマンショックが起きました。サブプライムローンを集めたRMBS（住宅ローン証券化）や，それをさらに証券化したCDO（証券化商品）に関して，高い格付でありながら，デフォルトして回収できなくなる事例が多発したことから，格付に対する信認は著しく低下しています。

CHAPTER **6** 格付に対する信用低下

| 図表3 | カナダのCFAに対するアンケート |

項目	支持率
格付会社の債券格付はとても信頼できる	2%
世界的な金融危機に責任がある	71%
格付会社は評価手法と個別格付の詳細を開示すべき	85%
監視機関あるいは業界の自主規制機関の創設をすべき	70%
投資家から報酬を受けるべき	58%

出所　格付投資情報センター「ファンド情報」2012年2月13日号（No118）

　2012年2月の「ファンド情報」にカナダの証券アナリストであるCFA資格保有者を対象にした調査結果が記載されていました（図表3）。それを見ますと、「格付会社の債券格付はとても信頼できる」が、わずか2%にすぎず、格付会社への信認は地に落ちた感があります。

　今回のサブプライム問題では証券化商品の格付に対して大きな失望があったのですが、破綻したリーマン・ブラザーズに対してもA格という高い格付を付与した状況下でデフォルトしており、証券化商品のみならず、連綿として蓄積してきた事業会社向け格付に対する信頼も低下しています。

（2）情報誌

　一般投資家にとっては『会社四季報』や『日経会社情報』はバイブルのような存在です。かつてはその中に格付情報は記載されていました。ところが、『会社四季報』はリーマンショック後の2010年新春号から、格付符号を載せることをやめています。やめた理由は定かではありませんが、サブプライム問題で格付に対する信頼が揺らいだことが原因と考えらます。その後も格付の記載は復活しておらず、このような状況から、格付に対する評価なり利用価値は相当に下がったものと推定することができます。

　ただし、R&Iは日経グループですので、さすがに『日経会社情報』には格付情報が記載されています。

(3) 格付の失敗

　格付は格付会社による単なる意見であって、投資判断は自己責任になります。しかしながら、投資家は格付を信頼して投資判断を行っているのも事実です。

　格付の信頼を失う最たるものは、投資適格として格付された社債が短期間のうちにデフォルトすることです。

　それを判断する明確な基準があるわけではありませんが、大手格付会社の累積デフォルト率が0.2％程度となる期間から判断してA格の企業が2年以内に、BBB格の企業が1年以内にデフォルトを起こすようなことは、投資家からすると、格付の失敗と見なすことができます。それが二度三度と重なると、投資家は格付会社の格付を信頼しなくなります。

　格付の失敗に当てはまる事例はいくつかありますが、社債残高が大きいという観点から、マイカル、エンロン及びワールドコム、サブプライム問題で損失の大きかった証券化商品、そしてエルピーダメモリについて、振り返ってみたいと思います。

≫2 マイカル

　マイカルは2001年9月14日に民事再生法の適用を申請して破綻しました。普通社債や転換社債などを含め約3,300億円の社債がデフォルトとなり、公募債とすると戦後最大のデフォルトです。注目すべきは、破綻する前年の2000年に個人向け社債約900億円を発行していたことです。購入した投資家は約3万8,000人にも達し、個人を巻き込んだ社債の債務不履行として、市場に大きな悪影響を与え、その結果、個人向け社債の発行が一時ストップするに及んでいます。

　マイカルについては、日本の格付会社と米国の格付会社の格付レベルにおいて極めて大きな格差があり、格付格差が話題を呼んだことでも有名です。

　JCRは破綻する1年近く前の2000年8月までA−を付与しており、倒産する

図表4　マイカルの格下げ状況

格付推移		JCR	R&I	ムーディーズ	S&P
1998年	4月	A+	A+	Ba3	BBpi
1999年	2月	⇩	BBB+	⇩	⇩
	9月	A−	⇩	⇩	⇩
2000年	8月	⇩	BBB−	⇩	⇩
	9月	BBB	⇩	⇩	⇩
2001年	6月	⇩	BB−⇒B+	⇩	⇩
	8月	BB	⇩	B2	Bpi
	9月	D	CC	Caa1	CCpi⇒D

出所　久保吉生「格付けをめぐる最近の動向と今後の展望」
『証券アナリストジャーナル』2001年11月号p96

図表5　マイカルの業績推移

単位：億円

決算期	売上高	当期利益	純資産	自己資本比率
1997/2	17,429	152	2,456	14.5%
1998/2	17,730	102	2,720	15.8%
1999/2	17,933	△356	2,289	12.7%
2000/2	17,943	△59	2,056	11.3%
2001/2	16,491	△873	1,052	5.7%

出所　岡東務著『日本の債券格付』（税務経理協会）p190

直前の2001年7月まで投資適格であるBBBのまま据え置いていました（図表4）。
　マイカルは総合スーパーであり，多店舗展開を図っていたことから，急激に業績が悪化して倒産するという業態ではありません。長年の無理がたたって業績が悪化して倒産に至る業態です。図表5で示したように，マイカルは1999年2月期から3期連続して当期利益が赤字となっています。そういう中で，直前まで投資適格を付与していた格付会社の格付について，マスコミからの批判はもとより，格付を信用していた一般投資家から大きな不満の声が噴出しています。
　R&Iは1998年にはA+という高い格付を付与していましたが，1999年2月

期の決算が赤字となったこともありBBB＋に格下げし，2000年2月期も連続して赤字となったことからBBB－に下げています。2001年2月期は900億円近い当期赤字を計上したこともあり6月には投機的であるBB格クラスまで下げ，同月中において，さらにB＋まで格下げしています。1998年時点でA＋という格付がそもそも高すぎたのではないかという議論はありますが，その後の引下げ状況を眺めると，概ね的確な見直しが行われていたものと考えられます。

　一方，ムーディーズとS&Pは1998年4月時点において，既に投機的格付であり，破綻直前の2001年8月にはB格レベルまで下げています。BB格は両社の格付レベルからすると特に低いわけではなく一般的なレベルと考えられていたこともあり，実質的には直前の8月になって格下げしたものと考えられます。S&Pは勝手格付であり，ムーディーズは勝手格付と依頼格付の区別をしていませんが勝手格付と見られていました。

　マイカルの社債で，もう1つ問題になったのが，格付ショッピングです。発行体は最も有利な格付会社の格付を利用するということです。マイカルはR&IがBBB格に下げたため，第27回債をJCRの格付A－を利用して発行しています。しかしながら，その直後から業績悪化により，社債価格は下落の一途を辿っています。

　阪南大学教授の岡東務氏は著書『日本の債券格付』（税務経理協会）の中で，"R&Iがマイカル債をA＋からBBB＋に変更して以後，R&Iからの格付取得をやめ，JCRの格付（A－）を使って起債を続けた。筆者の考えでは，R&Iからも格付取得を続け，少なくとも2つの格付を投資家に提供するべきであった。"と意見を述べられています。R&IからBBB－を取得して起債すれば，企業にとっての発行条件は悪くなることは間違いないことですし，あるいは発行できないリスクもあったかもしれません。

≫3 エンロンとワールドコム

(1) エンロン

　エンロンは従業員2万人以上を抱え、売上高は全米でトップ10に入る大企業でした。天然ガスの価格変動に目を付け、1990年代頃からデリバティブを多用して利益をあげることで業容を拡大し、1998年には利益の80%はデリバティブで稼ぐようになっていました。

　1999年には「エンロン・オンライン」を設置し、天然ガス、石油、電力のほか、信用リスクや天候デリバティブまで幅広く事業を拡大し、その商品市場をインターネット上で開設して、エンロン自らが、売手や買手として取引を行うようになり、表面上の利益を膨らませていきました。2000年に起きたカリフォルニア電力危機では空売りなどにより、危機を増幅させるなどして多額の利益を稼いでいたともいわれています。

　この時期、1996年から6年連続で雑誌『フォーチュン』のアメリカで最も革新的な企業に選ばれるなど、高い評価を受けるまでに至っています。

　ところが、2001年になって、海外での大規模な失敗が伝えられたことから、株価は下落に転じています。そして、2001年8月にCEOのジェフリー・スキリングが退任しました。スキリングは創業者であるケニス・レイからCEOの座を譲り受けたばかりでしたので、デリバティブの失敗に伴う損失が相当にあるのではないかと噂されるようになっていました。

　決定的であったのは、2001年10月17日にウォール・ストリート・ジャーナルがエンロンの不正疑惑を報じてからです。これを契機にSECも調査に乗り出したことから、株価は急激に低下しています。11月になってダイナジーが買収に名乗りをあげましたが、エンロンの不正経理が明るみに出るようになり、11月28日に買収交渉は決裂しています。

　その直後、エンロンは帳簿外に巨額の赤字があると公表しました。数多くの特別目的会社（SPE）を介在してデリバティブ取引を実行しており、損失を連

図表6	エンロンの格付		
	ムーディーズ	S&P	Egan-Jones
2001.10.16	Baa1	BBB+	BBB
2001.10.23	⇩	⇩	BBB−
2001.10.26	⇩	⇩	BB+
2001.10.29	Baa2	⇩	⇩
2001.11.01	⇩	BBB	⇩
2001.11.09	⇩	BBB−	⇩
2001.11.28	B2	B−	⇩

出所　Herwig M.Langohr,Patricia.T.Langohr
　　　「The Rating Agencies and their Credit Ratings」p190

結決算対象外である特別目的会社に付け替えるなどをして表面的には多額の利益を獲得しているように見せかけていたわけです。特別目的会社の数は3,000社にも及んでいたといわれています。

　エンロンは2001年12月2日に連邦破産法第11条の適用申請をして破綻しました。
　2001年10月17日の段階ではムーディーズはBaa1，S&PはBBB+でした。その後，1〜2ノッチの引下げはありましたが，倒産する寸前までムーディーズとS&Pは投資適格のBBB格を付与していました（図表6）。
　両社は倒産する5日前になって，投機的な格付に下げていますが，格下げのタイミングが遅いと非難され，格付に対する信用を低下させています。
　こういう状況下，新興の格付会社であるEagan-Jonesはいち早く10月26日にBB格まで下げており，一番早く格下げを実施したということで有名になっています。
　なお，世界5大会計事務所（ビッグ・ファイブ）の1つであった，アーサー・アンダーセンは監査担当でありながら，同時にコンサルティングを行っておりました。アーサー・アンダーセンにとって，エンロンはベスト3に入る上得意客で2000年度に受け取った監査及びコンサルティング収入は5,000万ドルにも

上っていたとのことです。

　エンロンは特別目的会社を活用して利益を出しており，監査法人が監査の過程で当然チェックしていたはずです。コンサルティングに関しては会計粉飾について加担したということから有罪判決を受けています。この事件を契機に監査法人の会計監査とコンサルティングの兼営は禁止され，企業改革法として有名なSOX法（サーベインス＝オックスレイ法）が成立するに至っています。

（2）ワールドコム

　ワールドコムの前身であるロング・ディスタンス・ディスカウント・サービスは1993年にメトロメディアを買収し，準大手の長距離電話会社となりました。翌年には国際通信会社であるIDBワールドコムを買収し，社名をワールドコムに変更しています。

　その後も1998年には大手通信会社で，全米第4位のMCIを買収するなどM＆Aを繰り返して急成長し，従業員6万人を抱える全米第2位の長距離通信会社となりました。

　ワールドコムは翌1999年にスプリントの買収を画策しましたが独占禁止法に抵触する疑いがあるということで，米国司法省の認可を受けられず成長戦略は頓挫しました。折からのITバブルの崩壊により株価は下落基調となり，株価の下落を防ぐために粉飾に手を染めたといわれています。

　特別目的会社を駆使したエンロンと違って，ワールドコムの手口は極めて単純です。他の通信会社との相互接続費を資産計上していたことと，架空の資産勘定科目を用いることで収益を膨らましていました。

　同社の内部監査部門が粉飾を発見して，アーサー・アンダーセンから会計監査を引き継いだKPMGに通知しました。その後に検査委員会にも粉飾が報告され，SECの調査委員会が2002年6月26日から調査に乗り出しています。その結果，不正に資産計上した金額は100億ドル以上に上ることが判明しました。

　そして，2002年7月21日に連邦破産法第11条の適用を申請して倒産するに至りました。負債総額は410億ドルと，エンロンを大幅に上回る最大の経営破

綻となっています。

　アーサー・アンダーセンはエンロンに続き，ワールドコムでも大きな失態を演じてしまい，結局，解体されて消滅することになりました。

　ムーディーズは2002年5月9日にBaa2からBa2に，S&Pも5月10日にBBBからBBに格下げしています。それは破綻する2カ月前であり，格下げが遅いのではないかと指摘されています。

　なお，新興格付会社のEagan-Jonesは1年以上も前の2001年7月にBB+に引き下げており，2大格付会社が引き下げた2002年5月の段階では，既にB－まで下げていました。

≫4 CDO等の証券化商品

（1）住宅ローンの証券化

　サブプライムローンとはノンバンクが比較的信用力の低い個人に貸し付けた住宅ローンです。大手の銀行から借入れできないような人々がノンバンクから借入れしたものですから優良なローンではありません。

　こうした住宅ローンの多くは住宅ローンの資産担保証券であるRMBS（residential mortgage-backed securities）に証券化（第一次証券化）されました。証券化された部分は返済順位の違いにより，AAA格，BBB格，エクイティ等に分けられます。RMBSの中でもリスクの高いBBB格のメザニンクラスはCDO（collateralized debt obligations）に再度証券化（第二次証券化）されました。

　メザニンクラスをたくさん集めて，悪い部分（トランシェ）とよい部分に分けてCDOに加工すれば，そのよい部分はAAA格にできたわけです。

　図表7で説明します。住宅ローン（X）が全部で100億円あり，過去のデフォルト率を勘案してRMBSを組成し，シニア75億円，メザニン20億円，エクイ

| 図表7 | 証券化の流れ |

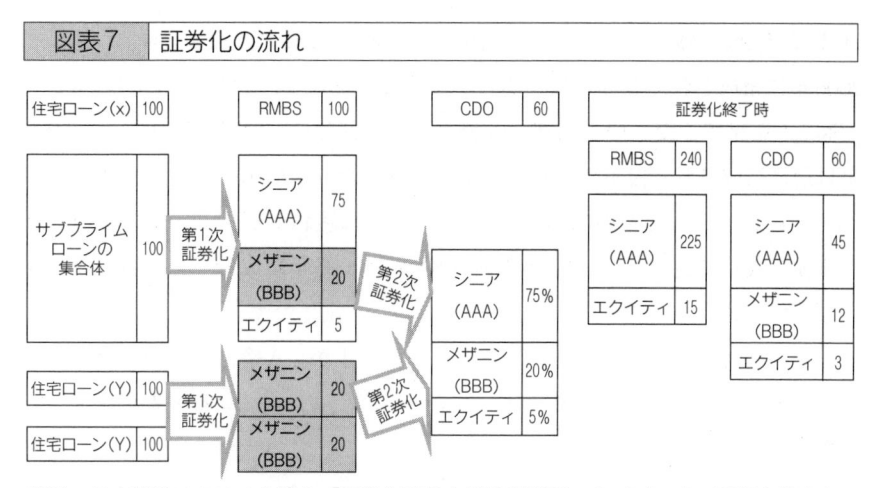

住宅ローン(X)	100										

（図表：住宅ローン→RMBS→CDOへと証券化される流れを示す図）

- 住宅ローン(X) 100 → サブプライムローンの集合体 100
  - 第1次証券化 → RMBS 100
    - シニア(AAA) 75
    - メザニン(BBB) 20
    - エクイティ 5
- 住宅ローン(Y) 100
- 住宅ローン(Y) 100
  - 第1次証券化 → メザニン(BBB) 20、メザニン(BBB) 20

第2次証券化 → CDO 60
- シニア(AAA) 75%
- メザニン(BBB) 20%
- エクイティ 5%

証券化終了時
- RMBS 240
  - シニア(AAA) 225
  - エクイティ 15
- CDO 60
  - シニア(AAA) 45
  - メザニン(BBB) 12
  - エクイティ 3

出所　日本証券アナリスト協会『証券化商品を巡る諸課題―サブプライム問題を踏まえて―』p1を基に作成

ティ5億円と分けたとします。優先劣後構造により，デフォルト損失を下位の部分（トランシェ）で吸収するために，デフォルト率が多少上昇したところで，シニアは安全ですのでAAA格を取得することができます。

メザニンの20億円に関しては，他の住宅ローン（Y）100億円や住宅ローン（Z）100億円を組成したRMBSのメザニン部分各20億円と一緒にして，再び証券化すれば，そのうちの75％はAAA格付を得ることができます。結局，住宅ローン（X），（Y），（Z）の合計300億円のうち，第一次証券化では225億円（100億円×3本×75％），第二次証券化では45億円（20億円×3本×75％），合計で270億円がAAA格を取得できることになります。

元々の個別住宅ローンはサブプライムローンであり，1つ1つは格付でいえばB格クラスの信用力の低いものです。それを証券化技術によって，多くのAAA格の債券を創造することができたわけです。

（2）証券化商品のデフォルト率

証券化商品に関して，ムーディーズジャパンのレポート「証券化商品の格付

け遷移（1983-2008）」によれば，2005年以前に組成された証券と比べると2006年に組成された証券では，明らかな差異が認められます。

図表8を見てください。当初Aaa格とされた部分について比較すると，2005年以前に組成された証券ではCaa以下に下落したものは0.5％にすぎませんが，2006年に組成されたものは5.8％と10倍以上には跳ね上がっていることがわかります。A格で見ても，2005年以前は8.4％が2006年組成分では55.6％と大きくなっています。

当初の格付が低い証券であれば仕方ないのですが，A格付以上の投資適格証券に大きな格下げがあったことは，事前の想定とは全く異なる事象が発生していたということになります。

証券化商品にも様々な種類があり，大別すると，ABSとHEL（ホーム・エクイティ・ローン），RMBS，CMBS，CDO，その他に分けることができます（図表9）。このうち，CDOはムーディーズの格付分布では証券化商品全体の14.3％を占めています。

図表8	証券化商品のCaa以下への累積格付遷移

証券化商品
2008年12月31日時点での，当初格付別のCaa以下への累積格付遷移
2005年以前に組成された証券

	Aaa	Aa	A	Baa	Ba	B	合計
件数	343	520	1,016	2,642	1,050	339	5,910
件数合計	63,987	13,076	12,048	11,869	3,912	1,462	106,354
比率（％）	0.5％	4.0％	8.4％	22.3％	26.8％	23.2％	5.6％

2006年に組成された証券

	Aaa	Aa	A	Baa	Ba	B	合計
件数	780	1,610	2,318	2,602	871	54	8,235
件数合計	13,548	4,789	4,172	4,258	1,612	313	28,692
比率（％）	5.8％	33.6％	55.6％	61.1％	54.0％	17.3％	28.7％

出所　ムーディーズ　ジャパン「証券化商品の格付け遷移（1983—2008年）」2009年5月 p10

証券化商品の中で，サブプライム問題によって最も深刻な影響を受けたものが，このCDOです。

図表10では縦軸が当初格付で，横軸は2008年12月末の格付を示しています。当初格付Aaa格であったもののうち，Caa格に落ちたものが21.4%，Ca格へは30.6%，C格へは23.3%移動しています。合わせると，おおよそ2年半の間に75%強がAaa格からCaa格以下に格下げとなったことがわかります。

図表9	ムーディーズによる証券化商品の格付件数

2008年1月1日時点の格付分布

区分	占率	主なもの
ABS（HEL除く）	9.8%	資産担保証券。オートローン，クレジットカード債権，新しいタイプのアセットクラスなど
HEL	24.0%	ホーム・エクイティ・ローン，サブプライムローン，住宅リフォームローンなど
RMBS	41.2%	住宅用不動産証券化，大半は第一順位抵当権ローン，Alt-Aローンが裏付け資産
CMBS	10.4%	商業用不動産証券化
CDO	14.3%	債務担保証券
その他	0.4%	資産担保コマーシャルペーパー，SIV，大災害リンク債など
合計	100.0%	対象件数は104,483件

出所　ムーディーズ　ジャパン「証券化商品の格付け遷移（1983—2008年）」2009年5月 p4, 46, 47

図表10	CDOの格付遷移

米国のSF　CDOの当初格付別格付遷移　2006年組成分

当初格付	Aaa	Aa	A	Baa	Ba	B	Caa	Ca	C
Aaa	5.2%	3.0%	1.2%	1.7%	5.2%	8.5%	21.4%	30.6%	23.3%
Aa		1.9%	2.8%	2.8%	1.6%	2.5%	11.0%	41.0%	36.3%
A			0.7%	3.2%	0.4%	0.4%	7.0%	23.9%	64.4%
Baa				0.4%	1.1%	1.1%	2.9%	16.4%	78.2%
Ba					0.9%	0.9%		5.6%	92.6%
B									100.0%

出所　ムーディーズ　ジャパン「証券化商品の格付け遷移（1983—2008年）」2009年5月 p33

ムーディーズの格付定義からすると，Caa格は信用リスクが極めて高い，Ca格はデフォルトに陥っているかそれに近い状況で一定の元利金回収が見込めるもの，Cはデフォルトで回収見込みが乏しいものです。このことから，最終的には相当部分がデフォルトに陥ったものと推定できます。

　広義CDOの中には，住宅ローンを証券化して組成したCDO（ABSCDO）のほか，クレジット・デフォルト・スワップを利用して企業リスクを集めて組成したシンセティックCDO，格付がBB格以下の企業向けローンを集めて，それを組成したCLO（Collateralized Loan Obligation）などがあります。

　シンセティックCDOは一種のクレジットリンク債です。相手先がデフォルトすると債券の元本が戻らないというものです。シンセティックCDOの組成に際して，1社1億円で100社のリスクを集めていたとします。リスクプレミアムを受け取って，それを基に証券化技術を使って，利回りは低いけれども優先して返済されるAAAのシニア部分と，利回りは高いが元本毀損リスクの高いBBBのメザニン部分，そしてエクイティ部分に分けます。

　リスクを1社1億円に分散して投資をしており，相手先企業群のデフォルト率が過去の実績率と同程度であれば損失は限定的であったのですが，想定以上に多くの企業にデフォルトが生じたため，とりわけメザニンは多額の損失を被っています。組み込まれていてデフォルトした銘柄を見ると，どれも同じようなものでした。米国の住宅金融公社であるファニーメイやフレディマック，アイスランドのカウプシング銀行やグリトニール銀行，そしてリーマン・ブラザーズなどです。

　デフォルトの定義はISDAのクレジット・イベントでしたので，米国のファニーメイやフレディマックは公的管理下に入ったこともあり，デフォルトに該当してしまいました。

CHAPTER 6 格付に対する信用低下

(3) デフォルト率とデフォルト相関
① デフォルト率とデフォルト相関

　デフォルト率は過去のデータを基に計算することが多いのですが，過去の経済状態が良好な時のデフォルト率をベースにしたために，将来のデフォルト率を過少評価してしまったことに問題があります。

　また，デフォルト相関を低く見ていたことも問題です。ニューヨークの住宅ローンのデフォルト率とサンフランシスコの住宅ローンのデフォルト率は多分，相当に高い相関関係にあります。米国の会社のデフォルトと欧州の会社のデフォルトの相関も相当にあるはずです。Aという証券化商品とBという証券化商品の相関も高いものと考えられます。

　相関は（-1）～（+1）の間の値となります。0が無相関で関係なくバラバラという状態です。ドイツ証券の江川由紀雄氏は著書「サブプライム問題の教訓」（商事法務）の中でサブプライムRMBS相互の相関は平均して0.3程度であったと述べています。この0.3という数字はかなり低い印象を受けます。

　リスク管理の世界では標準偏差を用いてリスク量を計測することが行われています。平均値では，-1と+1の平均値も，-10と+10の平均値も共にゼロになりますが，後者の方が大きな損失を被る可能性があるので，統計的にリスクを計量化します。

　ここでは視点を変えて，デフォルト率の上昇と相関の拡大がリスク量に，どう影響を与えたかを考えてみます。

　あるRMBS（X）のリスク量が10億円で，もう1つのRMBS（Y）のリスク量も10億円とします。このRMBS（X）と（Y）の2つでCDOを組成するとします。当初の想定で，相関係数を0.3とすると，CDOのリスク量は図表11の式から16億円になります。

　それが，実際にはRMBS（X）のリスク量は住宅ローンのデフォルト率は景気の悪化等で10億円ではなく50億円となったわけです。RMBS（Y）も同様で，RMBS（X）との相関は0.3ではなく実質的には1.0でした。そうなると，リス

図表11	リスク量の違い

当初　$\sqrt{10^{-2}+2\times 0.3\times 10\times 10+10^{-2}}=16$

実際　$\sqrt{50^{-2}+2\times 1.0\times 50\times 50+50^{-2}}=100$

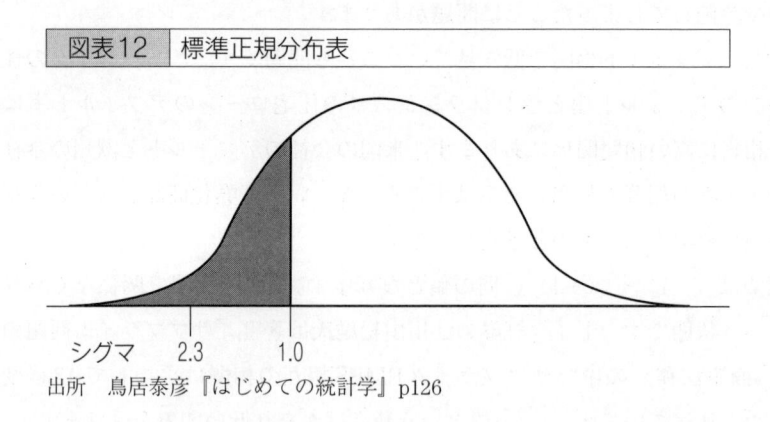

図表12	標準正規分布表

シグマ　2.3　1.0

出所　鳥居泰彦『はじめての統計学』p126

ク量は図表11のように100億円になります。

　当初，損失は16億円で収まると想定していたのが，実際には100億円の損失が出たというわけです。

　当初のリスク量10億円は1シグマ（標準偏差）で計算した金額とします。これは標準正規分布（図表12）において84％の確率で，最大損失10億円に収まるということを意味します。10億円を超えてしまう部分は図表12で黒く示した左端の面積で，残りの16％になります。

　84％の確率ではなくて99％の確率で生じる最大損失となると2.3シグマの箇所になります。これは10億円の2.3倍に，すなわち，99％の確率で生じる最大損失は23億円以内に収まるということになります。

　元のデータをベースにすると50億円の損失ということは5シグマに相当するため，通常では想定できません。

　結局，景気のよい時，すなわち住宅ローンのデフォルトがほとんど起きない

時のデータをベースにリスク量を計算していることに根本的な原因があったものと思われます。

本件において、CDOのトランシェは16億円まではエクイティで吸収、50億円まではBBB格のトランシェ、AAA格は50億円以上損が出た場合のみ損失負担するといったような仕組みであったとします。ところが実際には、100億円の損失となったので、図表13のように、エクイティ16億円と、メザニンのBBB格34億円は全損、AAA格も50億円の損失を出したというわけです。

② 数理モデル検証

鎌倉コーポレーションのドナルト・R・ヴァン・デヴェンター博士と村手俊夫氏は『金融ビジネス』の2007年秋号に「コピュラモデルと格付け依存がCDOを過大評価させた」という記事を投稿しています。その中で、コピュラ

図表13　組成で想定していた損失と実際損失の差

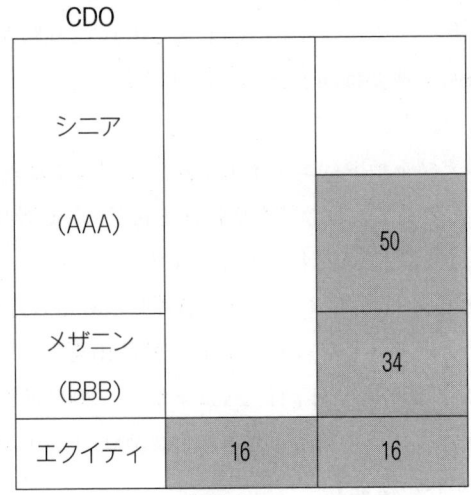

CDO

トランシェ	組成上の損失見込み	実際の損失
シニア (AAA)		50
メザニン (BBB)		34
エクイティ	16	16

モデルの落とし穴として，次の点を指摘しています．
- ▶ デフォルト確率がCDOの満期までのシミュレーション期間を通して一定であると仮定していること
- ▶ デフォルト確率自体も個別の参照担保ごとのデフォルト確率ではなく，格付会社が提供している格付別のデフォルト率が使用されていること
- ▶ モデルで前提とするデフォルト率の相関に問題があること

数理モデルを使用する時にはモデル検証が不可欠です．どうもこれが不十分であったようです．

（4）国内の証券化商品

東京都が進めてきた「東京都債券市場構想」において発行された証券化商品CBO（Collateralized Bond Obligation）において，AAAと格付されたトランシェの中からデフォルトするものが出ています．

東京都債券市場構想は，石原前都知事が銀行による貸し渋り対策として導入された仕組みで，優秀で元気な中小企業に対して担保や保証人がなくても市場から資金調達できるような道を拓こうとしたものです．

この中で第7回債として，2006年にCLOとCBOの2種類が発行されています．このうちのCBOの概要は図表14のとおりです．

資金供給額は914億円で，そのうち優先部分にあたる881億円のCBO債券を発行しています．デフォルトはエクイティ部分に相当する差額の33億円の劣後部分で吸収できると見て，D号でも格付Aを付与し，C号は格付AA，上位にあるA号とB号は共にAAAを付与しています．

ところがD号とC号はもとより，格付AAAであるB号の一部（額面の16%）にまでがデフォルトとなっています．図表15を見ると，B号は発行時こそAAAでしたが，2007年7月7日AAに下がり，2007年9月11日には投機的格付のBB+に下がり，その後も下がり続けて2009年7月10日にはDにまで下がっていることがわかります．

ニッセイアセットマネジメントの徳島勝幸氏は「クレジット市場混乱期にお

図表14　シービーオー・オール・ジャパン

種類	CBO		
SPC名	シービーオー・オール・ジャパン特定目的会社		
債券発行	トランシェ	格付	格付会社
	A号　40億円	AAA	S&P
	B号　831億円	AAA	
	C号　7億円	AA	
	D号　3億円	A	
資金供給額	914億円		
利用企業数	1,269社		
融資金利	平均3.3%（固定）		
発行方式	公募ABS方式		
期間及び返済	3年期限一括返済		
融資金額	最大1社1億円		
その他	日本初複数自治体による広域CBO		

出所　東京都のホームページ「東京都債券市場構想（CLO/CBO）」

図表15　時系列から見た格下げ状況

	2006/3/15	2007/7/7	2007/9/11	2008/4/11	2008/7/11	2009/7/2	2009/7/10
A号	AAA	AAA	AAA	AAA	AAA	AAA	AAA
B号	AAA	AA	BB+	B−	CCC−	CC	D→NR
C号	AA	A−	B+	CCC−	CCC−	CC	D→NR
D号	A	BBB−	B	CCC−	CCC−	CC	D→NR

出所　徳島勝幸「クレジット市場混乱期における格付けについて」『証券アナリストジャーナル』2009年10月号 p48

ける格付けについて」（『証券アナリストジャーナル』2009年10月号）の中で，"S&Pは07年9月11日の大幅な格下げの際に，格下げ理由を説明する目的でレポートを公表している。その中で，募集型による債務者の逆選択について，これまでのリスク要因と考えていなかったと表明している。本件においても，裏付け資産に債務者のモラルハザードが含まれていたことは十分に推察されるが，格付会社の側にもデータの扱い，すなわちデータ取得期間が短い場合に，

過去に経験されなかったような景気のダウンサイドサイクルをストレスシナリオとして織り込む等の分析で，改善の余地があったのではないだろうか。"と原因分析を行っています。

第7回債としては，CBOのほかに信用保証付きのCLOが発行されています。図表16は，信用保証協会が保証していたCLO利用企業のデフォルト状況を示したものです。それを見ますと，金額ベースでは2000年から2004年頃発行のものは5％前後で安定していたのですが，2005年頃の発行から急激にデフォルトが急増しています。2006年3月発行の第7回債は件数ベースで29.20％，金額ベースで21.70％と，2002年発行に比べると7倍程度にまで膨らんでいることがわかります。

CLO利用企業へのアンケート「第7回債券発行　政策効果測定報告書」（東京都産業労働局　2006年6月）を見ると，申込理由のトップ3は，金融機関に勧められたこと，無担保の借入れができること，保証協会の保証枠にかかわらずに利用できることとなっています。その一方で条件面のネックは金利が高い

図表16　CLO利用企業のデフォルト累積値

（2011年12月末）

回数	発行時期	件数ベース	金額ベース
第1回	2000年3月	6.85%	6.19%
第2回	2001年3月	3.05%	3.03%
第3回	2002年3月	4.38%	2.69%
第4回	2003年3月	8.08%	5.27%
第5回	2004年3月	11.02%	5.53%
第6回	2005年3月	19.65%	13.21%
第7回	2006年3月	29.20%	21.70%
第8回	2007年3月	28.41%	25.56%
第9回	2008年3月	18.19%	17.81%
第10回	2009年3月	4.10%	5.05%
第11回	2010年3月	0.00%	0.00%

出所　東京都のホームページ「東京都債券市場構想（CLO/CBO）」

ことをトップにあげています。

　金融機関とするとリスクの高い企業に対しては自行による貸出しではなく，信用保証協会の一般保証枠を使用しますが，この仕組みは信用保証協会の一般保証枠とは別枠で利用できることになっています。一般保証枠を温存して資金調達できるわけですので，金融機関としても，大いに魅力があったものと推察できます。アンケートからわかるように，金融機関が脆弱な企業に利用を勧めたわけです。

　結局，中小企業の中でもこうした脆弱な企業からの申込みが多くなったものと推察できます。いわゆる逆選択です。S&Pは中小企業全体のデータを基にして，景気悪化局面におけるデフォルト率を計算していたはずですが，脆弱企業が多いため，S&Pの想定を大幅に上回るデフォルト状況が発生したわけです。

》5 リーマン・ブラザーズ

　米国の証券業界は，資産規模順でいうと，ゴールドマン・サックス，モルガン・スタンレー，メリルリンチ，リーマン・ブラザーズ，ベアー・スターンズという順位でした。リーマン・ブラザーズ（以下リーマン）は1850年創立の老舗です。業界下位のリーマンやベアー・スターンズは上位に対抗するために，リスクの高い証券化ビジネスに傾斜し，投資資産を膨らませてきました。

　最初にベアー・スターンズの経営が悪化しましたが，2008年3月にJPモルガン・チェースが救済しています。その際に，FRB（連邦準備制度理事会）は買手であるJPモルガン・チェースに特別融資という形式で最大290億ドルの損失補填契約を結んで資金支援をしています。FRBはこれに合わせて，新たに証券会社に対して公定歩合で資金を機動的に供給する制度を創設しました。資金ショートで突然死することをあらかじめ防いだわけです。

　それで，市場に安心感が拡がりました。"大手金融機関は大きすぎてつぶせない（too big to fail）"という言葉があり，市場関係者の中にも，ベアー・ス

ターンズは大きすぎたのでつぶれずに済んだという見方をする人もいました。

　2008年に入り、不安視されていたリーマンは、4月に40億ドルの優先株発行を成功させました。それによって、リーマン不安説は、ほんの一時だけですが影を潜めています。

　夏になり、サブプライム問題の深刻さが急激に浮き彫りになってきました。証券会社各社は証券化商品を多く保有していましたので、その含み損について注目されるようになっていました。5月の四半期決算で、リーマンは上場以来初めての最終赤字を計上し、その責任をとって社長や最高財務責任者（CFO）が辞任しています。

　格付会社は3社とも2008年に入ってから格下げを行っています。S&Pは6月に入ってA格に下げています（図表17）。それから1週間後にフィッチがAA−からA＋に下げました。7月に入り、ムーディーズがA2まで下げました。

　市場参加者は、格付会社が格下げを行ったことで、戦略的なパートナーを探すよう求める圧力が一段と強まったと見ていました。リーマンというネームのブランド力は一流であり、いずれはどこかの銀行等が買収に触手を伸ばすと考えられていました。そんな中、9月3日に韓国の朝鮮日報は韓国産業銀行が約50億ドルで株式の25％を取得する模様であると報じています。その時点の新聞報道によれば、リーマンの株式取得を巡っては、米国のヘッジファンド、欧州や中国の金融機関と競合しているとのことでした。

　この段階で、FRBはベアー・スターンズの時のような支援には消極的でし

図表17　リーマン・ブラザーズの格下げ

	ムーディーズ	S&P	フィッチ
2007.01.01	A1	A＋	A＋
2007.06.28	⇩	⇩	AA−
2008.06.02	⇩	A	⇩
2008.06.09	⇩	⇩	A＋
2008.07.17	A2	⇩	⇩

た。金額が大きかったことや，9月7日に住宅金融公社を公的管理下に置いて支援することを決めた直後であり，リーマンまで救済することに距離を置いていたわけです。

　1998年に有力ヘッジファンドであったLTCM（ロングターム・キャピタル・マネジメント）が経営危機に陥った時には，米国金融界が協力して36億ドルの資金を共同で負担して損失の連鎖を防いでいます。これに習って，金融界全体で「奉加帳方式」でリスクを分担する案も浮上しています。

　リーマンの不良資産は500億ドルと推定されており，その巨額さと追加損失懸念が大きいこと，さらには買収予定者も資産価格の下落で体力を消耗していることから，結局，救済者や支援者は現れず，9月15日に連邦破産法11条（チャプター・イレブン）を申請し破綻してしまいました。

　格付はデフォルトする直前の9月12日まで，ムーディーズはA，S&PはA2であったことから，市場参加者の一部には「青天の霹靂」と感想を漏らす者もいたようです。

　早期に格下げができなかった理由としては，業績の悪化が急激であったこと，保有している資産が複雑でその調査分析に時間を要したこと，提携ないし買収で生き残ると考えていたこと等が考えられます。

　A格でもAAA格付でも絶対に安全というものは存在しません。しかしながら，格付A格というのは一流の証しです。A格の企業が経営不振で数年後に倒産したというのなら納得できるのですが，実質的にはA格のままで破綻するということでは，投資家は納得しません。格付会社が自社の格付の間違いを曝け出す結果となりました。

≫6　エルピーダメモリ

　エルピーダメモリは，1999年にNEC日立メモリとして設立され，2003年には三菱電機からの事業譲渡を受けて，国内で唯一のDRAMメーカーでした。2008年のリーマン危機で赤字が拡大したため，2009年に「産業活力の再生及

び産業活動の革新に関する特別措置法（産活法）」の認定を受けています。

図表18に2010年度以降の四半期業績推移を示しました。2010年度の上期は順調でしたが，下期以降，DRAM価格が下落し，2010年12月四半期以降，赤字となっています。市況は回復せず，2011年12月期の純利益は△421億円という大幅な赤字を記録しています。これで，純利益は5四半期連続の赤字で，その赤字額も5四半期累計では1,367億円に達しています。

2012年2月14日には監査法人からの指摘により，継続企業の前提に関する注記（図表19）が公表され，JCRは格付をBBBからBBB－に1ノッチ引き下げています。

1ノッチで止めたのは，エルピーダメモリは産活法に基づき日本政策投資銀行が中心になって投融資をしたもので，2012年3月末に認定期間の期限を迎え，支援の継続について議論されていることから，その推移を見守るという立場であったのかもしれません。さらに，同業他社との提携話が進んでいたようです。

それから2週間後の2月27日に会社更生法を適用申請して破綻しました。JCRはBBB－に留めており，投資適格のままで破綻したわけです。BBB格の累積デフォルト率は3年で1％前後はあります。したがって，投資家としてある程度のデフォルトは許容すべきなのですが，破綻時に投資適格というのでは投資家からの信頼を得ることはできません。

図表18　エルピーダメモリの四半期業績推移

単位：億円

年度	2010年度				2011年度		
四半期	2010/6 1Q	2010/9 2Q	2010/12 3Q	2011/3 4Q	2011/6 1Q	2011/9 2Q	2011/12 3Q
売上高	1,763	1,488	971	921	957	641	598
売上総利益	617	402	△77	73	126	△275	△283
経常利益	370	152	△305	△79	△73	△506	△449
純利益	307	92	△296	△82	△79	△489	△421

出所　有価証券報告書

CHAPTER **6** 格付に対する信用低下

| 図表19 | 継続企業の前提に関する注記 |

継続企業の前提に関する注記
　当社は，平成21年6月30日に経済産業省の認定を受けた産業活力の再生及び産業活動の革新に関する特別措置法に基づく事業再構築計画（以下，本計画）に沿って事業活動を遂行しており，本計画の実施期間は平成24年3月31日に終了することが予定されています。本計画の終了に伴い，㈱日本政策投資銀行に対して発行した優先株式に対する金銭を対価とする取得請求権は，平成24年4月2日以降，同行による行使が可能になります。また，本計画に基づく主要取引銀行を中心とする金融機関からの借入も平成24年4月2日付でその返済期限が到来します。上記の他，今後1年間に有利子負債の返済も予定されており，継続企業の前提に重要な疑義を生じさせるような状況が存在しております。
　当該状況を解消すべく，当社は，取引先からの出資，顧客からの出資あるいは前受金の受け入れ等種々の効果的かつ実行可能な施策について，一部を実行あるいは関係者からの合意を得ることで財務体質の改善に努めております。また，当社は，経済産業省，㈱日本政策投資銀行及び主要取引銀行等の関係者と今後の対応策について詳細を協議しているところですが，現時点では最終的な合意には至っておらず，継続企業の前提に関する重要な不確実性が認められます。
　（以下略）

出所　エルピーダメモリ　2012年2月14日付　「継続企業の前提に関する事項の注記についてのお知らせ」

　負債総額は4,480億円で，これはメーカーとすれば戦後最大です。また同社は多額の社債を発行しており，合計で1,386億円の社債がデフォルトしました。エルピーダ債はすべて無担保ですので，担保付きと考えられる銀行借入れに劣後することから，社債の回収率も10％程度と想定されます。

【参考文献表示】
三井秀俊「格付会社の信用リスク情報に対する投資家の評価」『経済集志』第80巻第4号
　（2011年1月）251〜270頁（日本大学経済学部）
クリスタル・デタモア「加CFA資格者，格付に厳しい視線　協会アンケートで」『ファンド情報』No118（2012年2月13日号）29〜30頁（R&I）
『会社四季報』2009年4集，2010年1集（東洋経済新報社）

久保吉生「格付けをめぐる最近の動向と今後の展望」『証券アナリストジャーナル』2001年11月号96頁（日本証券アナリスト協会）

岡東務『日本の債券格付』187〜210頁（税務経理協会，平成16年）

奥村宏『粉飾資本主義　エンロンとライブドア』56〜73頁，142〜145頁（東洋経済新報社，2006年）

武藤敏郎，大和総研『米国発金融再編の衝撃』173〜176頁（日本経済新聞出版社，2009年）

Herwig M. Langohr, Patricia. T. Langohr「The rating Agencies and their Credit Ratings」189〜191頁（John Wiley&Sons Ltd. 2008年）

ムーディーズジャパン「証券化商品の格付け遷移（1983-2008）」2009年5月，4頁，10頁，33頁，46頁，47頁

尾崎充孝「保証残高2.5兆ドル，モノライン格下げの衝撃とインパクト」『金融財政事情』2008年2月25日号，24〜29頁（金融財政事情研究会）

鳥居泰彦『はじめての統計学』125〜126頁（日本経済新聞社，1994年）

江川由紀雄『サブプライム問題の教訓』102頁（商事法務，2008年）

ドナルド・R・ヴァン・デヴェンダー，村手俊夫「コピュラモデルと格付け依存がCDOを過大評価させた」『金融ビジネス』2007年秋号58〜62頁（東洋経済新報社）

東京都のホームページ東京都債券市場構想（CLO/CBO）「利用企業のデフォルト状況について」1〜4頁

東京都産業労働局「東京都債券市場　第7回債券発行　政策効果測定報告書」2006年6月1〜10頁

徳島勝幸「クレジット市場混乱期における格付けについて」『証券アナリストジャーナル』2009年10月号44〜53頁（日本証券アナリスト協会）

エルピーダメモリ「有価証券報告書」（2010年度，2011年度四半期報告）

日本証券アナリスト協会『証券化商品を巡る諸課題—サブプライム問題を踏まえて—』1〜18頁（日本証券アナリスト協会，2008年10月）

CHAPTER 7 格付会社に対する規制

エンロン破綻を契機に、格付会社行動規範が制定され、米国では格付機関改革法による大手格付会社の寡占化防止、ドッド=フランク法による格付参照に見直しが行われています。

また、日本では、指定格付機関制度から信用格付業者制度に変更されて金融庁の監督下に入り、そのための監督指針が定められています。

これらは、格付会社のガバナンスや信頼性の向上に直結するものであり、格付を利用する投資家としては好ましい状況といえますが、具体的な規制の内容はどのようなものなのかについてそれぞれ解説します。

》1 証券監督者国際機構（IOSCO）

（1）基本行動規範

格付会社の行動規範に関しては、IOSCO（International Organization of Securities Commissions）が作成した指針に基づいて、各国が対応しています。IOSCOとは世界の主要な国・地域の証券監督当局等から構成されている国際的な機関で、証券監督に関する原則や指針等の国際的なルールを策定している組織です。

IOSCOでは米国で起きたエンロンやワールドコム事件等によって提起された格付に関する諸問題に対応すべく2003年9月に『信用格付機関の活動に関する原則』を定め、この原則を実施するための詳細な指針として2004年12月に『信用格付機関の基本行動規範』を公表しました。これは、その後2008年5月に改訂されています。

行動規範は図表1のように4つの柱から成り立っています。

図表1	信用格付機関の基本行動規範

```
1  格付プロセスの品質と公正性
    A  格付プロセスの品質
    B  モニタリングと更新
    C  格付プロセスの公正性
2  信用格付機関の独立性と利益相反の回避
    A  総論
    B  信用格付機関の手続と方針
    C  信用格付機関のアナリスト及び従業員の独立性
3  信用格付機関の一般投資家及び発行体に対する責任
    A  格付開示の透明性と適時性
    B  秘密情報の取扱い
4  行動規範の開示と市場参加者への情報提供
```

出所　IOSCO（金融庁仮訳）

　投資家から見て重要な「信用格付機関の一般投資家及び発行体に対する責任」の中のA「格付開示の透明性と適時性」及び「行動規範の開示と市場参加者への情報提供」の中からポイントを抜き出してみました（図表2）。

　3.3では，投資家が重要な側面を看過する恐れがある場合には，その事実を説明することを求めています。格付は符号のみであることから投資家にとって見落としやすい重要な点について説明すべきことを示しています。

　3.4では，格付会社は非公表情報をも入手して格付を付与するわけですが，格付を公表する際には無料で分け隔てなく公表することを求めています。

　3.5では，外部の第3者が理解できるように十分な情報を公表すべきとしており，この情報には格付分類や債務不履行の定義等が含まれるとしています。なお，3.5の (b) ではストラクチャード・ファイナンス商品は伝統的な社債とは別の格付符号とすべきと指摘しています。サブプライム問題では証券化商品の格付は一般の社債格付とは全く異なるリスクが顕在化していることから別の格付符号を求めているものと考えられます。

　3.6では，格付を付与する際には格付符号のみではなく，基本的な要素をプ

図表2	基本行動規範のポイント

『信用格付機関の基本行動規範』の3Aと4
3　信用格付機関の一般投資家及び発行体に対する責任
　A　格付開示の透明性と適時性
　　3.1　信用格付機関は，格付対象者（事業体）及び証券の格付を適時に配付するべきである。
　　3.2　信用格付機関は，格付，レポート及び更新情報の配布に関する方針を公表するべきである。
　　3.3　（前略）当該格付が複数の格付方法に基づく場合，或いは主要な格付方法のレビューのみでは投資家が当該格付の重要な側面を看過する恐れがある場合には，当該信用格付機関は，当該格付の発表において，当該事実を説明するとともに，別の格付方法及びその他重要な側面が当該格付の決定に反映されている程度に関する議論が示されている箇所についても示すべきである。
　　3.4　（前略）格付行動の全体又は一部が重要な非公表情報に基づくものである場合には，公募証券・公開企業の格付について，また，その後それらの格付の中止を決定した場合はその旨について，分け隔てなく（non‒selective basis）かつ無料で公表するべきである。
　　3.5　信用格付機関は，当該信用格付機関がどのように格付決定に至ったかを外部の第3者が理解することができるように，当該信用格付機関の格付の手続，方法（メソドロジー）及び前提に関する十分な情報（発行体の公表財務諸表に含まれている情報から大きく逸脱する財務諸表の調整及び，該当する場合には，格付委員会の手続に関する記述を含む）を公表するべきである。（以下略）
　　(a)　（省略）
　　(b)　信用格付機関は，ストラクチャード・ファイナンス商品の格付について，できれば異なる符号を用いて，伝統的な社債の格付との差別化を図るべきである。信用格付機関は，当該差別化がどのように機能しているかについても開示すべきである。（以下略）
　　(c)　（省略）
　　3.6　信用格付機関は，格付の付与又は改訂を行う際，格付意見の基底をなす主要な要素を，プレスリリース及びレポートにおいて説明するべきである。
　　3.7　信用格付機関は，実現可能かつ適切な場合には，格付の付与又は改訂の前に，格付の基礎となるであろう重要情報及び主な考慮事項を発行体に通知し，発行体に対して，事実誤認と思われる事項又は正確な格付を行うために信用格付機関が知りたいであろう他の事項を明らかにする機会を与えるべきである。（以下略）

3.8 （前略）また異なる信用格付機関により付与された格付の間で品質比較を行うことができるよう，可能であれば，当該信用格付機関の格付分類ごとの過去のデフォルト（債務不履行）率，デフォルト率の変化の有無に関する十分な情報を公表するべきである。信用格付機関は，格付の性格その他の事情により，過去のデフォルト率が適当でない，統計的に有意でない，又は格付の利用者に誤解を与えそうなものである場合，その旨を説明するべきである。（中略）更に可能であれば，投資家が異なる信用格付機関間でその実績について比較可能な形態に標準化されたものが含まれるべきである。

3.9 （前略）発行体の要請により開始されたものでない格付については，その旨が明らかにされるべきである。また，信用格付機関は，非依頼格付（unsolicited rating）に関する方針及び手続を開示するべきである。

3.10 信用格付機関は（中略），その格付の方法並びに重要な格付の実務，手続及びプロセスの重要な変更を完全に開示するべきである。（以下略）

4 行動規範の開示と市場参加者への情報提供

4.1 （前略）信用格付機関は，その行動規範がIOSCOの規定から逸脱している場合には，どの箇所が逸脱しているか，なぜ逸脱しているか，また，逸脱にもかかわらず，IOSCOの規定に盛り込まれている目的がどのように達成されているかについて，説明するべきである。（以下略）

4.2 信用格付機関は，その組織の中に，当該信用格付機関が受けるかもしれないあらゆる質問，懸念又は苦情について市場参加者及び一般市民とのコミュニケーションを行うことを担当する職務を置くべきである。（以下略）

4.3 信用格付機関は，自らのホームページの目立つ場所において，(1)当該信用格付機関の行動規範，(2)自ら使用する格付方法に関する説明，(3)信用格付機関の過去の実績データに関する情報へのリンクを公表しなければならない。

出所 IOSCO（金融庁仮訳）

レスリリース等で説明するべきと述べています。このことから投資家は，格付符号だけを見るのではなくニュースリリース等を見る必要があります。

　3.7では，格付を付与し，あるいは改訂する際には，発行体と事前に十分に意見交換すべきとしています。十分な吟味をせずに格付することは問題ですが，特に格下げを検討する時点では十分な時間を費やすことになりますので，

投資家とすると，格下げのタイミングが遅れるリスクに注意すべきです。

3.8では，異なる格付会社間の格付比較ができるようにデフォルト率等を公表すべきことを定めています。

3.9では，非依頼格付，すなわち勝手格付については，それを明示するべきとしています。

3.10では，手続プロセスに重要な変更がある場合には，完全に開示すべきと定めています。

（2）行動規範の遵守状況

IOSCOは2008年に基本行動規範を改訂していることなどから，2009年3月に，各国の格付会社における遵守状況を調査しています。

対象となった格付会社は21社で，このうちの7社が行動規範を遵守していることが明らかになったと報告されています。

JCRに関して，IOSCO行動規範を完全に遵守していると最大限の賛辞を示しており，R&Iについても一条項について乖離が見られるものの，これについては説明を行っているとしています。

ムーディーズ，S&P，フィッチの大手3社については，大部分を遵守していたとしています。

カナダのDominion Bond Rating Serviceはいくつかの例外を除き大部分を取り入れており，スイスのFedafin federalism and Finance AG of Switzerlandでは行動規範を導入していたとしています。

以上の7社が遵守していたとされ，特にJCRは最も高く評価されています。

≫2 米国の規制

（1）信用格付機関改革法

米国では2006年9月に信用格付機関改革法が成立しています。この法律は，参入規制緩和により格付会社業界における競争を促進するとともに，SEC（米

国証券取引委員会）による監督を強化することを内容としています。この法律はSECに対して，NRSRO（公認格付機関）の認定基準を明確にさせる義務を課しています。

　米国では，格付会社に対して，SECから認定されたNRSROの格付を行政上利用する認定格付機関制度があるのみで，SECによる監督が行われていなかったことや，S&Pとムーディーズという2大格付会社の寡占状況をもたらしたということが背景にあります。

（2）ドッド＝フランク法

　証券化商品に関する格付が問題となった後，2010年7月に金融規制改革法としてドッド＝フランク法（Dodd-Frank Wall Street Reform and Consumer Protection Act）が成立し，格付会社に対する規制の強化が盛り込まれています。

　NRSROのガバナンスの向上，利益相反管理の強化，ディスクロージャーの改善など幅広い措置が求められていますが，制度として影響が大きいのは信用格付の公的利用の見直しです。

　ドッド＝フランク法は，格付の参照もしくは格付に依拠した規則等を廃止して，連邦規制当局が適当と判断する信用価値基準に代替えすることを求めています。すなわち，ネット・キャピタル・ルールでは，高い格付を取得している有価証券はヘアカット率が低くなりますが，こういった格付参照をなくすことを求めているわけです。

　具体的にはドッド＝フランク法939条において各種の法令における格付の参照の削除を求めており，939Aでは連邦規制当局に対して格付の参照や格付に依拠した規制の見直しを求めています。

　サブプライム問題及びギリシャ危機を契機とする欧州危機において，欧米，とりわけ欧州は格付会社に対する批判を展開しており，今後の格付制度は大きく変貌するリスクを抱えています。

　小立敬著「格付け依存の是正を求める金融安定理事会」（野村資本市場

クォータリー2011Winter）によれば，"金融安定理事会原則は，①基準・法令・規則，②市場，③中央銀行のオペレーション，④銀行の健全性監督，⑤投資顧問業者や機関投資家，⑥市場の証拠金，⑦証券発行者のディスクロージャーを対象にして，格付機関の格付依存の引下げを狙いとするものである。"としています。

なお，金融安定理事会（Financial Stability Board）は各国の金融監督当局や国際機関等が参加していた金融安定化フォーラムが2009年4月に改組されたもので，強固かつ拡大した組織基盤を有する組織です。

≫3 日本の規制

（1）信用格付業者制度

従来から通達等で利用できる格付機関を指定していたのですが，平成4年に正式に「指定格付機関制度」が導入されています。指定格付機関制度は，金融商品取引法に基づく開示制度において利用される格付機関を明らかにするためのもので，指定格付機関の指定にあたっては，金融庁長官がその格付実績，人的構成，組織，格付の方法及び資本構成その他発行者からの中立性に関する事項等を勘案して，有効期間を定めて指定していました。

また，金融商品取引法等の一部を改正する法律が平成21年6月に成立した結

| 図表3 | 信用格付業者登録一覧 |

登録年月日	業者名
平成22年9月30日	日本格付研究所
平成22年9月30日	ムーディーズ・ジャパン
平成22年9月30日	ムーディーズSFジャパン
平成22年9月30日	スタンダード＆プアーズ・レーティング・ジャパン
平成22年9月30日	格付投資情報センター
平成22年12月17日	フィッチ・レーティングス・ジャパン
平成24年1月31日	日本スタンダード＆プアーズ

出所　金融庁のホームページ

果，格付会社の登録制度が導入され，信用格付業者に対する規制・監督の枠組みが適用されることになり，「指定格付機関制度」が廃止され，新たに「信用格付業者制度」がスタートすることになりました。

平成24年1月末時点で，信用格付業者はJCR，R&I，ムーディーズ，S&P，フィッチが登録を行っています（図表3）。

（2）金融商品取引法改正の目的

平成21年の金融商品取引法改正は，格付対象商品の発行者からの格付会社の独立性確保と利益相反の回避，格付プロセスの品質と公正性の確保，投資者等の市場参加者に対する透明性の確保の3つが規制の目的です。

規制の導入に際しては，①誠実義務，②情報開示，③体制整備，④禁止行為について，IOSCOの基本行動規範との整合性がとられています。

ここでは，投資家という視点から，どのような条文が盛り込まれているか，主な内容を抜き出してみました（図表4）。

業務管理体制の整備では専門的知識及び技能を有する者の配置を行うことなどが定められています。注目に値するのは，やはり業務改善命令と検査です。金融庁の監督下に置かれることになり，業務の公平性や透明性の確保を図る上では大きく進歩したと考えることができます。

（3）信用格付業者向けの監督指針（平成22年4月）

金融庁の監督下に入ったことから，新たに「信用格付業者向けの監督指針」が定められています（図表5）。

基本的考え方の中に，監督部局の役割として，定期的・継続的なヒアリングにより業務の状況を適切に把握することや，各種の情報の蓄積及び分析を行って，信用格付業を公正かつ的確に遂行するための業務管理体制の整備を始めとする法令等遵守の徹底を求めていくことが重要な役割であることが記載されています。

一方，信用格付は専門的な意見であることから，金融商品取引業等に関する

CHAPTER 7 格付会社に対する規制

> 図表4　金融商品取引法の関連条文（一部抜粋）
>
> （業務管理体制の整備）
> 　第66条の33　信用格付業者は，信用格付業を公正かつ的確に遂行するため，内閣府令で定めるところより，業務管理体制を整備しなければならない。（以下省略）
>
> （格付方針等）
> 　第66条の36　信用格付業者は，内閣府令で定めるところにより，信用格付を付与し，かつ，提供し又は閲覧に供するための方針及び方法を定め，公表しなければならない。
>
> （説明書類の縦覧）
> 　第66条の39　信用格付業者は，事業年度ごとに，業務の状況に関する事項として内閣府令で定めるものを記載した説明書類を作成し，（中略），インターネットの利用その他の方法により公表しなければならない。
>
> （業務改善命令）
> 　第66条の41　内閣総理大臣は，信用格付業者の業務の運営の状況に関し，公益又は投資者保護のため必要かつ適当であると認めるときは，（中略）改善に必要な措置をとるべきことを命じることができる。
>
> （報告の聴取及び検査）
> 　第66条の45　内閣総理大臣は，（中略）信用格付業者（中略）に対し当該信用格付業者の業務に関し参考となるべき報告若しくは資料の提出を命じ，又は当該職員に（中略）書類その他の物件の検査（括弧内省略）をさせることができる。

出所　金融商品取引法

　内閣府令において，金融庁長官が信用格付業者に対して法令に基づく権限を行使する際には，個別の信用格付などの具体的内容には関与しないとされていることから，監督当局としても，この点を踏まえて対応するとされています。
　すなわち，格付の妥当性や適切性ではなく，あくまで業務管理体制が整備されているかどうかを中心に監督されることとなります。
　監督手法・対応（Ⅲ-2-4）では，定期的・継続的なヒアリングを行って，課題が把握された場合には，必要に応じて報告を求めることを通じて自主的な改

| 図表5 | 信用格付業者向けの監督指針 |

```
              信用格付業者向けの監督指針
                                         平成 22 年 4 月
                      目次
  Ⅰ  基本的考え方
     Ⅰ-1  信用格付業者の監督に関する基本的考え方
     Ⅰ-2  監督指針策定の趣旨
  Ⅱ  信用格付業者の監督に係る事務処理上の留意点
  Ⅲ  監督上の評価項目と諸手続
     Ⅲ-1  経営管理
     Ⅲ-2  業務の適切性
           Ⅲ-2-1  業務管理体制の整備
           Ⅲ-2-2  禁止行為
           Ⅲ-2-3  情報開示
           Ⅲ-2-4  監督手法・対応
     Ⅲ-3  諸手続
           Ⅲ-3-1  登録
           Ⅲ-3-2  届出
           Ⅲ-3-3  業務管理体制の適用除外に係る承認
           Ⅲ-3-4  帳簿書類
```

出所　金融庁のホームページ

善状況を把握すること，公益又は投資家保護の観点から重大な問題があると認められる場合には，金融商品取引法の規定に基づく「業務改善命令」を発出するなどの対応を行うことが謳われています。

また，外国法人である信用格付業者については，当該信用格付業者の母国当局との適切な連携を図るものとするとしています。

≫4 格付の利用のあり方

日本証券業協会において検討されていた「格付の利用のあり方に関するワーキング・グループ」の「中間報告書」が平成23年6月27日に提示されています。

| 図表6 | 格付の有用性評価と格付の限界 |

4 格付を巡る現状認識
　(2) 格付の有用性評価
　　　本ワーキング・グループにおける意見交換では，コーポレートファイナンスに係る格付及びストラクチャードファイナンスに係る格付共に格付の有用性を評価しているとの意見が大勢であった。
　　　コーポレートファイナンスに係る格付について評価しているとする理由としては，①発行体における市場評価形成材料のひとつとして有用，②投資判断に必要な情報のひとつである，③リスク分析において必要な指標のひとつである，④販売商品の適否を判断する目安のひとつであるといった点が挙げられた。
　　　ストラクチャードファイナンスに係る格付について評価しているとする理由としては，①投資判断における共通的な指標であり他商品との比較検討に有用である，②分析手法等の開示により，投資基準構築の参考事例として役割を果たした，③格付手法に適合する商品組成により，商品の標準化が図られたといった点が挙げられた。
　　　また，一方で，特にストラクチャードファイナンスに係る格付については，裏付資産の分析等について専門性が求められるため，格付過程の透明性の向上も含め，格付への信頼性がより一層確保される方策が今後とも追求されるべきとする意見があった。

5 金融危機による影響
　(3) 格付の限界
　　　（前略）格付には限界があるとの認識が多くの委員の中で共有された。
　　　具体的には次のような意見があった。
　①　通常想定される経済情勢における将来の予測を示すものが格付であり，想定外の事象に対しては限界があるが，この点は与信審査や投資判断も同様である。
　②　想定外の事象までも格付に含めようとすると，通常の経済情勢における適切な格付付与ができなくなる。
　③　格付には状況変化に応じた格付評価を望む考え方と，安定的な格付評価を望む考え方という対立する考え方が存在している。
　④　コーポレートファイナンスに係る格付はさまざまな要因（業績や外部環境の変化など）により変動する可能性がある。
　⑤　ストラクチャードファイナンスに係る格付のうち新しい金融手法や複雑な金融商品など過去データの蓄積が少ないものについては，前提の多くの部分を仮定とした上でシミュレーションするため，想定と実際の結果とが乖離する可能性が高くなる。

> ⑥ 符号で表示するシンプル性と実際の格付の複雑性のギャップがある。
> ⑦ 公開情報のみをベースとすると格付の遅行性がある。
> ⑧ 急激な格下げにより更なる事態悪化の誘因となる。

出所　日本証券業協会「格付の利用のあり方に関するワーキング・グループ　中間報告書」平成23年6月27日

　図表6では，この中から格付を巡る現状認識の「格付の有用性の評価」と，金融危機による影響の「格付の限界」を抜き出しており，投資家として参考になると思います。

　そして，中間報告書のおわりに記載されている（今後の格付の利用のあり方）には"今般の金融危機を契機として，世界的に格付に対する規制が整備・拡充され，日本においても格付会社の登録制が導入されるなど，制度整備がなされたところである。当該格付規制に対する必要性については，多くの者において認識が共有された一方，格付に対する新たな規制はまだ導入されたばかりであり，新しい制度の定着や効果も更に見極めていく必要があることについても認識が共有された。"と締めくくっています。

【参考文献表示】
金融庁「信用格付機関の基本行動規範」（2004年12月23日仮訳）
金融庁「信用格付機関の活動に関する原則の実施に係る報告書」（平成23年3月2日）
金融庁「格付会社の基本行動規範の遵守状況の調査」（平成21年3月18日）
金融庁「信用格付業者向けの監督指針」（平成22年4月）
小立敬「格付参照の除去を図る米国SECの規制改正案」『野村資本市場クォータリー 2011 Spring』1〜5頁（野村資本市場研究所）
小立敬「証券会社のネット・キャピタル・ルールから格付参照の廃止を図る米国SECの提案」『野村資本市場クォータリー 2011 Summer』1〜9頁（野村資本市場研究所）
小立敬「格付け依存の是正を求める金融安定理事会」『野村資本市場クォータリー 2011 Winter』1〜8頁（野村資本市場研究所）
井上武「格付け機関規制を巡る欧州金融業界の混乱」『野村資本市場クォータリー 2011 Summer』1〜6頁（野村資本市場研究所）
三井秀範監修　野崎彰編『詳説　格付会社規制に関する制度』105〜122頁（商事法務，

2011年）
日本証券業協会「格付の利用のあり方に関するワーキング・グループ中間報告書」1～24頁（平成23年6月27日）

PART 2

社債投資のための格付利用法

　第2部では，実際に格付を利用する上で重要な事項をまとめています。

　格付を有効に利用するためには，格付会社間の格付格差を詳細に分析し，業種ごとの特徴を把握することが基本となります。

　分析・把握した上で，格付会社の提供している業種別格付方法のレポートや有価証券報告書を有効に活用し，社債等の投資判断や業績フォローを行う方法について述べています。

　また，格付には遅行性がありますので，格下げを事前に予測する方法について具体例を挙げて解説しています。

CHAPTER 1 格付格差の分析

▆一般事業会社585社の格付（2012年5月末）に関して，格付会社間のノッチ差を計算し，マトリックスを用いて詳細に分析しています。
　AA格は業界の中でもリーディングカンパニーだけに付与されるものです。日米格付会社からどのような企業がAA格を取得しているか，自己資本比率等を基準に分析しており，格付会社間のスタンスの違いも把握できます。
　投資家からすると，投資する下限をA格とするかBBB格とするかが分岐点となりますが，特に境目にあるA－とBBB－には留意が必要で，該当企業をリストアップし，格付会社間の格付格差をどう考えるかについても言及しています。

　JCR, R&I, ムーディーズ，S&Pの4社が格付した2012年5月末時点における金融（銀行，証券，保険）を除く，一般事業会社のうち585社を対象に格付ランクや格付会社間のノッチ差について分析を行いました。なお，フィッチは一般事業会社に対する格付は8社に止まっているため対象から除外していますが，フィッチの格付先は他の格付会社でも格付を付与していますので，除外してもしなくても，全体の社数には影響は生じません。

　次に該当する企業は対象から除外しています。
　①　その他金融
　②　未公開企業で財務データが不明な場合
　③　公共的色彩の強い企業
　④　持株会社が上場している場合における，母体となった子会社

　その他金融には，いわゆるノンバンクが多く含まれています。これらは業績や自己資本の厚みよりも銀行系か否かで格付が大きく異なるために一般事業会

社の枠から外しています。未公開企業に関しては，EDINET（金融商品取引法に基づく有価証券報告書等の開示書類に関する電子開示システム）で検索できたものは含め，検索できなかったものは除外しています。

　公共的色彩が強い企業の例としては日本放送協会や東京地下鉄があります。これらは一般事業会社とは異なる部分が多いために除外しています。

　持株会社との関係で母体となった子会社の例としては富士フイルムがあります。R&Iは富士フイルムホールディングス，富士フイルム，富士ゼロックスに格付しています。富士フイルムホールディングスとその完全子会社である富士フイルムは同じ業種（化学）の中に掲載されていますので，上場企業である富士フイルムホールディングスのみを採用しています。ただし，富士ゼロックスは富士フイルムホールディングスの議決権割合は75％で業種（電機機器）も異なることから採用しています。

　なお，持株会社を示す「ホールディングス」という用語に関しては，以下「HD」と省略形で示します。また，格付の「〇〇格」にはプラス，フラット，マイナスを含みます。例えば，AA格はAA＋，AA，AA－を総称するものとしています。

　このほか，自己資本等の財務数値は2011年中に迎えた本決算の数値，すなわち2011年1月期から2011年12月期までのものを用いています。

　ここでは，格付に最も影響を与える財務指標を自己資本と自己資本比率と考えて，自己資本を主に，自己資本比率を従として分析を行っています。

≫1 格付件数

　日系2社に関しては，JCRが353社，R&Iが409社とR&Iの格付先のほうが少し多くなっています。JCRには非依頼格付が20社含まれることから，実際の差はもう少し拡大します。R&IはJBRIとNISの上位2社が合併したことを考慮すると，獲得社数においてJCRが健闘していることがわかります。

| 図表1 | JCRとR&Iの自己資本別格付分布 |

JCR

自己資本	AAA	AA+	AA	AA-	A+	A	A-	BBB+	BBB	BBB-	BB+	BB	D	合計	占率
1兆円以上	3	6	3	4	3	1								20	6%
5,000億円~1兆円	1	5	6	5	8	2	2							29	8%
2,000億円~5,000億円	1	4	9	8	18	8	6	6	2				1	63	18%
1,000億円~2,000億円	1			5	14	25	21	7	2	1				76	22%
500億円~1,000億円				1	3	18	22	15	7					66	19%
500億円未満						7	11	28	34	17	2			99	28%
合計	6	15	18	23	46	61	62	56	45	18	2	0	1	353	100%

R&I

自己資本	AAA	AA+	AA	AA-	A+	A	A-	BBB+	BBB	BBB-	BB+	BB	D	合計	占率
1兆円以上		6	9	12	5	4	1		1					38	9%
5,000億円~1兆円		3	9	13	9	6	4	1						45	11%
2,000億円~5,000億円			4	20	14	27	17	4	7	2		1		96	23%
1,000億円~2,000億円			1		6	37	30	16	8	1		1		100	24%
500億円~1,000億円					1	11	24	15	11	2	2	1		67	16%
500億円未満						2	6	17	25	11	2			63	15%
合計	0	10	22	45	35	87	82	53	52	16	4	3	0	409	100%

出所　格付会社各社のホームページより筆者作成

　両社の格付先の分布を俯瞰すると，自己資本1,000億円以下の比較的小さな企業の格付は，JCRが47％と多いのに対して，R&Iでは31％と少なくなっています（図表1）。それとは反対に2,000億円以上の企業はJCRが32％であるのに対して，R&Iは44％と高く，JCRは小型の企業，R&Iは大型の企業に強いことが窺えます。

　そのほか，JCRはAAAを多く付与していることや，自己資本が2,000億円以下の企業にもAA格を付与していることに特徴を見出すことができます。

　図表2は，米系2社の比較をしたものです。格付先はムーディーズが62社，

CHAPTER 1 格付格差の分析

| 図表2 | ムーディーズとS&Pの自己資本別格付分布 |

ムーディーズ

自己資本	Aaa	Aa1	Aa2	Aa3	A1	A2	A3	Baa1	Baa2	Baa3	Ba1	Ba2	Ba3	B1	合計	占率
1兆円以上		1	3	8	4	4	7	4						1	32	52%
5,000億円～1兆円				1	2	3	3	2	4	1					16	26%
2,000億円～5,000億円					2	1	6			2					11	18%
1,000億円～2,000億円				1						1					2	3%
500億円～1,000億円											1				1	2%
500億円未満															0	0%
合計	0	1	3	10	8	8	16	6	4	4	1	0	0	1	62	100%

S&P

自己資本	AAA	AA+	AA	AA-	A+	A	A-	BBB+	BBB	BBB-	BB+	BB	BB-	B+	合計	占率
1兆円以上			3	7	5	4	2	7						1	29	51%
5,000億円～1兆円				3	1	6	2		3	1					16	28%
2,000億円～5,000億円						5				1		1		1	8	14%
1,000億円～2,000億円				1				1							2	4%
500億円～1,000億円											1		1		2	4%
500億円未満															0	0%
合計	0	0	3	11	6	15	4	7	4	2	1	1	1	2	57	100%

出所　格付会社各社のホームページより筆者作成

S&Pが57社です。ただし，ムーディーズの中には非依頼格付先が10社含まれていますので，実質的にはS&Pの件数が少し多い状況にあります。

対象とする企業規模に関しては，両社とも，自己資本が5,000億円以上ある，上場会社の中でも大きな企業を対象に格付を行っていることがわかります。

≫2 格付ノッチ差

図表3は格付会社間のノッチ差を計算したものです。なお，計算にあたり格

図表3	格付ノッチ差

ノッチ差

格付会社	社数	差
JCR-R&I	180	0.89
JCR-ムーディーズ	34	3.32
JCR-S&P	23	3.22

格付会社	社数	差
R&I-ムーディーズ	57	1.81
R&I-S&P	53	1.77
ムーディーズ-S&P	39	0.18

出所　格付会社各社のホームページ等より筆者作成

図表4	JCRとR&Iの格付格差

JCR-R&I

JCR＼R&I	AAA	AA+	AA	AA−	A+	A	A−	BBB+	BBB	BBB−	BB以下	なし	合計
AAA	0	4	1	1								0	6
AA+		2	7	6								0	15
AA			1	13	2							2	18
AA−				0	10	3						10	23
A+					3	25	6					12	46
A						13	19	1	1			27	61
A−							8	17	1			36	62
BBB+								6	13	1		36	56
BBB									8	3		34	45
BBB−										3	2	13	18
BB以下											0	3	3
なし	0	4	13	25	20	46	49	29	29	9	5	3	232
合計	0	10	22	45	35	87	82	53	52	16	7	176	585

出所　格付会社各社のホームページより筆者作成

付BB格以下は件数もわずかなことから，例えばBB＋とBB－は同じ格付とみなして簡便的に計算しています。

　JCRとR&Iのノッチ差は0.89で，JCRはR&Iよりも概ね1ノッチ高いことがわかります。図表4は両社が付与した個別格付を示したものです。縦軸はJCRの格付，横軸はR&Iの格付を示しています。これを見ると，いずれの格付でも乖離がありますが，特にAA－以上の高い格付で差が大きくなっている

CHAPTER 1　格付格差の分析

図表5　JCRとムーディーズの格付格差

JCR-ムーディーズ

JCR \ ムーディーズ	Aaa	Aa1	Aa2	Aa3	A1	A2	A3	Baa1	Baa2	Baa3	Ba1以下	なし	合計
AAA			2	3	1							0	6
AA+				3	1		5					6	15
AA					1	1	3					13	18
AA−							2	1				20	23
A+								4	2			40	46
A										1	1	59	61
A−										1		61	62
BBB+										1		55	56
BBB										1		44	45
BBB−												18	18
BB以下												3	3
なし	0	1	1	4	5	7	6	1	2	0	1	204	232
合計	0	1	3	10	8	8	16	6	4	4	2	523	585

出所　格付会社各社のホームページより筆者作成

ことがわかります。特徴的なことは，R&Iのほうが高い格付を付与している先が見当たらないことです。JCRの格付を1ノッチ右に移動させる（1ノッチ下げる）と，そこから1ノッチ差にほとんどが収まってバラツキが生じないことから，格付する際の評価ポイント自体には大きな差異はなく，どの格付符号を付与するかの判断が異なっているだけであると推定できます。

　JCRとムーディーズでは3.32ノッチもの大差が生じています。格付符号は同じアルファベットですが，意味する内容が全く異なっているわけです。図表5で分布状況を観察すると，平均的に3.32ノッチの差があるのではなく，右下がりの傾斜が緩やかになっていることに気が付きます。JCRのAA+とムーディーズのA3がクロスするポイントに5社が集中していますが，これは関西電力などの電力5社です。仮にこの5社と東京電力の格付格差を除いて計算すると，ノッチ差は2.96にまで縮小しますが，それでも3ノッチ程度の格差は存在します。

　もう1つ興味深いことは，JCRのAA格の多くが，ムーディーズではA3と

図表6　JCRとS&Pの格付格差

JCR \ S&P	AAA	AA+	AA	AA−	A+	A	A−	BBB+	BBB	BBB−	BB以下	なし	合計
AAA			1	3		1						1	6
AA+				2	1	1						11	15
AA						1		1				16	18
AA−						1	1	3				18	23
A+								2	1			43	46
A									1		1	59	61
A−												62	62
BBB+											1	55	56
BBB										1		44	45
BBB−												18	18
BB以下												3	3
なし	0	0	2	6	5	11	3	1	2	1	3	198	232
合計	0	0	3	11	6	15	4	7	4	2	5	528	585

出所　格付会社各社のホームページより筆者作成

なっていることです。A3はA格における下限ですので，ムーディーズとしてもA格を意識した格付になっているのでないかと推量します。すなわち，JCRがAA格と認識する優良企業に関しては，ムーディーズも同社で定めるA格の優良企業と認識していると思われます。

また，JCRのAからBBBまでの4社についてムーディーズではすべてBaa3としています。この4社はソフトバンク，DIC，コスモ石油，双日ですが，結果的に見るとムーディーズはこの4社を投資適格と認識して格付を行っていると考えることもできます。

図表6はJCRとS&Pの格付を比較したもので，3.22ノッチの差となっています。両社が共に格付している社数は23社と少ないので，1つの格付格差が全体に与える影響が大きくなるリスクはあります。図表6を見るとかなり分散された感じを受けます。5ノッチ差が2社あり，JCRがAAA，S&PがAとしている電源開発（Jパワー）と，JCRがAA，S&PがBBB+としている新日本製鐵です。なお，東京電力についてJCRはA，S&PはB+を付けており，実に8

図表7　R&Iとムーディーズの格付格差

R&I−ムーディーズ

R&I \ ムーディーズ	Aaa	Aa1	Aa2	Aa3	A1	A2	A3	Baa1	Baa2	Baa3	Ba1以下	なし	合計
AAA												0	0
AA+		1	2	4								3	10
AA				6	3							13	22
AA−					4	6	9					26	45
A+						1	5					29	35
A						1	1	6	1			78	87
A−							1		3			78	82
BBB+												53	53
BBB									1	2		49	52
BBB−												16	16
BB以下												7	7
なし	0	0	1	0	1	0	0	0	0	0	3	171	176
合計	0	1	3	10	8	8	16	6	4	1	5	523	585

出所　格付会社各社のホームページより筆者作成

ノッチの差が生じています。

次に，R&Iと米系格付会社との格差を分析します（図表7）。

R&Iとムーディーズでは1.81ノッチの差です。図表7の中で3ノッチの差があるのは，R&IがAA−，ムーディーズがA3の9社と，R&IがAでムーディーズがBaa2の1社です。前者は電力6社と新日本製鐵，ブリヂストン，サントリーHD，後者は日本郵船が該当します。

なお，R&Iは高炉各社をレーティング・モニターとして見直しを行い，新日本製鐵に関しては6月にA+に格下げしていますので，その後は2ノッチ差まで縮小しています。

海運業界については，競争が激しい上に運賃の価格変動が大きいことから米系格付会社が海運各社を低目に格付し，ムーディーズは商船三井をBaa1に，S&Pは川崎汽船をBBにしています。

続いてR&IとS&Pですが，1.77ノッチの差があります。4ノッチ開いているのはR&IがAA−でS&PがBBB+の新日本製鐵で，3ノッチはR&IがA−

| 図表8 | R&IとS&Pの格付格差 |

R&I–S&P

R&I \ S&P	AAA	AA+	AA	AA−	A+	A	A−	BBB+	BBB	BBB−	BB以下	なし	合計
AAA												0	0
AA+			2	7								1	10
AA				4	3	1						14	22
AA−					3	11		1				30	45
A+						1	2	3				29	35
A							2	2				83	87
A−								1	3	1		77	82
BBB+												53	53
BBB										1	2	49	52
BBB−											1	15	16
BB以下											2	5	7
なし	0	0	1	0	0	2	0	0	1	0	0	172	176
合計	0	0	3	11	6	15	4	7	4	2	5	528	585

出所　格付会社各社のホームページより筆者作成

| 図表9 | ムーディーズとS&Pの格付格差 |

ムーディーズ–S&P

ムーディーズ \ S&P	AAA	AA+	AA	AA−	A+	A	A−	BBB+	BBB	BBB−	BB以下	なし	合計
AAA												0	0
AA+			1									0	1
AA			2	1								0	3
AA−				6	1							3	10
A+					3	4						1	8
A					1	4						2	7
A−						1	1	3				11	16
BBB+							1	2				3	6
BBB								2	1			1	4
BBB−									1	2		2	5
BB以下											2	0	2
なし	0	0	0	4	1	6	1	2	1	0	3	505	523
合計	0	0	3	11	6	15	3	7	4	3	5	528	585

出所　格付会社各社のホームページより筆者作成

でS&PがBBB－の日本電気です（図表8）。

　最後に米系2社間の格差ですが，これは0.18ノッチとほとんど差がない状況です。図表9を見ればわかるように，個別に見ても2ノッチの差が生じているものが見当たりません。41社のうち，同じ格付が24社，ムーディーズのほうが1ノッチ高いものが11社，逆に1ノッチ低いものが7社です。このように両社の格付は投資家から見て，どちらの格付でもほぼ同等と見ることができます。投資家からすれば，こういった差のない状況が理想的で，両社の格付を代替可能なものとして活用することができます。

》3　AA格の分析

　格付ランクを見る場合には，3つの切り口があります。AA格以上の企業，A格とりわけA－の企業，そして投資適格とみなされる下限に位置するBBB－の企業です。

　AA格は名実ともに一流企業です。AA格は上場会社の中でもほんの一握りにすぎず，業界のリーディングカンパニーだけがAA格を得る資格を有しているといえます。

　ここでは，AA格を，自己資本1兆円以上，自己資本5,000億円以上，それ以下の3つに区分して，分析を進めます。

（1）自己資本1兆円以上

　自己資本が1兆円以上ある企業は全部で39社あります（図表10参照）。このうちの32社はいずれかの格付会社からAA格以上を得ています。

　AA格を取得できていないのは，日産自動車，パナソニック，ソニー，KDDI，JXHD，シャープの7社ですが，これは以下のような理由によるものと考えます。

　自動車業界で現在勝ち残っているのは，かなり大きな企業です。国際的な販売競争が激しい状況下，R&Iの格付では，トヨタと本田がAA格で，日産は

図表10　自己資本1兆円以上の企業

単位：億円

	企業名	売上高	純利益	総資産	自己資本	自己資本比率	JCR	R&I	ムーディーズ	S&P
1	トヨタ自動車	189,936	4,081	298,182	103,324	34.7%		AA+	Aa3	AA−
2	日本電信電話	103,050	5,096	196,656	80,207	40.8%			Aa2	AA
3	エヌ・ティ・ティ・ドコモ	42,242	4,904	67,916	48,504	71.4%	AAA	AA+	Aa2	AA
4	本田技研工業	89,368	5,340	115,709	44,500	38.5%		AA	A1	A+
5	三菱商事	52,068	4,631	113,474	32,844	28.9%		AA−	A1	A+
6	日産自動車	87,730	3,192	107,367	29,414	27.4%	A+	A	Baa1	BBB+
7	パナソニック	86,926	740	78,229	25,590	32.7%		A+	A2	A−
8	キヤノン	35,574	2,486	39,307	25,511	64.9%		AA+	Aa1	
9	ソニー	71,812	△2,595	129,250	25,480	19.7%		A	Baa1	BBB+
10	三井物産	46,794	3,066	85,981	23,662	27.5%		AA−	A2	A+
11	KDDI	34,345	2,551	37,789	21,033	55.7%	A+			
12	武田薬品工業	14,193	2,478	27,864	20,916	75.1%		AA+	Aa3	AA−
13	国際石油開発帝石	9,430	1,286	26,804	19,968	74.5%		AA−	A2	A
14	デンソー	31,314	1,430	33,804	19,624	58.1%		AA+		AA−
15	新日本製鐵	41,097	931	50,009	18,608	37.2%	AA		A3	BBB+
16	関西電力	27,697	1,231	73,102	18,108	24.8%	AA+		A3	
17	東日本旅客鉄道	25,373	762	70,429	18,094	25.7%	AAA	AA+	Aa2	
18	富士フイルムHD	22,170	638	27,088	17,225	63.6%		AA	Aa3	
19	セブン&アイHD	51,197	1,119	37,321	17,025	45.6%	AA+	AA	Aa3	AA−
20	中部電力	23,308	845	53,320	16,601	31.1%		AA−	A3	A
21	JXHD	96,343	3,117	62,600	16,283	26.0%	A+	A	Baa1	
22	住友商事	31,001	2,002	72,305	15,705	21.7%		AA−	A2	A
23	東京電力	53,685	△12,473	147,904	15,581	10.5%	A	BBB	B1	B+
24	日本たばこ産業	61,945	1,449	35,719	15,143	42.4%		AA	Aa3	A+
25	日立製作所	93,158	2,388	91,856	14,399	15.7%	AA−	A+	A3	BBB+
26	ジェイエフイーHD	31,955	586	39,766	14,376	36.2%	AA	AA−		
27	信越化学工業	10,582	1,001	17,842	14,268	80.0%	AA+	AA	Aa3	
28	三菱重工業	29,037	301	39,890	12,621	31.6%	AA−	A+		BBB+
29	東海旅客鉄道	15,030	1,338	52,530	12,066	23.0%	AAA	AA	Aa3	
30	三菱地所	9,884	642	42,452	12,023	28.3%	AA+	AA	A1	A+
31	伊藤忠商事	36,496	1,609	56,737	11,548	20.4%	AA−	A	Baa1	A−
32	大塚HD	10,902	810	15,896	11,501	72.4%		AA−		
33	ブリヂストン	30,243	1,029	26,773	11,306	42.2%	AA	AA−	A3	
34	九州電力	14,860	287	41,855	10,625	25.4%	AA+	AA−	A3	
35	三菱電機	36,453	1,245	33,327	10,503	31.5%		AA−	A1	A
36	豊田自動織機	14,798	472	24,815	10,282	41.4%		AA		AA−
37	シャープ	30,219	194	28,857	10,260	35.6%	A+	A−		BBB+
38	三井不動産	14,052	499	37,807	10,199	27.0%	AA−	A+	A3	BBB+
39	アステラス製薬	9,539	676	13,351	10,195	76.4%	AA+	AA	Aa3	

出所　格付会社各社のホームページ等より筆者作成

財務体質が多少劣ることもありA格となっています。

電機業界は国際競争力が低下し，サムスン等海外勢との競争で劣位にあります。これを反映してR&Iは日立やパナソニックなど上位でもA格レベルとしています。ソニーやシャープは特に元気がありません。かつて，日本を代表する優良企業であったソニーは業績不振でA格に落ちていますし，シャープは2012年3月期に3,000億円を超える当期赤字を計上し，自己資本も1兆円から6,000億円台にまで縮小しています。

KDDIはR&IからA＋を取得しているだけでJCRからは取得していませんが，携帯電話3社の競争が激しいことから，現状ではA格となっているものと考えられます。

JXHDは元を辿れば新日本石油，三菱石油，共同石油，日本鉱業という有力各社が統合した企業で売上高ではわが国有数です。ガソリンスタンドの数が減少していることからわかるように国内の石油需要は減少傾向にあります。また，非鉄金属セグメントではチリの銅山などに多額の開発投資を行っています

図表11	格付各社のカバー率			
	JCR	R&I	ムーディーズ	S&P
AAA	3	0	0	0
AA+	6	6	1	0
AA	3	9	3	3
AA−	4	12	8	7
A+	3	5	4	5
A	1	3	4	4
A−	0	1	7	2
BBB以下	0	1	5	7
合計	20	37	32	28
格付カバー率	51%	95%	82%	72%
AA以上	16	27	12	10
AA以上の占率	80%	73%	38%	36%
非依頼格付	5	0	2	0

出所　格付会社各社のホームページ等より筆者作成

が，事業リスクが高く，かつ非鉄金属は価格変動が大きいなどの要因でAA格に届いていないものと考えることができます。

図表11は39社のうち，格付会社が何社の格付を付与しているかというカバー率を計算したものです。これによると，R&Iが95%と最も高く，続いてムーディーズ，S&P，JCRの順となっていることがわかります。JCRの格付カバー率は51%ですが，その中には非依頼格付5社が含まれていますので，これを除くと38%に下がります。

米系2社の格付件数はさほど多くはないのですが，自己資本1兆円を超えるような日本を代表する大企業に限ってみれば，多くの格付をしていることがわかります。海外の投資家が日本に投資をする場合には，通常は業種分散を図ることと，業種の中でも上位企業に対して投資を行います。その際には，米系2社の格付を見るのが普通です。米系2社のカバー率は82%と72%ですが，両社のいずれもが格付を付与していないのは39社中わずか3社であり，米系格付会社という視点から見たカバー率は92%にまで高まります。

AA格以上に付与した占率はJCRが80%とトップで，R&Iが73%と続きます。これに対して米系2社は38%と36%です。格付ノッチ差で分析したように，格付の水準が日米の格付会社では全く異なっているわけです。

（2）自己資本5,000億円以上1兆円未満

自己資本が5,000億円以上で1兆円未満の会社は51社あります。図表12では自己資本比率の順番に並べています。

28番目のエヌ・ティ・ティ・データまでが自己資本比率40%以上です。これを境目として格付AA格を取得する率を分析してみたものが，図表13です。

自己資本比率40%以上に限れば，JCRでは85%，R&Iでも81%と高い比率でAA格を取得しています。このことから，日系2社に関しては，自己資本1兆円以上あるいは自己資本5,000億円以上でかつ自己資本比率40%以上の企業の多くがAA格であるということができます。

米系格付会社からAA格を取得しているのは，公共セクターである東京瓦斯

CHAPTER 1 格付格差の分析

| 図表12 | 自己資本5,000億円以上1兆円未満の企業 |

単位：億円

	企業名	売上高	純利益	総資産	自己資本	自己資本比率	JCR	R&I	ムーディーズ	S&P
1	ローム	3,418	96	7,600	6,668	87.7%	AA−			
2	田辺三菱製薬	4,095	377	8,187	6,902	84.3%	A+	A+		
3	村田製作所	6,179	534	9,885	8,211	83.1%		AA		
4	協和発酵キリン	3,437	256	6,588	5,388	81.8%		A+		
5	SMC	3,251	477	7,162	5,358	74.8%		AA		
6	東京エレクトロン	6,687	719	8,092	5,727	70.8%	AA	AA−		
7	住友金属鉱山	8,640	839	10,524	6,301	59.9%	A+			
8	第一三共	9,673	701	14,802	8,490	57.4%		AA	A1	
9	ヤマトHD	12,365	332	8,994	5,156	57.3%		AA−		
10	味の素	12,076	304	10,774	6,082	56.5%		AA		AA−
11	大日本印刷	15,893	250	16,498	9,085	55.1%		AA		
12	積水ハウス	14,883	304	13,413	7,370	54.9%	AA	AA−		
13	セコム	6,638	608	10,944	5,922	54.1%	AA+	AA		
14	花王	11,868	467	10,228	5,289	51.7%		AA		
15	TDK	8,757	452	10,609	5,343	50.4%		AA−	A2	A
16	住友電気工業	20,338	706	19,563	9,490	48.5%	AA	AA−	A1	A
17	旭硝子	12,146	952	16,916	8,074	47.7%		AA		A
18	東京瓦斯	15,352	954	18,297	8,589	46.9%	AAA	AA+	Aa3	AA−
19	クボタ	9,336	548	13,569	6,349	46.8%				
20	旭化成	15,983	602	14,259	6,636	46.5%	AA	AA−	A2	
21	大阪瓦斯	11,871	459	14,373	6,650	46.3%	AA+	AA+		AA−
22	住生活グループ	12,149	157	11,668	5,270	45.2%	AA−	A+		
23	スズキ	26,082	451	22,243	9,696	43.6%		A		
24	凸版印刷	15,564	121	16,943	7,340	43.3%		AA−		
25	小松製作所	18,431	1,507	21,491	9,238	43.0%		AA−	A2	A
26	アサヒグループHD	14,627	550	15,299	6,417	41.9%	AA−	A+		
27	リコー	19,420	196	22,624	9,299	41.1%		AA−		A
28	エヌ・ティ・ティ・データ	11,619	373	14,686	6,016	41.0%	AA+	AA+		
29	東レ	15,396	579	15,675	5,929	37.8%		A+		
30	商船三井	15,436	582	18,687	6,608	35.4%	A+	A	Baa1	
31	アイシン精機	22,574	696	19,782	6,868	34.7%		AA−		A+
32	大和ハウス工業	16,901	272	19,342	6,342	32.8%	AA	AA−		
33	日本郵船	19,291	785	21,268	6,846	32.2%	A+	A	Baa2	
34	住友金属工業	14,024	△71	24,408	7,668	31.4%	AA−			
35	キリンHD	20,717	74	28,542	8,529	29.9%		A+	A3	
36	日本電気	31,154	△125	26,289	7,571	28.8%		A−	Baa2	BBB−
37	富士通	45,283	550	30,241	8,212	27.2%		A+	A3	A−
38	全日本空輸	13,576	233	19,280	5,203	27.0%	A−	BBB+		
39	西日本旅客鉄道	12,135	349	26,724	6,888	25.8%	AA+	AA		

40	神戸製鋼所	18,585	529	22,315	5,486	24.6%	A+			
41	豊田通商	57,436	471	24,362	5,955	24.4%	AA−	A+		A
42	イオン	50,965	596	37,746	8,874	23.5%		A		A−
43	中国電力	10,942	17	28,311	6,569	23.2%	AA+	AA−	A3	
44	三菱ケミカルHD	31,667	835	32,940	7,582	23.0%	A+	A		
45	住友化学	19,824	244	23,673	5,225	22.1%	A+	A	Baa1	
46	東北電力	17,087	△337	40,289	8,273	20.5%	AA	A+		
47	出光興産	36,593	606	25,178	5,145	20.4%	A−			
48	丸紅	36,838	1,365	46,791	7,736	16.5%	A+	A−	Baa2	BBB
49	住友不動産	7,447	509	32,342	5,262	16.3%	A	A−		
50	東芝	63,985	1,378	53,793	8,681	16.1%		A−	Baa2	BBB
51	ソフトバンク	30,046	1,897	46,557	6,193	13.3%	A		Baa3	BBB

出所　格付会社各社のホームページ等より筆者作成

図表13　自己資本比率40％を基準とした分析

	自己資本比率40％以上				自己資本比率40％未満			
	JCR	R&I	ムーディーズ	S&P	JCR	R&I	ムーディーズ	S&P
AA格以上	11	21	1	3	6	4	0	0
A格	2	5	5	5	10	14	3	4
BBB格	0	0	0	0	0	1	7	4
合計	13	26	6	8	16	19	10	8
AA格以上比率	85%	81%	17%	38%	38%	21%	0%	0%

出所　格付会社各社のホームページ等より筆者作成

と大阪瓦斯，それに味の素だけです。40％未満となると格付AA格を取得している会社はありません。それどころか，A格より下のBBB格の企業が多いことがわかります。

（3）自己資本5,000億円未満

　図表14では，自己資本が5,000億円未満の企業で，格付AA格を得ている先を抜き出しています。自己資本が4,000億円台の企業は全体で21社あるのですが，そのうちの11社がAA格を取得しています。AA格取得率は52％となるので，4,000億円台であれば，5,000億円以上の企業と大差がない状況です。

　4,000億円を下回るあたりから，業種や業界，個別企業の競争力など各種の

CHAPTER 1 格付格差の分析

| 図表14 | 自己資本5,000億円未満でAA格の企業 |

単位：億円

	企業名	売上高	純利益	総資産	自己資本	自己資本比率	JCR	R&I	ムーディーズ	S&P
1	電通	18,334	216	11,333	4,929	43.5%		AA		
2	ヤマダ電機	21,532	707	9,290	4,690	50.5%	AA−			
3	日本通運	16,171	85	11,475	4,675	40.7%		AA−		
4	日本電気硝子	3,901	686	6,926	4,637	67.0%	AA−			
5	フジ・メディアHD	5,896	100	7,238	4,569	63.1%		AA−		
6	中外製薬	3,735	352	5,334	4,568	85.6%		AA−		
7	サントリーHD	18,027	626	17,301	4,563	26.4%	AA	AA−	A3	
8	日東電工	6,385	557	6,540	4,176	63.9%	AA	AA−		
9	電源開発	6,359	195	20,124	4,158	20.7%	AAA	AA−	A1	A
10	エーザイ	7,689	673	10,463	4,042	38.6%		AA−		
11	北海道電力	5,662	119	16,416	4,000	24.4%	AA+	AA−	A3	
12	YKK	5,448	101	6,903	3,823	55.4%		AA−		
13	HOYA	4,133	597	5,786	3,768	65.1%	AA	AA		
14	東燃ゼネラル石油	26,771	1,327	11,135	3,594	32.3%	AA−			
15	オリエンタルランド	3,561	229	5,746	3,578	62.3%	AA	AA−		
16	北陸電力	4,941	190	13,812	3,546	25.7%	AA+	AA−	A3	
17	四国電力	5,921	236	13,799	3,512	25.5%	AA+	AA−		A
18	クラレ	3,631	287	5,073	3,431	67.6%	AA−	A+		
19	テルモ	3,282	323	4,200	3,352	79.8%		AA−		
20	オムロン	6,178	267	5,628	3,128	55.6%		AA−		A
21	日本碍子	2,393	244	4,793	3,067	64.0%		AA−		
22	富士ゼロックス	7,047	186	6,335	2,937	46.4%		AA		
23	日清製粉グループ本社	4,241	141	3,894	2,788	71.6%	AA			
24	JSR	3,406	275	3,906	2,627	67.3%		AA−		
25	三菱地所レジデンス	2,155	△95	5,088	2,559	50.3%	AA			
26	京王電鉄	3,911	92	7,470	2,514	33.7%	AA	AA−		
27	上組	2,195	128	3,035	2,503	82.5%		AA−		
28	野村総合研究所	3,263	231	3,800	2,298	60.5%		AA−		
29	コカ・コーラウエスト	3,997	69	3,425	2,274	66.4%	AA−	A+		
30	東邦瓦斯	4,368	144	4,956	2,214	44.7%	AA+	AA		
31	東宝	1,989	113	3,292	2,146	65.2%	AA	AA−		
32	丸一鋼管	1,157	102	2,586	2,103	81.3%	AA−			
33	ファミリーマート	3,198	180	4,360	2,096	48.1%	AA−			
34	小田急電鉄	5,146	104	12,764	2,041	16.0%	AA−	A+		
35	三菱倉庫	1,758	69	3,504	2,039	58.2%	AA	A+		
36	ベネッセHD	4,128	205	4,051	1,870	46.2%	AA−			
37	日本原子力発電	1,751	8	8,164	1,783	21.8%	AA−	A		
38	トヨタ紡織	9,837	114	5,045	1,651	32.7%	AA−			
39	東海ゴム工業	2,724	99	2,446	1,449	59.2%	AA−	A		

40	沖縄電力	1,584	80	3,852	1,254	32.6%	AAA	AA+	Aa3	AA−
41	ダイビル	348	37	2,917	1,140	39.1%	AA−			
42	西部瓦斯	1,628	46	2,675	599	22.4%	AA−	A+		

出所　格付会社各社のホームページ等より筆者作成

要因によって，AA格やA格，さらにはBBB格になります。大雑把ですが，自己資本比率が極めて高い企業，公共セクター，業界を代表するような企業がAA格を取得しています。

　自己資本2,000億円前後から下では40番目にある沖縄電力という例外を除けば，JCRだけがAA格を付与しています。

　その典型的なものは32番目にある丸一鋼管という企業です。鉄鋼業界の中で売上高1,157億円というのは，かなり小柄な企業といえます。ただし，自己資本は2,103億円と売上高の2倍近くもある会社で自己資本比率も80％を超えています。その内容も自己資本2,103億円うち利益剰余金が2,023億円も占めるなど驚異的なものです。過去において十分な利益蓄積をし，そして現在も毎期着実に利益を計上し，収益は安定しています。こういった企業をJCRは高く評価しています。

　なお，沖縄電力は他の9電力の系統とは独立した存在で，沖縄振興措置法の特別措置を受けるなど実質的に地域独占状態にあり，かつ原発も保有していないこと等が評価されて日系のみならず米系格付会社からも極めて高い評価を受けています。

≫4　A−の分析

　一般的に大手企業はA格取得を目標にしています。A格であれば，胸を張って，証券市場を闊歩することができます。A格であれば社債の発行も容易ですし，有利な発行条件で起債可能です。

　BBB＋とA−とは1ノッチの差ですが，天と地というか雲泥の差があります。

CHAPTER 1 格付格差の分析

| 図表15 | JCRがA－を付与した企業 |

単位：億円

	企業名	売上高	純利益	総資産	自己資本	自己資本比率	JCR	R&I
1	全日本空輸	13,576	233	19,280	5,203	27.0%	A－	BBB+
2	出光興産	36,593	606	25,178	5,145	20.4%	A－	
3	いすゞ自動車	14,155	515	11,125	3,281	29.5%	A－	BBB+
4	森ビル	2,091	70	11,856	2,899	24.5%	A－	
5	昭和電工	8,541	169	9,413	2,519	26.8%	A－	
6	ユニー	11,127	60	9,401	2,388	25.4%	A－	
7	IHI	11,872	297	13,614	2,381	17.5%	A－	BBB
8	東急不動産	5,714	115	11,614	2,086	18.0%	A－	
9	SUMCO	2,769	△655	5,618	1,964	35.0%	A－	
10	宇部興産	6,160	172	6,615	1,870	28.3%	A－	BBB+
11	名古屋鉄道	6,097	89	11,494	1,858	16.2%	A－	BBB+
12	東京建物	1,669	△717	8,980	1,849	20.6%	A－	
13	京成電鉄	2,378	120	7,171	1,762	24.6%	A－	BBB+
14	福山通運	2,556	83	3,535	1,722	48.7%	A－	BBB+
15	東ソー	6,843	100	7,259	1,648	22.7%	A－	
16	エイチ・ツー・オーリテイリング	4,650	31	3,442	1,511	43.9%	A－	BBB+
17	ITHD	3,231	59	3,011	1,436	47.7%	A－	
18	エディオン	9,010	162	4,034	1,411	35.0%	A－	BBB+
19	ミツミ電機	1,874	△35	1,918	1,397	72.8%	A－	
20	京阪電気鉄道	2,595	64	6,062	1,339	22.1%	A－	A－
21	住友大阪セメント	2,012	13	3,117	1,277	41.0%	A－	A－
22	三井金属鉱業	4,464	211	4,110	1,259	30.6%	A－	BBB+
23	東洋紡績	3,405	41	4,435	1,258	28.4%	A－	BBB+
24	サッポロHD	4,540	31	5,507	1,232	22.4%	A－	BBB+
25	セントラル硝子	1,605	50	2,112	1,120	53.0%	A－	
26	東邦HD	10,596	72	5,183	1,109	21.4%	A－	
27	日清オイリオグループ	3,052	21	2,323	1,089	46.9%	A－	A－
28	DIC	7,789	157	7,038	1,077	15.3%	A－	
29	ニプロ	1,959	24	4,765	1,065	22.4%	A－	BBB+
30	AOKIHD	1,325	35	1,661	988	59.5%	A－	
31	ミライトHD	1,861	305	1,483	986	66.5%	A－	A－
32	日本土地建物	589	20	5,548	936	16.9%	A－	
33	椿本チエイン	1,382	60	1,842	834	45.3%	A－	
34	パルコ	2,676	44	2,221	818	36.8%	A－	A－
35	岡村製作所	1,692	6	1,618	765	47.3%	A－	
36	加藤産業	7,024	63	2,186	735	33.6%	A－	
37	日鉄鉱業	1,077	16	1,361	681	50.0%	A－	
38	J-オイルミルズ	1,720	17	1,408	665	47.2%	A－	
39	日本紙パルプ商事	4,821	34	2,602	660	25.4%	A－	A－

40	理想科学工業	768	62	899	621	69.1%	A−	
41	日本ケミコン	1,277	32	1,347	612	45.4%	A−	BBB+
42	バロー	3,791	42	1,901	610	32.1%	A−	
43	センコー	2,410	22	1,773	590	33.3%	A−	BBB+
44	鴻池運輸	2,111	4	1,570	581	37.0%	A−	
45	三愛石油	8,885	64	1,919	575	30.0%	A−	
46	横浜冷凍	1,240	16	930	561	60.3%	A−	
47	丸全昭和運輸	856	18	926	538	58.0%	A−	
48	キッツ	1,060	30	1,001	525	52.4%	A−	A−
49	高砂香料工業	1,148	39	1,193	515	43.2%	A−	BBB+
50	三井製糖	807	40	715	513	71.7%	A−	BBB+
51	菱電商事	1,970	23	1,051	500	47.6%	A−	BBB+
52	テンプHD	2,252	24	793	478	60.3%	A−	
53	昭和産業	2,137	4	1,406	477	33.9%	A−	
54	セーレン	863	21	862	451	52.3%	A−	
55	ホクト	511	32	615	443	72.0%	A−	
56	大豊工業	786	20	792	430	54.3%	A−	
57	アリアケジャパン	270	17	508	410	80.7%	A−	
58	Avan Strate	510	15	1,657	367	22.1%	A−	
59	荒川化学工業	664	16	764	363	47.5%	A−	
60	王将フードサービス	683	53	536	314	58.6%	A−	
61	日本バイリーン	459	22	504	283	56.2%	A−	
62	中部瓦斯	382	10	589	177	30.1%	A−	A−

出所　格付会社各社のホームページ等より筆者作成

したがって，格付会社としても，どのあたりまでA−にするかということは極めて重要な判断となります。

　図表15はJCRがA−を付与した企業の一覧です。これを見ると，R&Iでは，その多くがBBB格となっています。そもそもJCRとR&Iとはおおよそ1ノッチの差がありますので，当然の結果ではあります。

　保守的な投資家はA格以上を投資対象にするところも少なくありません。資産運用する際に，A格とBBB格とは投資基準等に大きな影響がありますので，投資家という立場からすると，JCRとR&Iの格付を同等として扱うか，JCRの格付を1ノッチ自動的に下げて扱うか，いくつかの選択肢があるように思われます。

■CHAPTER 1 格付格差の分析

| 図表16 | BBB－以下の企業 |

単位：億円

	企業名	売上高	純利益	総資産	自己資本	自己資本比率	JCR	R&I
1	三菱自動車工業	18,284	156	13,125	2,388	18.2%		BB
2	オリンパス	8,471	73	10,636	1,637	15.4%		BBB－
3	川崎汽船	9,850	306	10,325	2,917	28.3%	BBB+	BBB－
4	エルピーダメモリ	5,143	20	8,789	2,857	32.5%	D	
5	日本板硝子	5,772	16	8,686	2,160	24.9%	BBB	BBB－
6	大王製紙	4,101	△80	6,845	1,000	14.6%	BBB－	BB
7	沖電気工業	4,326	△270	3,722	594	16.0%		BB+
8	大京	2,953	97	3,191	967	30.3%	BBB	BBB－
9	アルパック	2,320	△87	3,136	882	28.1%		BBB－
10	パイオニア	4,575	103	3,097	850	27.4%		BB+
11	東京ドーム	814	△8	3,029	490	16.2%	BBB－	BB+
12	JVCケンウッド	3,526	△40	2,607	520	19.9%		BB
13	三菱製紙	2,108	△144	2,485	489	19.7%	BBB	BBB－
14	三共・立山HD	2,609	6	2,122	473	22.3%	BBB	
15	サンデン	2,165	60	2,079	457	22.0%		BBB－
16	古河機械金属	1,656	5	1,962	458	23.3%	BBB－	
17	ミサワホーム	3,413	31	1,766	237	13.4%		BBB－
18	石原産業	990	48	1,724	481	27.9%	BBB－	
19	ミツバ	2,081	36	1,693	333	19.7%		BBB－
20	JKHD	2,800	16	1,569	189	12.0%	BBB－	
21	コバレントマテリアル	828	5	1,490	417	28.0%	BB+	
22	共立メンテナンス	849	10	1,413	302	21.4%	BBB－	
23	中越パルプ工業	1,037	3	1,362	496	36.4%		BBB－
24	カナモト	710	11	1,151	371	32.2%	BBB－	BBB－
25	ウッドワン	643	5	963	253	26.3%		BBB－
26	住友精密工業	562	48	801	280	35.0%		BBB－
27	イチネンHD	472	14	775	159	20.5%	BBB－	
28	ニッセンHD	1,407	23	760	258	33.9%	BBB－	
29	日本調剤	1,121	18	727	128	17.6%	BBB－	
30	オエノンHD	838	9	608	177	29.1%	BBB	
31	日本ピストンリング	474	16	603	134	22.2%		BB+
32	昭和飛行機工業	207	2	603	249	41.3%	BBB－	BBB－
33	ナカバヤシ	471	4	435	181	41.6%	BBB－	
34	デイ・シイ	358	0	427	170	39.8%	BBB－	
35	ヤスハラケミカル	116	8	200	158	79.0%		BBB－
36	ハリマ共和物産	335	8	159	95	59.7%	BBB－	
37	岡谷電機産業	144	8	128	77	60.2%	BBB－	
38	日本エアーテック	68	0	123	86	69.9%	BBB－	
39	山田債権回収管理総合事務所	21	△3	54	20	37.0%	BB+	

出所　格付会社各社のホームページ等より筆者作成

≫ 5 BBB−以下の分析

　図表16ではBBB−以下の企業を総資産の順番に並べています。これを見ると上位には大企業で業績が芳しくなくてBBB−に付与された企業がランクされていることがわかります。この中には自己資本比率が20％を下回るものや当期利益が赤字の企業が多く含まれています。
　下位にランクされている企業は規模が小さいわけですが，自己資本比率を見ると，中には50％を超えるような企業も散見されます。格付取得にチャレンジしてBBB格を取得した企業も含まれているということになります。

　JCRはあまりBB格の格付を付与していません。エルピーダメモリは倒産時にはBBB−で倒産後にDに格付されています。コバレントマテリアルは2012年4月にBBB−からBB＋に格下げされたのですが，そのわずか2カ月後にはCCCに下げています。JCRは業績が大幅に低下したことが明らかになったときにBB格に下げる傾向があると考えられます。
　これに対して，R&IのBB格は，企業としては一定の競争力を有しています。単に投資適格ではないというだけで，必ずしもすぐに銀行の支援を仰がないと存続できない状況に陥っているわけではありません。

【参考文献表示】
JCR「格付一覧」(2012年5月末)
R&I「月次別格付一覧　日本企業（業種・分野別）」(2012年5月末)
ムーディーズ「月次ファイル　発行体別格付一覧　事業会社」(2012年5月末)
ムーディーズ「非依頼格付の一覧」(2012年6月4日)
S&P「一般事業会社の格付リスト」(2012年5月末)
S&P「国内発行体非依頼格付け先一覧」(2012年1月末)
フィッチ「格付対象先一覧：事業会社」(2012年5月末)
日本経済新聞社『日経会社情報　2011Ⅳ秋号，2012Ⅱ春号』(日本経済新聞社)

CHAPTER 2 業種別の格付状況

■一般事業会社を対象として，業種別に格付分布状況を示し，特徴について説明しています。業種によっては，医薬品などが高い格付を得ている一方で，紙パルプや海運などは他業種よりも低くなっていることがわかります。

業種全体を俯瞰して，業種別の格付分布を眺めることは，投資家が銘柄を組み入れる上でも大切な視点となります。

後段には格付を取得していない企業も入れて，30の業種（その他金融会社を含む）ごとに売上高順に上位企業の一覧表（上場会社）を付けています。格付分布の全体像を把握する上で役に立つはずです。

≫1 業種ごとの特徴

格付会社は業種や業界の競争力を把握した上で，個別企業の格付を付与します。したがって，業界トップ企業だからという理由だけで，高い格付を取得することはできません。これから，R&Iの格付を用いて，業種ごとに，どのような格付分布となっているかを観察していきます。

なお，業種は基本的にR&Iの分類区分を用いています。これは日本経済新聞などの相場欄にある分類区分と概ね整合的ですが，相場欄にある化学を，R&Iでは狭義の化学と医薬品に分けており，窯業ではなくガラス・土石という用語を使用するなど多少の違いはあります。

また，業種は広い概念ですので，通常はその中にいくつかの業界が含まれます。例えば，輸送用機器であれば，四輪車，二輪車，自動車部品といった各業界，鉄鋼であれば高炉，電炉，ステンレス，特殊鋼などです。

そのほか，自己資本や自己資本比率，財務体質という用語を用いています

が，財務体質は自己資本と自己資本比率等を総合的に把握するものとして使用しています。

(1) 鉱業，建設

　水産・農林では，R&Iの格付先はありません。マルハニチロHD，日本水産，極洋という水産大手は格付を取得していません。唯一，自己資本比率の高いホクトがJCRからA－を取得しているのみです。

　建設では，清水建設や大林組といったゼネコンがA格に位置します。大手の中で鹿島建設は自己資本比率が低く，財務体質が脆弱であることからBBB格に下がっています。準大手のゼネコンは概ねBBB格となっています。ゼネコン業界ではバブル崩壊時に経営危機に直面した企業もあり，中には銀行からの債務免除を受けた企業もありましたが，債務免除により再び受注競争に加わっていることから，業界としての過当競争体質は残存しており，高い格付を付けにくい状況にあります。

図表1		水産・農林，鉱業，建設			
業種		AA格	A格	BBB格	BB格以下
水産・農林					
鉱業	＋				
	－	国際石油開発帝石			
建設	＋			鹿島建設，前田建設工業	
			清水建設，大林組，住友林業，NIPPO	長谷工コーポレーション，西松建設，東亜建設工業，日本電話施設	
	－	大和ハウス工業，積水ハウス	大成建設，戸田建設，ミライトHD	ミサワホーム	

これに対して，積水ハウス，大和ハウス工業，住友林業といった住宅大手は高い格付を得ており，ゼネコンとは対照的な格付となっています。

（2）食品

日本たばこ産業（JT）は，国内はもとより世界的にも3指に入る大企業です。海外M&Aが苦手な日本企業にあって数少ない成功を収めた企業です。その海外における事業基盤や安定性も評価されてAAを取得しています。

サントリー，キリン，アサヒはAA－からA＋と高い格付を得ています。近年では東南アジアの有力飲料メーカー等をM&Aで買収するなどして発展を続けています。円高になってからのM&Aであり，買収後において為替差損は生じにくいのですが，買収価格をEBITDAで割った倍率が10倍を超えるものも多く，企業価値に比べて高い価格で買収していることから，多額ののれんが発生しています。ただし，格付会社は買収した企業から生じるキャッシュ・フローなどを吟味の上で，買収後においても，引き続いて高い格付を付与しています。

食品メーカーは消費者向けにブランド力を活用して安定した収益を稼いでい

図表2	食品

業種		AA格	A格	BBB格	BB格以下
食品	＋		キリンHD，アサヒグループHD，コカ・コーラウエスト，伊藤園，東洋水産	雪印メグミルク，伊藤ハム，サッポロHD，三井製糖	
		日本たばこ産業，味の素	日本ハム，キューピー，ニチレイ，ヤクルト本社，キッコーマン，不二製油，ハウス食品，コカ・コーラセントラルジャパン，宝HD，カゴメ		
	－	サントリーHD	森永乳業，日清オイリオグループ	オエノンHD	

ることもあり，全体的にはA格クラスに多くの企業が集まっています。

（3）繊維，紙パルプ

　繊維では東レ，帝人，三菱レイヨンは従来のセグメントに加えて炭素繊維の伸びも期待できることから，A格を維持しています。

　紙パルプは内需が逓減傾向にあり，抄紙機の廃棄問題があることや，円高による輸入紙の増加といった課題を抱えています。事業の収益性がさほど高くないことや，自己資本比率も30％程度と低めであることから，BBB格クラスに多くが集まっています。

　最大手の王子製紙は生産規模では世界で3番目に入る大企業であり，日本一の土地持ちとしても有名ですがAに留まっています。不祥事件に揺れた大王製紙は北越紀州製紙との提携を発表しましたが，自己資本比率が低くBB格となっています。

　なお，板紙分野では合併連衡により過当競争体質が改善されたこともあり，レンゴーはA格を取得しています。

図表3　繊維，紙パルプ

業種		AA格	A格	BBB格	BB格以下
繊維	＋		東レ	東洋紡績	
			帝人，三菱レイヨン		
	−				
紙パルプ	＋			トーモク	
			王子製紙，レンゴー	朝日印刷	大王製紙
	−		日本製紙グループ本社，北越紀州製紙	三菱製紙，中越パルプ工業	

（4）化学，医薬品

　三菱ケミカルHD，三井化学，住友化学といった総合化学メーカーはA格クラスに位置しています。わが国の総合化学メーカーは海外の主要メーカーと比較すると規模は小さく，また国内需要が縮小する中で過剰なエチレンセンターをどうするかといった課題を抱えています。

　花王，ユニ・チャーム，ライオンなどの消費財を扱う化粧品・トイレタリー

図表4　化学，医薬品

業種		AA格	A格	BBB格	BB格以下
化学	＋		積水化学工業，日立化成工業，カネカ，ユニ・チャーム，クラレ	宇部興産，高砂香料工業，積水化成品工業，JSP，四国化成工業	
		富士フイルムHD，花王，信越化学工業	三菱ケミカルHD，住友化学，太陽日酸，エア・ウォーター，日本触媒，関西ペイント，住友ベークライト，日本化薬，小林製薬，ニフコ	ダイソー，住友精化	
	－	旭化成，日東電工，JSR	三井化学，三菱瓦斯化学，電気化学工業，ライオン，トクヤマ，日本ゼオン，東洋インキSCHD，日本ペイント，ADEKA，日油，東亞合成，エフピコ，積水樹脂	ヤスハラケミカル	
医薬品	＋	武田薬品工業	田辺三菱製薬，協和発酵キリン，塩野義製薬	沢井製薬	
		第一三共，アステラス製薬	大日本住友製薬，みらかHD，久光製薬		
	－	大塚HD，エーザイ，中外製薬	キョーリン製薬HD，科研製薬，キッセイ薬品工業		

メーカーは業績も好調で高い格付を維持しています。なお，資生堂は米系2社からA格を取得しています。

工業用ガス2強である太陽日酸とエア・ウォーターはともにAを取得，塗料2強の関西ペイントと日本ペイントは自己資本の厚みに差があるために1ノッチ開いていますがともにA格を取得しています。化学は範囲が広く，各社とも得意分野を有しており，A格クラスが多くなっています。

とりわけ競争力があり，財務体質が強い企業はAA格を取得しています。これには富士フイルムや旭化成のほか，半導体シリコンや塩ビで世界大手の信越化学工業，総合材料メーカーの日東電工などが該当します。

医薬品は収益力が高く，押し並べて財務体質が堅固なことから，高い格付を有しています。ただし，海外大手と比較すると企業規模は小粒です。トップの武田薬品工業は2011年5月に1兆円以上を投資してスイスのナイコメッドを買収しましたが，それでも合併後の規模は世界で12位程度にすぎません。

みらかHDは富士レビオとSRLが統合した臨床検査を行う企業で安定した収益をあげています。同社はサービス業に分類される場合もありますが，R&Iの区分にしたがって，ここでは医薬品に含めています。

（5）石油・石炭，ゴム，ガラス・土石製品，鉄鋼，非鉄金属

石油・石炭製品においては，石油精製業界が合従連衡を繰り返し，各社とも規模拡大と合理化を推進してきました。ただし，ガソリンの国内需要が逓減傾向にあることから，最大手のJXHDでもA格に留まっています。なお，JCRは出光石油にA－，コスモ石油にBBB＋，昭和シェル石油にA＋，東燃ゼネラル石油にAA－を付与しています。

ゴム製品では世界最大のタイヤメーカーであるブリヂストンが圧倒的に強くAA－を確保しています。なお，JCRはブリヂストンをAA，住友ゴム工業をA＋，横浜ゴムをAに格付しています。

ガラス・土石製品は，かなり格付が分散しています。ガラスでは旭硝子がAAを取得している一方で，ライバルの日本板硝子はピルキントン買収が負担

となり，BBB-に下がっています。

　セメント業界は合併を繰り返した結果，企業数は大幅に減少しました。現在では首位が太平洋セメント，続いて宇部興産と三菱マテリアルの共同販売会社である宇部三菱セメント（未公開企業），住友大阪セメントの順になっています。各社とも工場閉鎖等の合理化を強力に推進していますが，セメントの国内需要が減少しており，格付は比較的低位にあります。

　鉄鋼は，高炉メーカーの競争力が低下して新日本製鐵でもAA-の維持が

| 図表5 | 石油・石炭，ゴム，ガラス・土石製品，鉄鋼，非鉄金属 |

業種		AA格	A格	BBB格	BB格以下
石油・石炭製品	+				
			JXHD	日本コークス工業	
	-		昭和シェル石油		
ゴム製品	+			バンドー化学	
			東海ゴム工業		
	-	ブリヂストン			
ガラス・土石製品	+		TOTO		
		旭硝子	日本特殊陶業，東海カーボン	太平洋セメント，日東紡績	
	-	日本碍子	住友大阪セメント，ノリタケカンパニーリミテド	日本板硝子	
鉄鋼	+				
			日立金属	日亜鋼業	
	-	新日本製鐵，ジェイエフイーHD	大同特殊鋼，淀川製鋼所		
非鉄金属	+			三菱マテリアル，古河電気工業，三井金属鉱業，古河スカイ，リョービ	
			フジクラ		
	-	住友電気工業	日立電線，DOWAHD		

やっとという状況でした。R&Iは2012年7月に格付を見直し，新日本製鉄とジェイエフイーをA＋に格下げしています。なお，特殊鋼などのメーカーは一定の競争力が評価されてA格クラスを維持しています。

　非鉄金属のうち，電線業界では電線のほか，光ファイバーなどの通信インフラやワイヤーハーネス等にも展開しており，最大手の住友電気工業はAA格，フジクラや日立電線もA格を得ています。

　一方，銅や亜鉛などをベースとする非鉄金属業界はA－からBBB＋とやや低めとなっています。非鉄各社は川上あるいは川下分野への多角化を進めるとともに，製錬事業等の統合や共同製錬を通して効率化を推進しています。三井金属鉱業がJXHDと共同で設立した銅製錬会社のパンパシフィック・カッパーは世界的にも有力な企業となっています。

（6）金属製品，機械

　金属製品では未公開企業ですがファスナーのYKKがAA－を取得しています。サッシやシャッターなど金属建材大手の住生活グループや三和HDもA格と安定しています。

　機械はわが国が得意とする業種の1つです。建設機械の小松製作所や日立建機は国際競争力も備わり高い格付を得ています。

　工作機械は組立加工産業におけるマザーマシン（機械を作る機械）は森精機製作所をはじめとして，オークマ，ダイフク，豊田工機と光洋精工が統合したジェイテクトという有力各社がA格に揃っています。工作機械はここに示した以外に，牧野フライス製作所，東芝機械，そして未公開ですが最大手のヤマザキマザックなどが群雄割拠しており，高い技術力の割に，収益水準はあまり高くはありません。工作機械関連企業としては，工作機械の頭脳というべきNC制御装置を製造するファナックがあり，抜群の競争力と強固な財務体質を持ちますが格付は取得していません。

　総合重機メーカーは，三菱重工業でもAA格には届かずA格レベルにあります。IHIや日立造船を含めて，かつての高度成長時代には造船は花形産業の1

| 図表6 | 金属製品，機械 | | | |

業種		AA格	A格	BBB格	BB格以下
金属製品	＋		住生活グループ		
	－	YKK	日本発条，三和HD		
機械	＋		三菱重工業，ダイキン工業，グローリー		
		SMC	ジェイテクト，日立建機，日本製鋼所，THK，森精機製作所，日立工機，三浦工業	IHI，荏原製作所，日立造船，井関農機，タクマ	日本ピストンリング
	－	小松製作所，クボタ	日本精工，NTN，セガサミーHD，ダイフク，キッツ，オークマ，タダノ，オーエスジー，小森コーポレーション	サンデン，住友精密工業	

つでしたが，円高等で中国や韓国に劣位しています。各社とも脱造船で重機やプラントに力を入れていますが，格付的にはあまり上位の格付を得てはいません。

　SMCは空気圧機器のトップメーカーで極めて堅牢な財務体質を有していることからAA格を取得しています。

　このほか，ベアリングや機械工具などで一定の競争力があるNTNや日本精工などの企業がA格クラスにあります。

（7）電機機器

　電機機器には総合電機5社（日立製作所，東芝，三菱電機，NEC，富士通），大手民生機器（パナソニック，シャープ，ソニー），OA機器など，多くの企業があります。かつては，国際競争力の強い業種でしたが，近年は陰りが見られます。総合電機では三菱電機のみがAA格で，他はA格となっています。

　大手民生機器の多くも，最近は業績悪化に苦しんでいます。特にシャープはテレビや液晶の不振で2012年3月期には4,000億円近い赤字を計上し，自己資本比率は35.6％から23.9％に，2012年6月第1四半期には18.7％へと急低下し，

図表7　電機機器

業種		AA格	A格	BBB格	BB格以下
電気機器	＋	キヤノン	日立製作所，パナソニック，富士通，日本電産，イビデン，スタンレー電気	富士電機，サンケン電気，日本ケミコン，日本無線，アンリツ，大崎電気工業，TOA	JVCケンウッド，パイオニア，沖電気工業
		村田製作所，富士ゼロックス	ソニー，セイコーエプソン，コニカミノルタHD，ブラザー工業，横河電機，アズビル，新光電気工業，シスメックス，浜松ホトニクス，アドバンテスト	アルプス電気，ジーエス・ユアサコーポレーション，富士通ゼネラル，メイコー	
	－	三菱電機，リコー，TDK，東京エレクトロン，オムロン	東芝，日本電気，シャープ，カシオ計算機，安川電機，ミネベア，太陽誘電，ホシデン，日立国際電気，堀場製作所，ニチコン	アルパック，ミツバ	

10月15日にはBB＋に格下げされています。

　電機は幅広いこともあり，AA格からBB格までバラツキが大きくなっています。

（8）輸送用機器，精密機器，その他製造

　輸送用機器は，四輪車，二輪車，トラック，自動車部品などのメーカーから構成されています。四輪車ではトヨタ自動車と本田技研工業がAA格で，A格には日産自動車，BBB格にはいすゞ自動車とマツダ，そしてBB格には三菱自動車と，かなり格差の付いた業界となっていることがわかります。2012年7月になって，ムーディーズは日産自動車をA格（A3）に上げていることから，上位2社との距離は縮まりつつあります。

　二輪車では世界首位の本田技研工業がAAで，ライバルのヤマハ発動機はA

CHAPTER 2 業種別の格付状況

| 図表8 | 輸送用機器，精密機器，その他製造 |

業種		AA格	A格	BBB格	BB格以下
輸送用機器	＋	トヨタ自動車，デンソー	ダイハツ工業	いすゞ自動車，八千代工業，トピー工業，ユニプレス	三菱自動車工業
		本田技研工業，豊田自動織機	日産自動車，スズキ，豊田合成，NOK，日信工業	マツダ，富士重工業，カヤバ工業，曙ブレーキ工業，プレス工業，今仙電機製作所，大同メタル工業	
	－	アイシン精機	ヤマハ発動機，日野自動車，川崎重工業	昭和飛行機工業	
精密機器	＋			ニプロ，理研計器	
		HOYA	ニコン，島津製作所	東京精密，松風	
	－	テルモ		オリンパス	
その他製造	＋				
		大日本印刷	ヤマハ，リンテック	大建工業，共同印刷	
	－	凸版印刷	バンダイナムコHD，コクヨ，日本写真印刷	ウッドワン	

－，川崎重工業もA－です。トラックではいすゞ自動車がBBB＋，日野自動車はA－です。日野自動車の自己資本比率は，いすゞ自動車よりも低いのですが，日野自動車はトヨタ自動車の連結子会社であるために格付では，いすゞ自動車よりも上位に位置しています。

輸送用機器で目に付くのは自動車部品メーカーが強いことです。デンソー，豊田自動織機，アイシン精機などが上位にランクされています。トヨタ系部品メーカーは各社とも財務体質は強固であり，高い格付を得ています。

次に，精密機器業界ではHOYAとテルモがAA格である一方で，オリンパスは粉飾決算の影響が大きくBBB格まで下落しています。

その他製造のうちの印刷業界では大日本印刷と凸版印刷がAA格を取得して

います。ゲームソフトのバンダイナムコはA格を得ています。なお，コナミとスクウェア・エニックスはJCRでA格を取得しています。

(9) 電力，ガス

電力に関しては，多くがAA－ですが，業績が芳しくなく自己資本比率で劣る東北電力がA＋，原発で渦中にある東京電力がBBBと付与されています。東京電力の格付に関しては，JCRがA格とする一方で，米系2社はB格としており，日米格付会社で最も格差が大きくなっています。米系2社は国のサポートを考慮した上で，なおかつB格を付与しています。

東京瓦斯などのガス各社は営業基盤が安定しているので，高い格付を付与されているということができます。

| 図表9 | 電力，ガス |

業種		AA格	A格	BBB格	BB格以下
電力・ガス	＋	東京瓦斯，大阪瓦斯，沖縄電力	東北電力，西部瓦斯		
		東邦瓦斯	広島ガス，北海道瓦斯，日本原子力発電	東京電力	
	－	関西電力，中部電力，九州電力，中国電力，電源開発，四国電力，北海道電力，北陸電力	中部瓦斯		

(10) 陸運，海運，空運，倉庫・運輸関連

陸運のうち鉄道は公共性が強く安定した事業基盤を有することから比較的高い格付を有しています。私鉄では自己資本比率の高い京王電鉄と小田急電鉄が高い格付を受けており，売上高では上位にある東京急行電鉄と近畿日本鉄道は，それぞれAとBBBの位置にあります。私鉄は自己資本比率などの財務体質，影響距離と乗車率から求められる運賃収入，事業多角化や不動産開発の内

容（不良化資産の有無）等によって格付が異なってきます。

　運送では総合力に優れた日本通運と宅配に強いヤマトが双璧で，路線トラック業者であるセイノーHD，福山通運，センコーなどはA−からBBB＋にあります。路線トラック業界は過去の利益蓄積により自己資本比率は比較的良好ですが，国内運送料の減少という問題に直面しています。

　海運は運賃の変動が著しく，国際競争も激しい業界です。日本郵船と商船三井は定期船，タンカー，LNG船，自動車専用船，バルク船と様々な分野に多角化し，船隊規模としては世界的に1位，2位を争うレベルにありますが，競

図表10　陸運，海運，空運，倉庫・運輸関連

業種		AA格	A格	BBB格	BB格以下
陸運	＋		東日本旅客鉄道	小田急電鉄	阪急阪神HD，名古屋鉄道，相鉄HD，福山通運，センコー，京成電鉄
		東海旅客鉄道，西日本旅客鉄道	東京急行電鉄，日立物流，西日本鉄道，京浜急行電鉄，日本梱包運輸倉庫	近畿日本鉄道，東武鉄道，南海電気鉄道，山陽電気鉄道，西武HD	
	−	日本通運，ヤマトHD，京王電鉄	セイノーHD，山九，京阪電気鉄道		
海運	＋				
			日本郵船，商船三井	飯野海運	
	−			川崎汽船	
空運	＋			全日本空輸	
	−				
倉庫・運輸関連	＋		三菱倉庫	日本トランスシティ，澁澤倉庫	
				キムラユニティー	
	−	上組	三井倉庫		

争が激しいことから格付はA格に留まっています。川崎汽船は定期船のウェイトが比較的高く景気の影響を大きく受けることから格付的には低い位置に留まっています。なお，川崎汽船は2012年7月に増資と劣後ローンで600億円近くを調達する計画を公表しました。自己資本比率を高めて格付を向上させることを目指しています。

　空運では全日本空輸はBBB－にあります。格安航空との競争激化が見込まれることから，やや低い格付にあります。

　倉庫・運輸関連では，倉庫は比較的安定した事業ですが，近年では物流事業に進出する動きもあり，以前よりはリスク選好が高まっており，格付にはマイナスの要素が出てきています。

(11) 情報・通信

　携帯電話では，エヌ・ティ・ティ・ドコモがAA＋，KDDIがA＋です。ソフトバンクはJCRでAを取得しています。

　ブロードバンドではKDDIはA＋，ジュピターテレコム（JCOM）はAを取得しています。なお，業界のガリバーである日本電信電話（NTT）はムーディーズからAa2，S&PからAAと極めて高い格付を得ています。

図表11　情報・通信

業種		AA格	A格	BBB格	BB格以下
情報・通信	＋	エヌ・ティ・ティ・ドコモ，エヌ・ティ・ティ・データ	KDDI	日本ユニシス，カプコン	
			ジュピターテレコム，東京放送HD，テレビ朝日，スカパーJSATHD	光通信，イー・アクセス	
	－	フジ・メディアHD，野村総合研究所，東宝	NECネッツエスアイ，朝日放送		

IT情報サービスでは非メーカー系として，エヌ・ティ・ティ・データと野村総合研究所がAA格を取得しています。

民間放送関係ではフジ・メディアがAA格と極めて高く，東京放送，テレビ朝日，朝日放送，スカパーJSATはA格レベルに位置しています。

(12) 卸売，小売

卸売では総合商社が当然ながら上位に位置します。三菱商事，三井物産，住友商事がAA格で，伊藤忠と丸紅がA格です。業界6位の豊田通商はトーメンを吸収して規模を拡大するものの経営は堅実で財務体質は良好なことからA＋を得ています。日商岩井とニチメンが合併した7位の双日は財務体質がやや弱いこともありBBBとなっています。

図表12　卸売，小売

業種		AA格	A格	BBB格	BB格以下
卸売	＋		豊田通商	阪和興業，岡谷鋼機，菱電商事	
			伊藤忠商事，メディパルHD，アルフレッサHD，スズケン，長瀬産業	双日，山善，三信電気，佐鳥電機，新光商事	
	－	三菱商事，三井物産，住友商事	丸紅，日本紙パルプ商事，トラスコ中山		
小売	＋			エディオン，エイチ・ツー・オーリテイリング，DCMHD，原信ナルスHD	
		セブン&アイHD	イオン，青山商事		
	－		三越伊勢丹HD，J.フロント リテイリング，髙島屋，マツモトキヨシHD，丸井グループ，平和堂，パルコ，カスミ，西松屋チェーン		

メディパル，アルフレッサ，スズケンは医薬品の専門商社でともにAを得ています。化学商社の長瀬産業は財務体質が強固で破綻した林原を買収していますが，引き続きA格を維持しています。日本紙パルプ商事は紙流通最大手でA-です。BBB格には鉄鋼の阪和興業，機械の岡谷鋼機，菱電商事，山善などの専門商社が入っています。

　小売はセブン&アイがAAと強く，ライバルのイオンのAを引き離しています。百貨店の三越伊勢丹，大丸と松坂屋が統合したJ.フロント，高島屋は揃ってA-で，阪急と阪神などが統合したエイチ・ツー・オーは1ノッチ下に位置しています。

(13) 不動産，サービス

　不動産は三菱地所がAA，三井不動産A+，住友不動産A-の順です。不動産の収入は賃貸収入と販売分譲収入に大別できますが，その構成割合，賃貸物件の収益性，仕掛中の在庫などによって格付上の差が出ています。マンション

図表13　不動産，サービス

業種		AA格	A格	BBB格	BB格以下
不動産	+		三井不動産，エヌ・ティ・ティ都市開発，日本空港ビルデング	パーク24	
		三菱地所	イオンモール，サンケイビル	平和不動産	
	-		住友不動産，野村不動産HD，京阪神ビルディング	大京	
サービス	+			ダイセキ	
		電通，セコム	綜合警備保障	楽天，トランス・コスモス，燦HD，PGMHD，日本工営	東京ドーム
	-	オリエンタルランド	東京都競馬，メイテック	カナモト	

関係では野村不動産HDがA−，大京がBBB−となっています。

　サービスは様々な分野の企業があり，ひとくくりにはできません。警備大手のセコムが毎期着実に収益をあげておりビジネスモデルが安定していることからAAと高い評価を受けています。同業の総合警備保障もAを取得しています。

　楽天は利益水準こそ高いのですが，自己資本比率はいまだ低位にあり格付上はBBBに留まっています。

(14) その他金融

　番外で，その他金融を見てみます。リースや信販業界は，その多くが銀行や大手メーカー系となっており，親会社の格付や，グループ内における位置付けによって格付が付与されています。

　独立系で金融業務を多角展開しているオリックスはAと一応の水準を保っています。日本証券金融は証券会社向けの貸借取引貸付が主力ですが信用取引

図表14　その他金融

業種		AA格	A格	BBB格	BB格以下
その他金融	＋	トヨタファイナンス	三菱UFJリース，クレディセゾン，リコーリース，日立キャピタル，三井住友ファイナンス＆リース	NECキャピタルソリューソン，オリエントコーポレーション，アプラスフィナンシャル	
			オリックス，イオンクレジットサービス，三菱UFJニコス，日産フィナンシャルサービス	アコム，SBIHD，ポケットカード	アイフル
	−	大阪証券取引所，日本証券金融	東京センチュリーリース，芙蓉総合リース，プロミス，ジャックス，ジャフコ，大阪証券金融，オリックス・クレジット		

制度の根底を成していることもあり AA 格を維持しています。

≫2 格付のない優良企業

上場企業のうち，優良企業の多くは格付を取得していますが，中には格付を取得していない企業もあります。自己資本が3,000億円以上の企業が12社ありますが，各社揃って自己資本比率が高くなっています。

これらは資金が潤沢で社債等の起債が不要なケースなどで，現時点では格付を必要としていない企業と考えられます。

電子部品最大手の京セラを筆頭に，ゲームソフトの任天堂，NC制御のファナック，FA用センサーのキーエンス，製缶最大手の東洋製罐の5社が自己資本5,000億円以上です。

図表15　格付のない優良企業

単位：億円

	企業名	売上高	純利益	総資産	自己資本	自己資本比率
1	京セラ	12,669	1,224	19,466	14,203	73.0%
2	任天堂	10,143	776	16,343	12,816	78.4%
3	ファナック	4,462	1,201	10,130	8,908	87.9%
4	キーエンス	1,848	553	6,311	5,926	93.9%
5	東洋製罐	7,065	△43	8,640	5,526	64.0%
6	SANKYO（三共）	2,016	347	4,886	4,197	85.9%
7	日本テレビ放送網	2,978	210	5,284	4,189	79.3%
8	小野薬品工業	1,352	242	4,244	3,907	92.1%
9	石油資源開発	1,996	100	5,161	3,854	74.7%
10	ヤフー	2,924	921	4,717	3,824	81.1%
11	きんでん	4,785	138	4,846	3,220	66.4%
12	マキタ	2,726	299	3,725	3,071	82.4%

出所　Ullet（ユーレット）（http://www.ullet.com/）のランキング検索を使用して作成

≫3 一般事業会社の格付取得状況

　業種別にどのような企業があり，その業績及び格付はどのようになっているのかを図表17の一覧表として表示しています。ここには，前章で分析を行った格付を有する585社のほか，各業種に属する上場企業で，格付のない売上高上位の企業を載せています。格付を有する企業のみではなく，格付のない企業も含めてみることによって，格付レベルがわかると思います。
　なお，利用上の注意は図表16のとおりです。

図表16	利用上の注意

決算期	2011年内の決算期（2011年1月期〜12月期）
業種	一般事業会社とし，その他金融と金融（銀行，証券，保険）は除く
業種順位	公開企業に関する売上高の順位
	順位はUllet（ユーレット）(http://www.ullet.com/) のランキングを使用
	1,000億円以上の企業については格付の有無に関係なく記載
	ただし，1,000億円以上の企業が多い業種では上位20社まで
	空欄は格付取得をしている企業で，1,000億円以下のもの
	「未」は未公開企業を示す。各業種の最後段に記載
企業名	「HD」はホールディングスの略
	HD企業の子会社に格付を保有している会社は選定していない
	例：富士フイルムHDを選定し，その子会社の富士フイルムは選択せず
	非民間企業は選定していない
	例：日本放送協会，東京地下鉄など
	未公開企業では，EDINETで検索できる企業のみ選定
格付	格付会社における2012年5月末のもの
	JCRの「p」とムーディーズの「☆」は非依頼格付

図表17　一般事業会社の格付取得状況

単位：億円

証券コード	業種順位	企業名	売上高	純利益	総資産	自己資本	自己資本比率	JCR	R&I	ムーディーズ	S&P
水産・農林業											
1334	1	マルハニチロHD	8,233	36	4,743	590	12.4%				
1332	2	日本水産	4,942	△9	3,997	504	12.6%				
1301	3	極洋	1,627	0	769	171	22.2%				
1379		ホクト	511	32	615	443	72.0%	A−			
鉱業											
1605	1	国際石油開発帝石	9,430	1,286	26,804	19,968	74.5%		AA−	A2	A
1662	2	石油資源開発	1,996	100	5,161	3,854	74.7%				
1515	3	日鉄鉱業	1,077	16	1,361	681	50.0%	A−			
建設											
1925	1	大和ハウス工業	16,901	272	19,342	6,342	32.8%	AA	AA−		
1928	2	積水ハウス	14,883	304	13,413	7,370	54.9%	AA	AA−		
1812	3	鹿島建設	13,256	258	16,450	2,528	15.4%		BBB+		
1803	4	清水建設	13,037	108	14,236	2,935	20.6%	A+ p	A		
1801	5	大成建設	12,181	108	13,955	2,894	20.7%	A	A−		
1802	6	大林組	11,318	154	15,057	3,259	21.6%	A+	A		
1878	7	大東建託	10,011	431	5,330	1,312	24.6%				
1911	8	住友林業	7,974	51	4,894	1,628	33.3%		A		
1944	9	きんでん	4,785	138	4,846	3,220	66.4%				
1942	10	関電工	4,624	58	3,533	1,729	48.9%				
1860	11	戸田建設	4,527	37	5,008	1,877	37.5%		A−		
1963	12	日揮	4,472	254	4,685	2,640	56.4%	A+			
1808	13	長谷工コーポレーション	4,404	101	4,575	973	21.3%		BBB		
1881	14	NIPPO	3,748	76	3,643	1,738	47.7%		A		
1722	15	ミサワホーム	3,413	31	1,766	237	13.4%		BBB−		
1721	16	コムシスHD	3,154	95	2,374	1,608	67.7%				
1893	17	五洋建設	3,022	21	2,862	605	21.1%	BBB+			
1821	18	三井住友建設	2,986	15	1,970	180	9.1%				
1824	19	前田建設工業	2,918	△25	3,561	1,150	32.3%		BBB+		
1951	20	協和エクシオ	2,822	77	1,969	1,062	53.9%				
1820		西松建設	2,578	14	3,320	1,141	34.4%	BBB+ p	BBB		
1868		三井ホーム	2,141	9	1,158	438	37.8%				
1417		ミライトHD	1,861	305	1,483	986	66.5%	A−	A−		
1885		東亜建設工業	1,647	14	1,691	612	36.2%		BBB		
1819		太平工業	1,424	74	1,069	499	46.7%	A			
1884		日本道路	1,270	20	1,196	553	46.2%				
1956		日本電話施設	704	11	589	302	51.3%	BBB p	BBB		
1879		新日本建設	626	15	849	284	33.5%	BBB			
1870		矢作建設工業	616	19	834	275	33.0%	BBB			
食品											
2914	1	日本たばこ産業	61,945	1,449	35,719	15,143	42.4%		AA	Aa3	A+
2503	2	キリンHD	20,717	74	28,542	8,529	29.9%		A+	A3	

CHAPTER 2 業種別の格付状況

証券コード	業種順位	企業名	売上高	純利益	総資産	自己資本	自己資本比率	JCR	R&I	ムーディーズ	S&P
2502	3	アサヒグループHD	14,627	550	15,299	6,417	41.9%	AA−	A+		
2802	4	味の素	12,076	304	10,774	6,082	56.5%		AA		AA−
2269	5	明治HD	11,140	95	7,164	2,878	40.2%	A+			
2282	6	日本ハム	9,893	167	5,907	2,811	47.6%	A+	A		
2212	7	山崎製パン	9,327	80	6,338	2,319	36.6%				
2264	8	森永乳業	5,830	61	3,484	1,089	31.3%		A−		
2270	9	雪印メグミルク	5,042	93	2,918	968	33.2%		BBB+		
2809	10	キューピー	4,864	94	2,757	1,600	58.0%		A		
2284	11	伊藤ハム	4,559	4	2,046	1,160	56.7%		BBB+		
2501	12	サッポロHD	4,540	31	5,507	1,232	22.4%	A−	BBB+		
2871	13	ニチレイ	4,378	40	2,846	1,151	40.4%	A	A		
2002	14	日清製粉グループ本社	4,241	141	3,894	2,788	71.6%	AA			
2579	15	コカ・コーラウエスト	3,997	69	3,425	2,274	66.4%	AA−	A+		
2897	16	日清食品HD	3,749	207	4,097	2,717	66.3%				
2593	17	伊藤園	3,516	76	1,925	1,015	52.7%	A+	A+		
2267	18	ヤクルト本社	3,059	131	3,928	2,259	57.5%		A		
2875	19	東洋水産	3,059	124	2,325	1,631	70.2%		A+		
2602	20	日清オイリオグループ	3,052	21	2,323	1,089	46.9%	A−	A−		
2206		江崎グリコ	2,840	37	1,941	1,063	54.8%	A			
2801		キッコーマン	2,834	77	2,989	1,607	53.8%		A		
2001		日本製粉	2,521	60	1,944	978	50.3%	A			
2607		不二製油	2,227	97	1,744	983	56.4%		A		
2810		ハウス食品	2,167	52	2,288	1,809	79.1%		A		
2004		昭和産業	2,137	4	1,406	477	33.9%	A−			
2288		丸大食品	1,987	38	1,171	634	54.1%	BBB+			
2580		コカ・コーラ セントラルジャパン	1,930	13	1,147	871	75.9%	A+	A		
2531		宝HD	1,897	37	1,924	943	49.0%	A	A		
2811		カゴメ	1,813	24	1,427	875	61.3%	A	A		
2613		J−オイルミルズ	1,720	17	1,408	665	47.2%	A−			
2918		わらべや日洋	1,532	17	638	320	50.2%	BBB+			
2053		中部飼料	1,218	8	604	318	52.6%	BBB+			
2533		オエノンHD	838	9	608	177	29.1%	BBB	BBB−		
2109		三井製糖	807	40	715	513	71.7%	A−	BBB+		
2899		永谷園	669	10	550	229	41.6%	BBB+			
2204		中村屋	410	5	390	219	56.2%	BBB			
2815		アリアケジャパン	270	17	508	410	80.7%	A−			
2544	未	サントリーHD	18,027	626	17,301	4,563	26.4%	AA	AA−	A3	☆
織維											
3402	1	東レ	15,396	579	15,675	5,929	37.8%		A+		
3401	2	帝人	8,156	251	7,615	2,842	37.3%		A	A3	
3101	3	東洋紡績	3,405	41	4,435	1,258	28.4%	A−	BBB+		
3105	4	日清紡HD	3,255	111	4,799	1,824	38.0%				
8016	5	オンワードHD	2,445	27	2,816	1,570	55.8%				
3103	6	ユニチカ	1,807	24	2,687	223	8.3%				

証券コード	業種順位	企業名	売上高	純利益	総資産	自己資本	自己資本比率	JCR	R&I	ムーディーズ	S&P
3591	7	ワコールHD	1,657	26	2,153	1,670	77.6%				
3106	8	倉敷紡績	1,451	48	1,712	781	45.6%				
3002	9	グンゼ	1,337	17	1,639	1,124	68.6%	A+			
8011	10	三陽商会	1,046	△11	987	458	46.4%				
3569		セーレン	863	21	862	451	52.3%	A−			
3514		日本バイリーン	459	22	504	283	56.2%	A−			
3404	未	三菱レイヨン	4,739	117	5,300	1,605	30.3%	A+	A		
紙パルプ											
3861	1	王子製紙	11,801	246	16,209	4,389	27.1%	A+ p	A		
3893	2	日本製紙グループ本社	10,998	△241	15,506	4,049	25.9%	A+	A−		
3941	3	レンゴー	4,748	102	4,991	1,594	31.9%		A		
3880	4	大王製紙	4,101	△80	6,845	1,000	14.6%	BBB−	BB		
3865	5	北越紀州製紙	2,170	54	3,223	1,391	43.2%	A	A−		
3864	6	三菱製紙	2,108	△144	2,485	489	19.7%	BBB−	BBB−		
3946	7	トーモク	1,363	31	1,097	390	35.6%		BBB+		
3877	8	中越パルプ工業	1,037	3	1,362	496	36.4%		BBB−		
3708		特殊東海製紙	793	8	1,276	594	46.6%	BBB			
3951		朝日印刷	285	15	316	174	55.1%	BBB+	BBB		
化学											
4188	1	三菱ケミカルHD	31,667	835	32,940	7,582	23.0%	A+	A		
4901	2	富士フイルムHD	22,170	638	27,088	17,225	63.6%		AA	Aa3	AA−
4005	3	住友化学	19,824	244	23,673	5,225	22.1%	A+	A	Baa1 ☆	
3407	4	旭化成	15,983	602	14,259	6,636	46.5%	AA	AA−	A2	
4183	5	三井化学	13,917	248	12,956	3,837	29.6%	A+	A−		
4452	6	花王	11,868	467	10,228	5,289	51.7%		AA		
4063	7	信越化学工業	10,582	1,001	17,842	14,268	80.0%	AA+ p	AA	Aa3	
4204	8	積水化学工業	9,154	235	7,902	3,397	43.0%		A+		
4004	9	昭和電工	8,541	169	9,413	2,519	26.8%	A−			
4631	10	DIC	7,789	157	7,038	1,077	15.3%	A−		Baa3	
4042	11	東ソー	6,843	100	7,259	1,648	22.7%	A−			
4911	12	資生堂	6,707	127	7,402	3,083	41.7%			A1	A
6988	13	日東電工	6,385	557	6,540	4,176	63.9%	AA	AA−		
4208	14	宇部興産	6,160	172	6,615	1,870	28.3%	A−	BBB+		
4217	15	日立化成工業	4,974	189	4,322	2,750	63.6%		A+		
4091	16	太陽日酸	4,846	127	6,177	1,926	31.2%	A	A		
4088	17	エア・ウォーター	4,718	116	4,076	1,576	38.7%	A	A		
4118	18	カネカ	4,538	116	4,551	2,521	55.4%		A+		
4182	19	三菱瓦斯化学	4,510	189	5,770	2,781	48.2%		A−		
8113	20	ユニ・チャーム	3,769	335	4,440	2,019	45.5%		A+		
3405		クラレ	3,631	287	5,073	3,431	67.6%	AA−	A+		
4061		電気化学工業	3,578	143	4,020	1,656	41.2%	A	A−		
4202		ダイセル	3,536	168	4,111	2,121	51.6%	A+			
4185		JSR	3,406	275	3,906	2,627	67.3%		AA−		
4912		ライオン	3,275	40	2,492	1,020	40.9%		A−		
4043		トクヤマ	2,897	97	4,747	2,412	50.8%		A−		

CHAPTER 2 業種別の格付状況

証券コード	業種順位	企業名	売上高	純利益	総資産	自己資本	自己資本比率	JCR	R&I	ムーディーズ	S&P
4114		日本触媒	2,883	211	3,293	1,906	57.9%		A		
4205		日本ゼオン	2,703	183	2,906	1,149	39.5%		A−		
4634		東洋インキSCHD	2,457	115	2,748	1,421	51.7%	A p	A−		
4613		関西ペイント	2,369	126	2,712	1,672	61.7%	A+ p	A		
4612		日本ペイント	2,273	143	2,659	1,274	47.9%		A−		
4203		住友ベークライト	1,909	51	2,051	1,209	58.9%	A+	A		
4401		ADEKA	1,781	69	2,078	1,236	59.5%		A−		
4044		セントラル硝子	1,605	50	2,112	1,120	53.0%	A−			
4021		日産化学工業	1,542	129	1,834	1,113	60.7%	A			
4403		日油	1,541	68	1,553	886	57.1%		A−		
4045		東亞合成	1,530	130	1,710	1,238	72.4%		A−		
4272		日本化薬	1,488	130	2,051	1,278	62.3%		A		
7947		エフピコ	1,407	79	1,557	644	41.4%		A−		
4023		クレハ	1,323	6	1,818	888	48.8%	A			
4967		小林製薬	1,308	93	1,344	912	67.9%		A		
7988		ニフコ	1,205	75	1,279	788	61.6%	A			
4914		高砂香料工業	1,148	39	1,193	515	43.2%	A−	BBB+		
4228		積水化成品工業	1,014	23	993	473	47.6%		BBB+		
4028		石原産業	990	48	1,724	481	27.9%	BBB−			
7942		JSP	919	48	892	438	49.1%		BBB+		
4206		アイカ工業	892	54	946	715	75.6%	A			
4046		ダイソー	807	24	652	335	51.4%		BBB		
4968		荒川化学工業	664	16	764	363	47.5%	A−			
4008		住友精化	646	32	685	326	47.6%		BBB		
4212		積水樹脂	579	45	840	563	67.0%		A−		
4620		藤倉化成	526	19	413	223	54.0%	BBB+			
4099		四国化成工業	415	27	563	359	63.8%		BBB+		
4410		ハリマ化成	414	13	640	280	43.8%	BBB+			
4047		関東電化工業	403	16	538	188	34.9%	BBB			
5208		有沢製作所	369	△18	506	346	68.4%	BBB+			
4972		綜研化学	244	10	278	158	56.8%	BBB			
4362		日本精化	244	10	305	234	76.7%	BBB			
4957		ヤスハラケミカル	116	8	200	158	79.0%		BBB−		
医薬品											
4502	1	武田薬品工業	14,193	2,478	27,864	20,916	75.1%		AA+	Aa3	AA−
4578	2	大塚HD	10,902	810	15,896	11,501	72.4%		AA−		
4568	3	第一三共	9,673	701	14,802	8,490	57.4%		AA	A1	
4503	4	アステラス製薬	9,539	676	13,351	10,195	76.4%	AA+ p	AA	Aa3	
4523	5	エーザイ	7,689	673	10,463	4,042	38.6%		AA−		
4508	6	田辺三菱製薬	4,095	377	8,187	6,902	84.3%	A+ p	A+		
4506	7	大日本住友製薬	3,795	167	5,899	3,240	54.9%		A		
4519	8	中外製薬	3,735	352	5,334	4,568	85.6%		AA−		
4151	9	協和発酵キリン	3,437	256	6,588	5,388	81.8%		A+		
4507	10	塩野義製薬	2,823	200	5,232	3,281	62.7%		A+		
4544	11	みらかHD	1,657	111	1,491	1,025	68.7%		A		

証券コード	業種順位	企業名	売上高	純利益	総資産	自己資本	自己資本比率	JCR	R&I	ムーディーズ	S&P
4530	12	久光製薬	1,371	209	1,948	1,403	72.0%		A		
4528	13	小野薬品工業	1,352	242	4,244	3,907	92.1%				
4527	14	ロート製薬	1,154	79	1,265	771	60.9%	A			
4536	15	参天製薬	1,108	213	1,848	1,561	84.5%				
4569	16	キョーリン製薬HD	1,040	109	1,472	1,117	75.9%		A−		
4521		科研製薬	864	82	985	604	61.3%		A−		
4547		キッセイ薬品工業	643	40	1,462	1,237	84.6%		A−		
4555		沢井製薬	638	71	1,171	507	43.3%		BBB+		
4549		栄研化学	275	16	326	204	62.6%	BBB			
石油・石炭製品											
5020	1	JXHD	96,343	3,117	62,600	16,283	26.0%	A+	A	Baa1	
5019	2	出光興産	36,593	606	25,178	5,145	20.4%	A−			
5007	3	コスモ石油	27,715	289	15,794	3,327	21.1%	BBB+		Baa3	
5002	4	昭和シェル石油	27,714	231	12,084	2,558	21.2%	A+	A−		
5012	5	東燃ゼネラル石油	26,771	1,327	11,135	3,594	32.3%	AA−			
5017	6	AOCHD	5,711	40	3,705	930	25.1%				
3315	7	日本コークス工業	1,253	120	1,370	387	28.2%		BBB		
ゴム製品											
5108	1	ブリヂストン	30,243	1,029	26,773	11,306	42.2%	AA	AA−	A3	
5110	2	住友ゴム工業	6,769	283	6,716	1,977	29.4%	A+			
5101	3	横浜ゴム	4,651	116	5,018	1,621	32.3%	A			
5105	4	東洋ゴム工業	2,940	5	3,053	775	25.4%	BBB+			
5191	5	東海ゴム工業	2,724	99	2,446	1,449	59.2%	AA−	A		
5195		バンドー化学	848	33	829	397	47.9%		BBB+		
ガラス・土石製品											
5201	1	旭硝子	12,146	952	16,916	8,074	47.7%		AA		A
5233	2	太平洋セメント	7,264	51	9,975	1,392	14.0%	BBB p	BBB		
5202	3	日本板硝子	5,772	16	8,686	2,160	24.9%	BBB	BBB−		
5332	4	TOTO	4,335	51	3,792	1,753	46.2%		A+		
5214	5	日本電気硝子	3,901	686	6,926	4,637	67.0%	AA−			
5334	6	日本特殊陶業	2,692	236	3,373	2,165	64.2%	A+	A		
5333	7	日本碍子	2,393	244	4,793	3,067	64.0%		AA−		
5232	8	住友大阪セメント	2,012	13	3,117	1,277	41.0%	A−	A−		
5393	9	ニチアス	1,441	72	1,235	489	39.6%	BBB+			
5331	10	ノリタケカンパニーリミテド	1,053	18	1,161	575	49.5%	A	A−		
5301	11	東海カーボン	1,049	61	1,616	1,043	64.5%	A			
5351	12	品川リフラクトリーズ	1,010	23	1,112	333	29.9%				
5352		黒崎播磨	935	35	888	331	37.3%	A			
3110		日東紡績	841	28	1,280	543	42.4%		BBB		
5234		デイ・シイ	358	0	427	170	39.8%	BBB−			
	未	コバレントマテリアル	828	5	1,490	417	28.0%	BB+			
	未	Avan Strate	510	15	1,657	367	22.1%	A−			
鉄鋼											
5401	1	新日本製鐵	41,097	931	50,009	18,608	37.2%	AA	AA−	A3	BBB+
5411	2	ジェイエフイーHD	31,955	586	39,766	14,376	36.2%	AA	AA−		

CHAPTER 2 業種別の格付状況

証券コード	業種順位	企業名	売上高	純利益	総資産	自己資本	自己資本比率	JCR	R&I	ムーディーズ	S&P
5406	3	神戸製鋼所	18,585	529	22,315	5,486	24.6%	A+			
5405	4	住友金属工業	14,024	△71	24,408	7,668	31.4%	AA-			
5407	5	日新製鋼	5,453	120	6,639	1,988	29.9%	A			
5486	6	日立金属	5,201	222	5,299	2,085	39.3%		A		
5471	7	大同特殊鋼	4,720	230	4,917	1,783	36.3%	A	A-		
5482	8	愛知製鋼	2,154	152	2,402	1,187	49.4%				
5408	9	中山製鋼所	1,739	△67	2,153	399	18.5%				
5481	10	山陽特殊製鋼	1,595	78	1,882	922	49.0%	A			
5423	11	東京製鐵	1,489	△104	3,132	2,358	75.3%				
5451	12	淀川製鋼所	1,447	17	1,752	1,269	72.4%		A-		
5480	13	日本冶金工業	1,387	△104	1,463	326	22.3%				
5444	14	大和工業	1,346	66	2,304	1,766	76.6%				
5410	15	合同製鐵	1,298	△19	1,816	879	48.4%				
5632	16	三菱製鋼	1,249	35	1,136	480	42.3%				
5453	17	東洋鋼鈑	1,192	34	1,211	759	62.7%				
5440	18	共英製鋼	1,168	△7	1,465	1,191	81.3%				
5463	19	丸一鋼管	1,157	102	2,586	2,103	81.3%	AA-			
5658		日亜鋼業	284	△3	623	388	62.3%		BBB		
非鉄金属											
5802	1	住友電気工業	20,338	706	19,563	9,490	48.5%	AA	AA-	A1	A
5711	2	三菱マテリアル	13,339	142	18,374	3,442	18.7%	BBB+	BBB+		
5801	3	古河電気工業	9,257	122	8,269	1,660	20.1%		BBB+		
5713	4	住友金属鉱山	8,640	839	10,524	6,301	59.9%	A+			
5803	5	フジクラ	5,218	93	4,824	1,813	37.6%		A		
5706	6	三井金属鉱業	4,464	211	4,110	1,259	30.6%	A-	BBB+		
5701	7	日本軽金属	4,294	110	4,149	987	23.8%	BBB			
5812	8	日立電線	4,192	△129	2,708	1,039	38.4%		A-		
5714	9	DOWA HD	3,798	85	3,402	1,068	31.4%	A	A-		
5738	10	住友軽金属工業	2,594	71	3,066	346	11.3%				
5741	11	古河スカイ	2,072	119	2,179	694	31.8%		BBB+		
5715	12	古河機械金属	1,656	5	1,962	458	23.3%	BBB-			
5805	13	昭和電線HD	1,655	2	1,424	346	24.3%				
5851	14	リョービ	1,617	45	1,706	702	41.1%		BBB+		
5857	15	アサヒHD	1,105	61	591	343	58.0%				
5707	16	東邦亜鉛	1,036	75	1,410	601	42.6%	BBB+			
金属製品											
5938	1	住生活グループ	12,149	157	11,668	5,270	45.2%	AA-	A+		
5901	2	東洋製罐	7,065	△43	8,640	5,526	64.0%				
5991	3	日本発条	4,561	194	3,560	1,428	40.1%		A-		
3436	4	SUMCO	2,769	△655	5,618	1,964	35.0%	A-			
3432	5	三共・立山HD	2,609	6	2,122	473	22.3%	BBB-			
5947	6	リンナイ	2,394	155	2,215	1,373	62.0%				
5929	7	三和HD	2,372	△24	2,189	859	39.2%	A	A-		
5943	8	ノーリツ	1,843	47	1,508	856	56.8%				
5902	9	ホッカンHD	1,632	14	1,244	382	30.7%				

証券コード	業種順位	企業名	売上高	純利益	総資産	自己資本	自己資本比率	JCR	R&I	ムーディーズ	S&P
5989	10	エイチワン	1,263	45	944	357	37.8%				
5959		岡部	509	22	619	315	50.9%	BBB			
5960	未	YKK	5,448	101	6,903	3,823	55.4%		AA−		
機械											
7011	1	三菱重工業	29,037	301	39,890	12,621	31.6%	AA−	A+		BBB+
6301	2	小松製作所	18,431	1,507	21,491	9,238	43.0%		AA−	A2 ☆	A
7013	3	IHI	11,872	297	13,614	2,381	17.5%	A−	BBB		
6367	4	ダイキン工業	11,603	198	11,325	4,879	43.1%		A+	A3	
6473	5	ジェイテクト	9,554	200	8,422	3,184	37.8%	A+	A		
6326	6	クボタ	9,336	548	13,569	6,349	46.8%		AA−		
6305	7	日立建機	7,737	110	9,444	3,061	32.4%		A	A2	
6471	8	日本精工	7,104	261	7,886	2,570	32.6%	A+	A−		
6302	9	住友重機械工業	5,480	279	6,268	2,673	42.6%	A			
6472	10	NTN	5,300	143	6,320	1,999	31.6%		A−		
6361	11	荏原製作所	4,016	281	5,079	1,520	29.9%		BBB		
6460	12	セガサミーHD	3,967	415	4,586	2,752	60.0%		A−		
6273	13	SMC	3,251	477	7,162	5,358	74.8%		AA		
7004	14	日立造船	2,871	96	3,802	871	22.9%	BBB	BBB		
6586	15	マキタ	2,726	299	3,725	3,071	82.4%				
6444	16	サンデン	2,165	60	2,079	457	22.0%		BBB−		
5631	17	日本製鋼所	2,129	165	3,392	1,199	35.3%		A		
6417	18	SANKYO（三共）	2,016	347	4,886	4,197	85.9%				
6481	19	THK	1,906	139	2,798	1,667	59.6%	A+	A		
6370	20	栗田工業	1,812	171	2,533	1,980	78.2%				
6268		ナブテスコ	1,693	133	1,807	902	49.9%	A			
6383		ダイフク	1,592	2	1,634	756	46.3%		A−		
6310		井関農機	1,478	△9	1,692	531	31.4%		BBB		
6457		グローリー	1,389	62	1,980	1,485	75.0%		A+		
6371		椿本チエイン	1,382	60	1,842	834	45.3%	A−			
6141		森精機製作所	1,204	13	1,719	939	54.6%		A		
6581		日立工機	1,185	5	1,386	1,013	73.1%		A		
6498		キッツ	1,060	30	1,001	525	52.4%	A−	A−		
6103		オークマ	1,009	6	1,561	852	54.6%		A−		
6146		ディスコ	997	109	1,392	966	69.4%	A+			
6135		牧野フライス製作所	951	21	1,683	791	47.0%	BBB+			
6395		タダノ	898	△67	1,462	750	51.3%				
6013		タクマ	891	18	1,008	237	23.5%		BBB		
6136		オーエスジー	809	59	1,044	594	56.9%	A	A−		
6470		大豊工業	786	20	792	430	54.3%	A−			
6287		サトーHD	783	5	661	348	52.6%	BBB+			
6413		理想科学工業	768	62	899	621	69.1%	A			
6339		新東工業	744	23	1,000	637	63.7%	BBB			
6349		小森コーポレーション	722	△62	1,612	1,242	77.0%		A−		
6005		三浦工業	679	30	981	814	83.0%		A		
6355		住友精密工業	562	48	801	280	35.0%		BBB−		

■CHAPTER **2** 業種別の格付状況

証券コード	業種順位	企業名	売上高	純利益	総資産	自己資本	自己資本比率	JCR	R&I	ムーディーズ	S&P
6461		日本ピストンリング	474	16	603	134	22.2%		BB+		
6277		ホソカワミクロン	361	16	390	194	49.7%	BBB			
6291		日本エアーテック	68	0	123	86	69.9%	BBB−			
電気機器											
6501	1	日立製作所	93,158	2,388	91,856	14,399	15.7%	AA− p	A+	A3	BBB+
6752	2	パナソニック	86,926	740	78,229	25,590	32.7%		A+	A2	A−
6758	3	ソニー	71,812	△2,595	129,250	25,480	19.7%		A	Baa1	BBB+
6502	4	東芝	63,985	1,378	53,793	8,681	16.1%		A−	Baa2	BBB
6702	5	富士通	45,283	550	30,241	8,212	27.2%		A+	A3 ☆	A−
6503	6	三菱電機	36,453	1,245	33,327	10,503	31.5%		AA−	A1	A
7751	7	キヤノン	35,574	2,486	39,307	25,511	64.9%		AA+	Aa1	AA
6701	8	日本電気	31,154	△125	26,289	7,571	28.8%		A−	Baa2	BBB−
6753	9	シャープ	30,219	194	28,857	10,260	35.6%	A+	A−		BBB+
7752	10	リコー	19,420	196	22,624	9,299	41.1%		AA−		A
6971	11	京セラ	12,669	1,224	19,466	14,203	73.0%				
6723	12	ルエサスエレクトロニクス	11,378	△1,150	11,450	2,838	24.8%				
6724	13	セイコーエプソン	9,736	102	7,982	2,693	33.7%		A		
TDK	14	TDK	8,757	452	10,609	5,343	50.4%		AA−	A2	A
4902	15	コニカミノルタHD	7,779	258	8,455	4,276	50.6%	A+	A		
6504	16	富士電機	6,890	151	8,058	1,554	19.3%	BBB+	BBB+		
6594	17	日本電産	6,885	523	7,482	3,553	47.5%	A+	A+		
8035	18	東京エレクトロン	6,687	719	8,092	5,727	70.8%	AA	AA−		
6981	19	村田製作所	6,179	534	9,885	8,211	83.1%		AA		
6645	20	オムロン	6,178	267	5,628	3,128	55.6%		AA−		A
6770		アルプス電気	5,506	111	4,275	1,155	27.0%		BBB		
6448		ブラザー工業	5,028	262	3,726	2,201	59.1%		A		
6773		パイオニア	4,575	103	3,097	850	27.4%		BB+		BB−
6954		ファナック	4,462	1,201	10,130	8,908	87.9%				
6703		沖電気工業	4,326	△270	3,722	594	16.0%		BB+		
6632		JVCケンウッド	3,526	△40	2,607	520	19.9%		BB		
6963		ローム	3,418	96	7,600	6,668	87.7%	AA−			
6952		カシオ計算機	3,416	56	4,025	1,531	38.0%		A−		BBB
6841		横河電機	3,256	△66	3,612	1,417	39.2%	A	A		
4062		イビデン	3,049	197	3,976	2,663	67.0%		A+		
6506		安川電機	2,968	65	2,646	932	35.2%		A−		
6674		ジーエス・ユアサコーポレーション	2,725	117	2,474	1,084	43.8%	BBB+	BBB		
6479		ミネベア	2,691	124	2,911	1,079	37.1%		A−		
7735		大日本スクリーン製造	2,549	256	2,531	871	34.4%	BBB			
6923		スタンレー電気	2,480	171	2,980	2,012	67.5%		A+		
6728		アルバック	2,320	△87	3,136	882	28.1%		BBB−		
6845		アズビル	2,192	79	2,175	1,296	59.6%		A		
6976		太陽誘電	2,104	△55	2,213	1,271	57.4%		A−		
7280		ミツバ	2,081	36	1,693	333	19.7%		BBB−		
6804		ホシデン	2,016	14	1,564	997	63.7%		A−		
6767		ミツミ電機	1,874	△35	1,918	1,397	72.8%	A−			

証券コード	業種順位	企業名	売上高	純利益	総資産	自己資本	自己資本比率	JCR	R&I	ムーディーズ	S&P
6861		キーエンス	1,848	553	6,311	5,926	93.9%				
6755		富士通ゼネラル	1,821	48	1,204	277	23.0%		BBB		
6508		明電舎	1,677	11	2,069	505	24.4%				
6707		サンケン電気	1,448	△9	1,324	333	25.2%		BBB+		
6756		日立国際電気	1,427	△50	1,498	710	47.4%		A-		
6967		新光電気工業	1,409	24	1,719	1,352	78.7%		A		
6997		日本ケミコン	1,277	32	1,347	612	45.4%	A-	BBB+		
6869		シスメックス	1,246	114	1,301	935	71.9%		A		
6856		堀場製作所	1,234	86	1,446	902	62.4%	A	A-		
6751		日本無線	1,077	19	1,186	445	37.5%		BBB+		
6996		ニチコン	1,059	26	1,306	927	71.0%		A-		
6965		浜松ホトニクス	1,018	137	1,881	1,327	70.5%	A	A		
6857		アドバンテスト	996	31	1,803	1,381	76.6%	A+	A		
6754		アンリツ	778	30	992	399	40.2%		BBB+		
6787		メイコー	747	△30	898	330	36.7%		BBB		
6768		タムラ製作所	732	1	684	253	37.0%	BBB			
6890		フェローテック	578	44	615	247	40.2%	BBB			
6644		大崎電気工業	459	10	631	250	39.6%		BBB+		
6809		TOA	333	9	363	275	75.8%		BBB+		
6652		IDEC	311	17	372	251	67.5%	BBB+			
6926		岡谷電機産業	144	8	128	77	60.2%	BBB-			
6831	未	富士ゼロックス	7,047	186	6,335	2,937	46.4%		AA		
6665	未	エルピーダメモリ	5,143	20	8,789	2,857	32.5%	D			
輸送用機器											
7203	1	トヨタ自動車	189,936	4,081	298,182	103,324	34.7%		AA+	Aa3	AA-
7267	2	本田技研工業	89,368	5,340	115,709	44,500	38.5%		AA	A1	A+
7201	3	日産自動車	87,730	3,192	107,367	29,414	27.4%	A+	A	Baa1	BBB+
6902	4	デンソー	31,314	1,430	33,804	19,624	58.1%		AA+		AA-
7269	5	スズキ	26,082	451	22,243	9,696	43.6%		A		
7261	6	マツダ	23,256	△600	17,718	4,288	24.2%	BBB+	BBB		
7259	7	アイシン精機	22,574	696	19,782	6,868	34.7%		AA-		A+
7211	8	三菱自動車工業	18,284	156	13,125	2,388	18.2%		BB		B+
7270	9	富士重工業	15,805	503	11,883	4,127	34.7%		BBB		
7262	10	ダイハツ工業	15,594	525	11,030	3,840	34.8%		A+		
6201	11	豊田自動織機	14,798	472	24,815	10,282	41.4%		AA		AA-
7202	12	いすゞ自動車	14,155	515	11,125	3,281	29.5%	A-	BBB+		
7272	13	ヤマハ発動機	12,761	269	9,004	2,808	31.2%		A-	A3	
7205	14	日野自動車	12,426	△100	7,221	1,919	26.6%		A-		
7012	15	川崎重工業	12,269	259	13,543	2,891	21.3%	A	A-		
3116	16	トヨタ紡織	9,837	114	5,045	1,651	32.7%	AA-			
7248	17	カルソニックカンセイ	7,482	155	3,148	1,019	32.4%				
7003	18	三井造船	5,892	134	6,863	1,643	23.9%	BBB+			
7282	19	豊田合成	5,169	171	4,166	2,175	52.2%		A		
7222	20	日産車体	5,059	71	2,469	1,499	60.7%				
7240		NOK	4,989	166	5,256	2,411	45.9%		A		

CHAPTER 2 業種別の格付状況

証券コード	業種順位	企業名	売上高	純利益	総資産	自己資本	自己資本比率	JCR	R&I	ムーディーズ	S&P
7312		タカタ	3,908	182	3,239	1,543	47.6%	A			
7241		フタバ産業	3,734	33	2,170	381	17.6%	BBB			
7242		カヤバ工業	3,200	170	2,851	874	30.7%		BBB		
7298		八千代工業	3,044	14	1,136	324	28.5%		BBB+		
7231		トピー工業	2,214	20	2,040	795	39.0%		BBB+		
5949		ユニプレス	2,190	117	1,365	701	51.4%		BBB+		
7238		曙ブレーキ工業	2,165	52	1,860	471	25.3%	BBB+	BBB		
7278		エクセディ	1,964	130	1,644	1,101	67.0%	A+			
7230		日信工業	1,647	66	1,349	846	62.7%		A		
7246		プレス工業	1,471	60	1,099	403	36.7%		BBB		
7014		名村造船所	1,360	22	1,957	408	20.8%	BBB+			
7294		ヨロズ	1,022	49	765	362	47.3%	BBB+			
7250		太平洋工業	846	29	819	366	44.7%	BBB			
7266		今仙電機製作所	838	36	633	316	49.9%		BBB		
7245		大同メタル工業	634	81	828	242	29.2%		BBB		
7404		昭和飛行機工業	207	2	603	249	41.3%	BBB-	BBB-		
精密機器											
7731	1	ニコン	8,875	273	8,299	3,888	46.8%	A+	A		
7733	2	オリンパス	8,471	73	10,636	1,637	15.4%		BBB-		
4543	3	テルモ	3,282	323	4,200	3,352	79.8%		AA-		
8050	4	セイコーHD	3,138	21	4,005	372	9.3%				
7741	5	HOYA	4,133	597	5,786	3,768	65.1%	AA	AA		
7762	6	シチズンHD	2,849	51	3,303	1,829	55.4%	A			
7701	7	島津製作所	2,527	100	2,848	1,564	54.9%	A+	A		
8086	8	ニプロ	1,959	24	4,765	1,065	22.4%	A-	BBB+		
7732	9	トプコン	1,024	△12	1,248	369	29.6%				
7729	10	東京精密	496	61	770	448	58.2%		BBB		
7734		理研計器	200	18	327	240	73.4%		BBB+		
7979		松風	157	4	226	182	80.5%		BBB		
その他製造											
7912	1	大日本印刷	15,893	250	16,498	9,085	55.1%		AA		
7911	2	凸版印刷	15,564	121	16,943	7,340	43.3%		AA-		
7974	3	任天堂	10,143	776	16,343	12,816	78.4%				
7832	4	バンダイナムコHD	3,941	18	3,083	2,121	68.8%		A-		
7951	5	ヤマハ	3,738	50	3,909	2,121	54.3%	A+	A		
7984	6	コクヨ	2,600	△54	2,528	1,473	58.3%		A-		
7936	7	アシックス	2,353	110	2,008	995	49.6%				
7862	8	トッパン・フォーム	2,243	50	1,866	1,402	75.1%				
7966	9	リンテック	2,127	136	2,062	1,297	62.9%	A	A		
7994	10	岡村製作所	1,692	6	1,618	765	47.3%	A-			
7867	11	タカラトミー	1,594	89	946	472	49.9%	BBB			
8022	12	美津濃	1,500	28	1,285	750	58.4%				
7905	13	大建工業	1,415	13	1,160	333	28.7%	BBB	BBB		
7981	14	タカラスタンダード	1,255	25	1,735	1,158	66.7%	A			
7915	15	日本写真印刷	1,140	△24	1,429	804	56.3%		A-		

証券コード	業種順位	企業名	売上高	純利益	総資産	自己資本	自己資本比率	JCR	R&I	ムーディーズ	S&P
7955	16	クリナップ	1,008	2	751	519	69.1%				
7914		共同印刷	983	△15	983	476	48.4%		BBB		
7898		ウッドワン	643	5	963	253	26.3%		BBB−		
8170		アデランス	481	△232	395	255	64.6%	BBB			
7987		ナカバヤシ	471	4	435	181	41.6%	BBB−			
電力・ガス											
9501	1	東京電力	53,685	△12,473	147,904	15,581	10.5%	A	BBB	B1	B+
9503	2	関西電力	27,697	1,231	73,102	18,108	24.8%	AA+	AA−	A3	
9502	3	中部電力	23,308	845	53,320	16,601	31.1%		AA−	A3	A
9506	4	東北電力	17,087	△337	40,289	8,273	20.5%	AA	A+		
9531	5	東京瓦斯	15,352	954	18,297	8,589	46.9%	AAA	AA+	Aa3	AA
9508	6	九州電力	14,860	287	41,855	10,625	25.4%	AA+	AA−	A3	
9532	7	大阪瓦斯	11,871	459	14,373	6,650	46.3%	AA+ p	AA+		AA−
9504	8	中国電力	10,942	17	28,311	6,569	23.2%	AA+	AA−	A3	
9513	9	電源開発	6,359	195	20,124	4,158	20.7%	AAA	AA−	A1	A
9507	10	四国電力	5,921	236	13,799	3,512	25.5%	AA+ p	AA−		A
9509	11	北海道電力	5,662	119	16,416	4,000	24.4%	AA+ p	AA−	A3	☆
9505	12	北陸電力	4,941	190	13,812	3,546	25.7%	AA+ p	AA−	A3	☆
9533	13	東邦瓦斯	4,368	144	4,956	2,214	44.7%	AA+ p	AA		
9536	14	西部瓦斯	1,628	46	2,675	599	22.4%	AA−	A+		
9511	15	沖縄電力	1,584	80	3,852	1,254	32.6%	AAA	AA+	Aa3	AA−
9543	16	静岡瓦斯	1,281	17	1,074	477	44.4%				
9535		広島ガス	733	26	888	305	34.3%	A	A		
9534		北海道瓦斯	725	14	1,151	299	26.0%	A	A		
9540		中部瓦斯	382	10	589	177	30.1%	A−	A−		
	未	日本原子力発電	1,751	8	8,164	1,783	21.8%	AA−			
陸運											
9020	1	東日本旅客鉄道	25,373	762	70,429	18,094	25.7%	AAA p	AA+	Aa2 ☆	AA−
9062	2	日本通運	16,171	85	11,475	4,675	40.7%		AA−		
9022	3	東海旅客鉄道	15,030	1,338	52,530	12,066	23.0%	AAA	AA	Aa3	
9064	4	ヤマトHD	12,365	332	8,994	5,156	57.3%		AA−		
9021	5	西日本旅客鉄道	12,135	349	26,724	6,888	25.8%	AA+ p	AA		
9005	6	東京急行電鉄	11,521	400	19,551	4,028	20.6%	A+	A		
9041	7	近畿日本鉄道	9,600	143	18,602	1,686	9.1%	BBB+	BBB		
9042	8	阪急阪神HD	6,387	180	23,147	4,758	20.6%	A	BBB+		
9048	9	名古屋鉄道	6,097	89	11,494	1,858	16.2%	A−	BBB+		
9001	10	東武鉄道	5,571	131	14,376	2,590	18.0%	BBB+	BBB		
9007	11	小田急電鉄	5,146	104	12,764	2,041	16.0%	AA−	A+		
9076	12	セイノーHD	4,976	84	4,877	3,002	61.6%		A−		
9008	13	京王電鉄	3,911	92	7,470	2,514	33.7%	AA	AA−		
9065	14	山九	3,732	82	2,859	1,050	36.7%		A−		
9086	15	日立物流	3,687	68	2,466	1,479	60.0%	A	A		
9031	16	西日本鉄道	3,238	57	3,970	1,043	26.3%	A+	A		
9006	17	京浜急行電鉄	2,998	70	9,821	1,849	18.8%	A+	A		
9003	18	相鉄HD	2,628	68	5,455	663	12.2%	BBB+	BBB+		

CHAPTER 2 業種別の格付状況

証券コード	業種順位	企業名	売上高	純利益	総資産	自己資本	自己資本比率	JCR	R&I	ムーディーズ	S&P
9045	19	京阪電気鉄道	2,595	64	6,062	1,339	22.1%	A−	A−		
9075	20	福山通運	2,556	83	3,535	1,722	48.7%	A−	BBB+		
9069		センコー	2,410	22	1,773	590	33.3%	A−	BBB+		
9009		京成電鉄	2,378	120	7,171	1,762	24.6%	A−	BBB+		
9044		南海電気鉄道	1,861	30	7,995	1,262	15.8%	BBB+	BBB		
9072		日本梱包運輸倉庫	1,227	58	1,843	1,211	65.7%		A		
9070		トナミHD	1,189	3	1,174	446	38.0%	BBB			
9068		丸全昭和運輸	856	18	927	539	58.1%	A−			
9052		山陽電気鉄道	494	14	927	256	27.6%	BBB	BBB		
	未	西武HD	4,590	72	14,236	2,048	14.4%	BBB+	BBB		
海運											
9101	1	日本郵船	19,291	785	21,268	6,846	32.2%	A+	A	Baa2	
9104	2	商船三井	15,436	582	18,687	6,608	35.4%	A+	A	Baa1 ☆	
9107	3	川崎汽船	9,850	306	10,325	2,917	28.3%	BBB+	BBB−		BB
9132	4	第一中央汽船	1,303	17	1,366	350	25.6%				
9110	5	NSユナイテッド	1,271	32	1,690	653	38.6%				
9119	6	飯野海運	744	6	1,848	523	28.3%	BBB+	BBB		
空運											
9202	1	全日本空輸	13,576	233	19,280	5,203	27.0%	A−	BBB+		
倉庫・運輸関連											
9375	1	近鉄エクスプレス	2,676	78	1,203	693	57.6%				
9364	2	上組	2,195	128	3,035	2,503	82.5%		AA−		
9066	3	日新	1,926	19	1,028	370	36.0%				
9301	4	三菱倉庫	1,758	69	3,504	2,039	58.2%	AA	A+		
9370	5	郵船ロジスティックス	1,607	36	884	532	60.2%				
9369	6	キユーソー流通システム	1,401	4	543	248	45.7%				
9303	7	住友倉庫	1,303	43	2,284	1,084	47.5%	A+			
9302		三井倉庫	967	25	1,840	493	26.8%	A	A−		
9310		日本トランスシティ	808	24	885	366	41.4%		BBB+		
9304		澁澤倉庫	532	5	879	316	35.9%	BBB+	BBB+		
9368		キムラユニティー	353	6	398	203	51.0%		BBB		
9324		安田倉庫	336	9	763	351	46.0%	BBB+			
9319		中央倉庫	216	6	375	300	80.0%	BBB+			
9306		東陽倉庫	203	6	312	153	49.0%	BBB			
情報・通信											
9432	1	日本電信電話	103,050	5,096	196,656	80,207	40.8%			Aa2	AA
9437	2	エヌ・ティ・ティ・ドコモ	42,242	4,904	67,916	48,504	71.4%	AAA	AA+	Aa2	AA
9433	3	KDDI	34,345	2,551	37,789	21,033	55.7%		A+		
9984	4	ソフトバンク	30,046	1,897	46,557	6,193	13.3%	A		Baa3	BBB
9613	5	エヌ・ティ・ティ・データ	11,619	373	14,686	6,016	41.0%	AA+	AA+		
3738	6	ティーガイア	5,952	75	1,538	356	23.1%				
4676	7	フジ・メディアHD	5,896	100	7,238	4,569	63.1%		AA−		
4768	8	大塚商会	4,782	127	2,296	1,166	50.8%				
9435	9	光通信	4,490	△7	2,289	1,000	43.7%	BBB	BBB		
4817	10	ジュピターテレコム	3,690	372	8,123	4,357	53.6%	A	A		

証券コード	業種順位	企業名	売上高	純利益	総資産	自己資本	自己資本比率	JCR	R&I	ムーディーズ	S&P
9401	11	東京放送HD	3,427	1	5,930	3,343	56.4%		A		
4307	12	野村総合研究所	3,263	231	3,800	2,298	60.5%		AA−		
3626	13	ITHD	3,231	59	3,011	1,436	47.7%	A−			
9404	14	日本テレビ放送網	2,978	210	5,284	4,189	79.3%				
4689	15	ヤフー	2,924	921	4,717	3,824	81.1%				
4739	16	伊藤忠テクノソリューションズ	2,830	114	2,382	1,554	65.2%				
9766	17	コナミ	2,579	129	3,139	1,939	61.8%	A			
8056	18	日本ユニシス	2,529	25	2,073	755	36.4%		BBB+		
9409	19	テレビ朝日	2,353	70	3,099	2,383	76.9%		A		
1973	20	NECネッツエスアイ	2,179	47	1,499	769	51.3%		A−		
9602		東宝	1,989	113	3,292	2,146	65.2%	AA	AA−		
9412		スカパーJSATHD	1,418	44	3,221	1,799	55.9%		A		
9719		住商情報システム	1,328	38	1,213	942	77.7%	A			
9684		スクウェア・エニックスHD	1,252	△120	2,063	1,336	64.8%	A			
9697		カプコン	977	77	904	580	64.2%		BBB+		
9405		朝日放送	766	24	931	531	57.0%		A−		
9427		イー・アクセス	709	△182	3,530	730	20.7%		BBB	Ba3	BB+
4725		シーエーシー	388	0	314	189	60.2%	BBB+			
卸売											
8015	1	豊田通商	57,436	471	24,362	5,955	24.4%	AA−	A+		A
8058	2	三菱商事	52,068	4,631	113,474	32,844	28.9%		AA−	A1	A+
8031	3	三井物産	46,794	3,066	85,981	23,662	27.5%		AA−	A2 ☆	A+
2768	4	双日	40,146	159	21,170	3,300	15.6%	BBB	BBB	Baa3	BBB−
8002	5	丸紅	36,838	1,365	46,791	7,736	16.5%	A+	A−	Baa2 ☆	BBB
8001	6	伊藤忠商事	36,496	1,609	56,737	11,548	20.4%	AA−	A	Baa1	A−
8053	7	住友商事	31,001	2,002	72,305	15,705	21.7%		AA−	A2	A
7459	8	メディパルHD	26,628	17	12,847	2,992	23.3%		A		
2784	9	アルフレッサHD	21,833	65	10,789	2,326	21.6%		A		
7451	10	三菱食品	18,383	71	3,757	798	21.2%				
9987	11	スズケン	17,519	96	9,124	2,846	31.2%		A		
8078	12	阪和興業	13,961	57	5,327	1,097	20.6%	BBB+	BBB+		
8133	13	伊藤忠エネクス	11,857	38	2,775	917	33.0%	A			
9810	14	日鐵商事	10,795	74	3,323	481	14.5%				
8129	15	東邦HD	10,596	72	5,183	1,109	21.4%	A−			
8020	16	兼松	9,368	91	3,886	331	8.5%	BBB			
8097	17	三愛石油	8,885	64	1,919	575	30.0%	A−			
8075	18	神鋼商事	8,629	33	2,291	242	10.6%	BBB+			
9938	19	住金物産	7,909	57	3,384	567	16.8%				
8283	20	Paltac	7,575	34	2,978	1,060	35.6%				
9869		加藤産業	7,024	63	2,186	735	33.6%	A−			
8012		長瀬産業	6,602	128	3,753	2,017	53.7%		A		
7485		岡谷鋼機	6,441	73	3,470	822	23.7%	BBB+	BBB+		
8032		日本紙パルプ商事	4,821	34	2,602	660	25.4%	A−	A−		
8051		山善	3,237	43	1,457	397	27.2%	BBB+	BBB		
9896		JKHD	2,800	16	1,569	189	12.0%	BBB−			

CHAPTER 2 業種別の格付状況

証券コード	業種順位	企業名	売上高	純利益	総資産	自己資本	自己資本比率	JCR	R&I	ムーディーズ	S&P
8043		スターゼン	2,628	16	954	250	26.2%	BBB			
8084		菱電商事	1,970	23	1,051	500	47.6%	A−	BBB+		
7456		松田産業	1,834	36	610	383	62.8%	BBB+			
8150		三信電気	1,826	14	924	596	64.5%		BBB		
7420		佐鳥電機	1,705	7	718	282	39.3%		BBB		
7458		第一興商	1,278	95	1,374	870	63.3%	A			
2874		横浜冷凍	1,240	16	930	561	60.3%	A−			
8141		新光商事	1,230	11	707	476	67.3%		BBB		
9830		トラスコ中山	1,154	28	929	757	81.5%		A−		
8006		ユアサ・フナショク	1,118	10	456	215	47.1%				
7433		伯東	1,109	22	733	399	54.4%	BBB+			
8059		第一実業	1,080	24	733	233	31.8%	BBB+			
9991		ジェコス	786	10	853	259	30.4%	BBB+			
7444		ハリマ共和物産	335	8	159	95	59.7%	BBB−			
	未	JFE商事	20,115	136	5,713	1,186	20.8%	A+			
小売											
3382	1	セブン&アイHD	51,197	1,119	37,321	17,025	45.6%	AA+	AA	Aa3	AA−
8267	2	イオン	50,965	596	37,746	8,874	23.5%		A		A−
9831	3	ヤマダ電機	21,532	707	9,290	4,690	50.5%	AA−			
3099	4	三越伊勢丹HD	12,207	26	12,378	4,065	32.8%		A−		
8270	5	ユニー	11,127	60	9,401	2,388	25.4%				
3086	6	J.フロント リテイリング	9,501	88	7,750	3,181	41.0%	A	A−		
8263	7	ダイエー	9,118	△53	3,948	1,496	37.9%				
2730	8	エディオン	9,010	162	4,034	1,411	35.0%	A−	BBB+		
8233	9	髙島屋	8,694	138	8,171	2,962	36.3%	A	A−		
9983	10	ファーストリテイリング	8,203	543	5,337	3,147	59.0%				A
8282	11	ケーズHD	7,709	234	3,145	1,256	39.9%				
3048	12	ビックカメラ	6,121	90	2,198	714	32.5%				
7532	13	ドン・キホーテ	5,076	126	3,413	1,236	36.2%	A			
8273	14	イズミ	5,023	99	3,686	1,225	33.2%	A			
8194	15	ライフコーポレーション	4,808	33	1,649	467	28.3%				
8242	16	エイチ・ツー・オーリテイリング	4,650	31	3,442	1,511	43.9%	A−	BBB+		
7513	17	コジマ	4,494	20	1,742	512	29.4%				
2651	18	ローソン	4,412	253	4,760	2,035	42.8%				
8227	19	しまむら	4,401	235	2,583	2,051	79.4%				
8173	20	上新電機	4,352	61	1,527	496	32.5%	BBB+			
3088		マツモトキヨシHD	4,281	72	2,177	1,084	49.8%		A−		
3050		DCMHD	4,223	68	2,990	1,352	45.2%		BBB+		
8252		丸井グループ	4,064	△236	6,289	2,845	45.2%		A−		
8276		平和堂	3,829	45	2,698	1,066	39.5%	A	A−		
9956		バロー	3,791	42	1,901	610	32.1%	A−			
7550		ゼンショーHD	3,707	47	2,312	360	15.6%	BBB			
9989		サンドラッグ	3,606	108	1,400	782	55.9%	A			
8178		マルエツ	3,322	27	1,331	609	45.8%	BBB+			
8028		ファミリーマート	3,198	180	4,360	2,096	48.1%	AA− p			

証券コード	業種順位	企業名	売上高	純利益	総資産	自己資本	自己資本比率	JCR	R&I	ムーディーズ	S&P
8278		フジ	3,038	7	1,540	543	35.3%	BBB			
7516		コーナン商事	2,885	66	2,267	636	28.1%	BBB＋			
8251		パルコ	2,676	44	2,221	818	36.8%	A－	A－		
2653		イオン九州	2,546	12	1,088	200	18.4%	A			
2681		ゲオHD	2,530	75	1,254	451	36.0%	BBB			
8182		いなげや	2,199	7	812	436	53.7%	BBB＋			
8196		カスミ	2,186	32	781	413	52.9%		A－		
8219		青山商事	1,932	28	3,360	2,249	66.9%		A		
8248		ニッセンHD	1,407	23	760	258	33.9%	BBB－			
8214		AOKIHD	1,325	35	1,661	988	59.5%	A－			
9627		アインファーマシー	1,293	39	769	295	38.4%	BBB＋			
8255		原信ナルスHD	1,233	13	541	229	42.3%		BBB＋		
7545		西松屋チェーン	1,178	47	673	479	71.2%	A	A－		
3341		日本調剤	1,121	18	727	128	17.6%	BBB－			
8179		ロイヤルHD	1,092	△31	778	392	50.4%	BBB			
9997		ベルーナ	1,034	43	1,106	575	52.0%	BBB＋			
7421		カッパ・クリエイト	922	12	608	232	38.2%	BBB			
9993		ヤマザワ	909	7	420	264	62.9%	BBB			
4775		総合メディカル	727	21	431	174	40.4%	BBB			
9936		王将フードサービス	683	53	536	314	58.6%	A－			
8005		スクロール	564	3	369	223	60.4%	BBB			
8160		木曽路	435	△12	381	290	76.1%	BBB			
9990		東京デリカ	379	6	236	142	60.2%	BBB			
不動産											
8801	1	三井不動産	14,052	499	37,807	10,199	27.0%	AA－	A＋	A3	BBB＋
8802	2	三菱地所	9,884	642	42,452	12,023	28.3%	AA＋ p	AA	A1	A＋
8830	3	住友不動産	7,447	509	32,342	5,262	16.3%	A	A－		
8815	4	東急不動産	5,714	115	11,614	2,086	18.0%	A－			
8848	5	レオパレス21	4,843	△408	2,983	330	11.1%				
3231	6	野村不動産HD	4,809	54	14,743	3,045	20.7%	A	A－		
8840	7	大京	2,953	97	3,191	967	30.3%	BBB	BBB－		
3268	8	一建設	2,097	138	1,128	479	42.5%				
8804	9	東京建物	1,669	△717	8,980	1,849	20.6%	A－			
8895	10	アーネストワン	1,608	125	803	504	62.8%				
8933	11	エヌ・ティ・ティ都市開発	1,456	93	9,105	1,555	17.1%		A＋		
8905	12	イオンモール	1,451	223	5,172	1,769	34.2%		A		
9706	13	日本空港ビルデング	1,347	9	1,990	1,007	50.6%		A－		
4666	14	パーク24	1,240	65	1,089	414	38.0%		BBB＋		
3265		ヒューリック	747	93	4,762	1,031	21.7%	A			
8806		ダイビル	348	37	2,917	1,140	39.1%	AA－			
8809		サンケイビル	329	11	1,740	518	29.8%	A	A		
8803		平和不動産	301	20	2,961	725	24.5%	BBB＋	BBB		
8841		テーオーシー	218	20	1,400	630	45.0%	A＋			
3258		常和HD	134	27	1,360	176	12.9%	BBB＋			
8818		京阪神ビルディング	131	17	1,044	376	36.0%		A－		

CHAPTER 2 業種別の格付状況

証券コード	業種順位	企業名	売上高	純利益	総資産	自己資本	自己資本比率	JCR	R&I	ムーディーズ	S&P
3003		昭栄	116	△97	1,656	241	14.6%	BBB+			
8834	未	三菱地所レジデンス	2,155	△95	5,088	2,559	50.3%	AA			
3270	未	森ビル	2,091	70	11,856	2,899	24.5%	A−			
	未	日本土地建物	589	20	5,548	936	16.9%	A−			
	未	大栄不動産	251	4	1,177	187	15.9%	BBB			
サービス											
4324	1	電通	18,334	216	11,333	4,929	43.5%		AA		
2433	2	博報堂DYHD	9,364	45	4,741	1,967	41.5%				
9735	3	セコム	6,638	608	10,944	5,922	54.1%	AA+	AA		
9783	4	ベネッセHD	4,128	205	4,051	1,870	46.2%	AA−			
9603	5	エイチ・アイ・エス	3,808	83	1,390	630	45.3%				
4755	6	楽天	3,799	△11	19,146	2,284	11.9%		BBB		
4661	7	オリエンタルランド	3,561	229	5,746	3,578	62.3%	AA	AA−		
9747	8	アサツー ディ・ケイ	3,471	22	1,842	958	52.0%				
2331	9	綜合警備保障	2,792	47	2,844	1,429	50.2%		A		
9792	10	ニイチ学館	2,408	34	1,258	519	41.3%				
2181	11	テンプHD	2,252	24	793	478	60.3%		A−		
4837	12	シダックス	1,950	△6	979	207	21.1%				
2322	13	NECフィールディング	1,891	47	1,328	751	56.6%				
2168	14	パソナグループ	1,788	4	606	210	34.7%				
4665	15	ダスキン	1,773	52	1,989	1,477	74.3%				
9787	16	イオンディライト	1,709	64	846	527	62.3%				
9715	17	トランス・コスモス	1,516	44	901	410	45.5%		BBB		
4751	18	サイバーエージェント	1,195	73	1,117	369	33.0%				
4711	19	東急コミュニティー	1,132	38	687	335	48.8%				
2432	20	ディー・エヌ・エー	1,127	316	1,272	766	60.2%				
4681		リゾートトラスト	1,089	33	2,374	546	23.0%	BBB+			
2131		アコーディア・ゴルフ	866	81	2,499	780	31.2%	BBB+			
9616		共立メンテナンス	849	10	1,413	302	21.4%	BBB−			
9681		東京ドーム	814	△8	3,029	490	16.2%	BBB−	BB+		
9678		カナモト	710	11	1,151	371	32.2%	BBB−	BBB−		
2466		PGMHD	707	22	2,658	804	30.2%	BBB+	BBB		
1954		日本工営	658	12	747	434	58.1%		BBB		
9744		メイテック	617	39	555	371	66.8%		A−		
9619		イチネンHD	472	14	775	159	20.5%	BBB−			
9793		ダイセキ	314	31	544	440	80.9%		BBB+		
9628		燦HD	174	4	250	189	75.6%	BBB	BBB		
9672		東京都競馬	151	7	584	508	87.0%		A−		
4351		山田債権回収管理総合事務所	21	△3	54	20	37.0%	BB+			
	未	鴻池運輸	2,111	4	1,570	581	37.0%	A−			

≫4 その他金融会社の格付取得状況

基本的には図表17の一般事業会社の格付取得状況と同じですが，図表18では格付のある企業だけをリストアップしています。

図表18 その他金融会社の格付取得状況

単位：億円

証券コード	業種順位	企業名	売上高	純利益	総資産	自己資本	自己資本比率	JCR	R&I	ムーディーズ	S&P
その他金融											
8591	1	オリックス	9,701	672	85,816	13,193	15.4%	A	A	Baa2 ☆	A−
8593	2	三菱UFJリース	7,247	257	37,211	3,737	10.0%	AA−	A+	A3	
8439	3	東京センチュリーリース	7,131	236	21,846	1,700	7.8%	A	A−		
8424	4	芙蓉総合リース	4,084	134	16,540	1,105	6.7%	A	A−		
8253	5	クレディセゾン	2,857	128	22,312	3,452	15.5%		A+		
8425	6	興銀リース	2,560	90	10,280	684	6.7%	A			
8572	7	アコム	2,458	△2,026	13,028	2,376	18.2%	A	BBB		BB+
8574	8	プロミス	2,384	△960	10,792	1,584	14.7%	A−	A−	Ba1	
8566	9	リコーリース	2,297	70	6,171	1,016	16.5%	AA−	A+		A
8793	10	NECキャピタルソリューション	2,276	37	8,215	616	7.5%	A−	BBB+		
8585	11	オリエントコーポレーション	2,238	46	42,738	1,888	4.4%	A−	BBB+	Baa3	
8570	12	イオンクレジットサービス	1,691	95	9,016	1,592	17.7%	A+	A		
8515	13	アイフル	1,449	△319	8,580	608	7.1%	CCC	CCC+		
8473	14	SBIHD	1,410	45	12,936	3,908	30.2%		BBB		
8584	15	ジャックス	1,162	43	27,863	1,052	3.8%	A−	A−		
8586		日立キャピタル	920	62	15,624	2,532	16.2%	AA−	A+		A−
8589		アプラスフィナンシャル	710	32	11,407	803	7.0%		BBB+		
8519		ポケットカード	356	13	1,816	461	25.4%	A−	BBB		
8697		大阪証券取引所	229	91	6,708	529	7.9%		AA−		
8511		日本証券金融	228	34	79,781	1,149	1.4%	AA−	AA−		A
8787		UCS	172	10	1,062	167	15.7%	BBB			
8595		ジャフコ	151	23	1,334	885	66.3%		A−		
8512		大阪証券金融	34	32	2,361	178	7.5%	A−	A−		
8592	未	三井住友ファイナンス&リース	9,126	261	29,361	4,988	17.0%	AA−	A+		
8583	未	三菱UFJニコス	3,006	△1,068	24,771	1,317	5.3%	AA−	A		
8488	未	NTTファイナンス	2,496	230	11,347	708	6.2%	AA+			AA
9498	未	トヨタファイナンス	1,568	42	14,934	777	5.2%		AA+		AA−
8434	未	日産フィナンシャルサービス	393	52	9,635	771	8.0%	A+	A		
7151	未	オリックス・クレジット	314	24	2,795	500	17.9%		A−		

【参考文献表示】
東洋経済新報社編『会社四季報　業界地図 2012年版』（東洋経済新報社）
日本経済新聞社編『日経会社情報 2011 Ⅳ秋号，2012 Ⅱ春号』（日本経済新聞社）
Ullet（ユーレット）URL：http://www.ullet.com/

CHAPTER 3 業界レポートの利用

格付というと格付符号だけを利用しがちですが，格付会社は投資家から見て，極めて価値の高いレポートを多く公表しています。業種別格付方法レポートは，業界の特徴やチェックすべきポイントが記載されており，各社の業種別格付方法を組み合わせれば，ほとんどの業界がカバーされています。

そこで，紙パルプ業界を例にとって，JCRとR＆Iの分析する視点に違いがあるかどうかを比較し，非鉄金属業界を例に，産業構造なり事業構造をどの程度まで深く分析・精査しているかについて検証します。これにより，格付会社の分析が，非常に高いレベルであることがわかります。

》1 業種別格付方法レポート

　格付会社は各種のレポートを公表しています。投資家として，極めて価値の高いレポートを多く公表しています。格付というと，格付符号だけを利用してしまいがちですが，レポートを活用すれば有用な情報を入手できます。

　図表1は2012年7月末時点で開示されている業種別格付方法レポートの一覧表です。JCRとR&Iとを合わせてみれば，金融まで含めてほとんどの業種をカバーしていることがわかります。ムーディーズのレポート（日本語版）は世界企業を対象としていますので，対象範囲が日系2社とは異なりますが，世界全体という広い視野で業種を分析しており，日系のレポートと併せて読むと参考になります。

　上記レポートはホームページから無料でダウンロードできますが，このほかに格付会社では，有料で業界動向などの情報を提供しています。

CHAPTER 3 業界レポートの利用

図表1　業種別格付方法レポートのカバー範囲

業種	JCR		R&I		ムーディーズ	
水産・農林						
鉱業					探鉱生産	
建設	総合建設		住宅メーカー	社会インフラ・プラント	建設	
食品	食品		加工食品		タバコ	アルコール飲料
繊維						
紙パルプ	紙パルプ		紙パルプ			
化学	化学		大手化学	化学（準大手・中堅）	化学	
医薬品	医薬品				製薬	
石油・石炭製品	石油				石油精製・販売	
ゴム製品	タイヤ		タイヤ			
ガラス・土石製品	ガラス	セメント	セメント			
鉄鋼	鉄鋼		鉄鋼	電炉	鉄鋼	
非鉄金属	非鉄金属		電線			
金属製品			設備機器			
機械	機械	総合重機	建設機械	総合重機	重機械	
電気機器	電機		大手電機	半導体製造装置	アジア家電	
			電子部品		テクノロジー・ハードウェア	
輸送用機器	自動車・自動車部品		トラックメーカー	自動車部品	自動車	自動車部品
精密機器						
その他製造			住宅設備・住宅建材	印刷		
電力・ガス	電力	都市ガス			規制電力・ガス	
陸運	鉄道	陸運	陸運	鉄道会社	旅客鉄道	
海運	海運				海運	
空運	空運					
倉庫・運輸関連	倉庫		倉庫			
情報・通信	情報サービス	通信	放送	通信（インフラ）	通信	
卸売	総合商社		専門商社・卸売業			
小売	小売	外食	百貨店		小売	
不動産	不動産		不動産			
サービス						
その他金融	消費者金融	信販・クレジットカード	消費者金融	クレジットカード・信販	ファイナンスカンパニー	
	リース					
金融	銀行等	証券	預金取扱金融機関	証券	銀行	証券業界
	損害保険	生命保険	生命保険		損害保険	生命保険

出所　JCR，R&I，ムーディーズのホームページ

≫2 格付方法レポートの内容

　ここでは両社とも公表している，紙パルプ業界を取り上げて，どのような内容が盛り込まれているかを分析してみます。

　JCRのレポート「業種別格付方法」は，事業基盤と財務基盤に分かれて分析されており，ここでは事業基盤について，その要旨を抜き出しています（図表2）。

　レポートでは，洋紙と板紙に分けて説明しています。洋紙は内需が減少傾向にある上，輸入品の脅威もあって競争が激しいが，板紙は加工食品や青果物の梱包など物流関連が主な用途であり，内需は比較的堅調であるとしています。

　競合状況では，洋紙は抄紙機の停機を含む生産能力削減が進みつつあるものの，当面は激しい競争が続くことが予想される一方で，板紙は付加価値が低いために物流コストが制約となって，工場立地によりある程度の棲み分けが可能としています。

　コスト構造についても，段ボール原紙などの板紙は，古紙を原料とする割合が高く，比較的安定しており，経営統合によって社数が削減された効果もあり，価格転嫁が進みやすい構造にあると述べています。

　一方，R&Iのレポート「業種別格付方法」は，産業リスクの評価と個別企業リスクの見方に分かれて分析されています（図表3）。

　産業リスクとしては，設備投資型産業で資本費が重い上に，製品の付加価値が低く収益力が弱いとしています。国内の紙に対する需要が逓減傾向にあること，業界再編は進んだもののプレーヤーが多いこと，紙製品は差別化が図りにくいことを指摘しているほか，コスト構造については固定費負担が重くて柔軟性が乏しいこと，チップなど原材料の輸入依存度が高くて国際価格や為替の影響を受けること，古紙に依存する場合には，パルプ一貫工場よりも設備負担が軽いことなど分析しています。

　個別企業リスクの見方として5つのポイントを述べています。工場の競争力では工場単位で規模の経済性を分析することや各工程における生産設備の優位性や工場稼働率を評価し，製品構成では製品のポートフォリオについて分析

| 図表2 | JCRの紙パルプ業界レポート |

2011年12月7日

産業の特性
①市場概要
　内需依存度が高い。洋紙のうち印刷・情報用紙の内需は，薄物化や広告費削減のほか，出版不況，電子媒体へのシフトなどを背景に減少傾向にある。

　円高進行により印刷・情報用紙を中心に輸入量が増加，製紙メーカーの国内出荷量減少に繋がっている。

　一方，板紙のうち主力の段ボール原紙の内需は，加工食品や青果物の梱包など物流関連が主用途であるため経費削減の対象になりにくい。

　段ボール原紙でも薄物化が進みつつあるが，輸入比率が相対的に低いうえ，他に有力な代替品もないことから，内需は比較的堅調に推移している。

②競合状況
　洋紙・板紙とも上位3社の生産シェアが5割を超えており，寡占率は比較的高い。

　ただし，洋紙のうち印刷用紙では大手メーカーがコスト競争力向上を目指して相次いで大型抄紙機を新設したうえ，世界同時不況後の内需が大幅に減少したことで供給過剰が顕在化した。

　さらに，円高進行に伴い印刷・情報用紙を中心に輸入紙の競争力が高まり，競争が激化している。こうした中，抄紙機停機を含む生産能力削減が進みつつあるが，当面は厳しい競争が続くことが想定される。

　一方，板紙の主力製品である段ボール原紙は洋紙と比べて付加価値が低く，物流コストが制約となって生産地からカバーできる販売エリアがある程度限られる。このため，国内では工場立地によりある程度棲み分けが可能なほか，輸入品との競合も限定的である。

　また，段ボール原紙メーカーの再編や，上位の段ボール原紙メーカーによる下流の段ボール事業を含めた垂直統合の進展もあり，過去の過当競争体質から脱却した。

③コスト構造（収益構造）
　紙パルプは市況産業で，製造原価に占める原燃料コストの割合が比較的高い。このため，市況および原燃料価格動向の影響を受けやすい収益構造になっている。

　また，円高進行は原燃料の大部分を輸入することから短期的に収益上プラス効果を持つが，印刷・情報用紙を中心に輸入紙の流入増加を招き，市況に低下圧力が働く懸念がある。

　板紙の原紙は古紙の割合が高く，中国からの引き合い増加により，古紙価格に上昇圧力が働いている。

> 市場地位，競争力のポイント
> ①市場地位
> 　紙パルプ事業では，工場単位でスケールメリットが働きやすいほか，市場シェアがマーケットに対する影響力を左右することから，市場地位が競争力に与える影響は比較的大きいと考えられる。
> ②業界再編
> 　大手製紙メーカー間の再編は一段落しているが，中堅製紙メーカーを含めた再編には一定の進展がみられる。経営統合によりコスト削減や効率化を含むシナジー効果の発現が期待できるほか，単独では困難であった生産能力の削減余地が生まれるなどのメリットがある。
> ③工場の競争力
> 　洋紙では輸入紙を含めた競争が激化する中，主力工場を中心にコスト競争力の向上を図ることが課題である。製紙工場の競争力については，工場立地や設備稼働率，エネルギー構成などの要素も勘案して評価している。
> ④成長戦略
> 　需要増加が見込めない国内市場において経営統合や生産体制見直しによる効率化を進める一方，成長力が高い海外市場に活路を見出すとともに，紙パルプ以外の事業にも注力して成長を目指す動きが一般的になっている。
> 　格付の判断上，国内の紙パルプ事業を中心として，一定の収益・キャッシュフローを維持しつつ，海外事業展開や新規事業によりいかに収益の底上げを図っているかが大きな注目点である。
> 　なお，海外事業展開を行う際には，対象事業分野や投資金額の多寡のほか，現地生産を主体とするかM&Aを主体とするか等により，事業リスクも異なることから，こうした点も考慮に入れて判断している。

出所　JCRのホームページ。業種別格付方法（紙パルプ）より抜粋

し，市況形成への影響力ではメーカーの価格決定力の有無について，原燃料の調達と対応では設備との関係でどのような調達を行っているか，海外での販売力では安定的な販売先確保のために海外市場の開拓状況について評価するとしています。

　JCRは洋紙と板紙を明確に分けて分析し，R&Iはコスト構造や原材料調達や製品販売力という観点を中心に見ており，多少見方の違いはあるのですが，共に的を射た分析を行っているものと思われます。

| 図表3 | R&Iの紙パルプ業界レポート |

2010年5月18日

産業リスクの見方

　紙パルプ産業は，製造設備に多額の資金を必要とし，減価償却など資本費の負担が重いのが特徴だ。

　関連インフラ設備の効率性を高め，コスト競争力を向上させる狙いから，工場の抄紙能力を増やそうとするインセンティブが働く。しかし，生産能力に見合う需要を確保できなければ，固定負担増となって利益を大きく圧迫するという点で両刃の剣である。

　需要は景気変動の影響を受けるとは言え，他の基礎素材に比べて変動幅が小さい。これまで国内の紙パルプ業界が著しい操業度低下に苦しむことは少なかった。

　ただ，製品の付加価値はさほど高いとは言えず，何年間，ならしてみても，十分な収益性を確保できているとは言いにくい。

①市場規模，市場成長性，市場のボラティリティ

　1990年代以降，紙の国内市場は成熟化しているが，資本財や耐久消費財に使用されるその他の基礎素材と比べて，需要の変動性は低いのが特徴だ。

　広告・宣伝や情報媒体として紙の地位が徐々に低下しているほか，新聞・書籍では電子媒体との競争にさらされている。今後の需要動向を慎重に見守る必要がある。

②業界構造（競争状況）

　日本の紙パルプ業界は，王子製紙，日本製紙の2大メーカーを二つの峰として大小取り混ぜ多くの企業が存在する。成熟市場だけに新規参入はなく，M&A（合併・買収）などによる業界再編も徐々に進んでいるものの，プレーヤー数は依然多いと言える。

　上位集約が進んでいる塗工紙，段ボール原紙などではメーカーによる価格形成への影響力が強まっているのに対し，衛生用紙のように上位集約度が低い紙では，市況への影響力は限定的だ。

③顧客の継続性・安定性

　紙製品の多くは汎用性が高く，品質面での差別化を図りにくい。このため産業用の特殊紙などを除き，基本的に顧客の継続性は低い。ただ，一次販売店である代理店を通じて，二次販売店である卸商に納入され，最終需要家に届くという流通経路が確立している。

④設備・在庫投資サイクル

　製造設備の導入には多額の資金を必要とするが，製品のライフサイクルが長く，製造設備の価値が急激に低下するリスクは小さい。古い設備でもうまく活用すれば十分戦力になる。

⑤保護，規制・公共性
　製紙産業は国内に密着した産業である。森林資源国を除き，一般的に紙パルプ産業の生産が他産業に与える波及効果は比較的小さい。
⑥コスト構造
　パルプ一貫工場の運営には，製造設備の導入や周辺インフラの整備に多額の投資が必要で，減価償却費や修繕費など固定費の負担が重く，コスト構造の柔軟性は総じて低い。直接変動費をみると，主原料の木材チップ，ボイラーの原料となる重油，石炭の大部分を輸入に依存しており，国際的な商品市況や為替変動の影響を受けやすくなっている。
　BIP（脱墨パルプ）設備のみの工場であれば，製造設備や周辺インフラにかかる投資はパルプ一貫工場と比べてはるかに少なくて済むため，固定費の負担が比較的軽く，コスト構造の柔軟性は高い。ただ，古紙価格は日々変動する。製品価格との値差を十分確保できるかが重要となる。

個別企業リスクの見方
①工場の競争力
　工場単位での規模の経済性を評価する。そして，各主要工程で生産性の高い設備を備えているかどうかも，工場の競争力を大きく左右する要素となる。
②製品構成
　紙種によって市場規模，需要の変動性や成長性などが異なる。収益変動を緩和し，安定的に利益を上げていくには，幅広い紙種を取り扱うことが対策の1つとなる。
③市況形成への影響力
　紙製品は品質格差を価格に反映しにくい。このため，メーカー側で主導的に価格改定を進められるかどうか，市況形成への影響力が重要となる。
④原燃料の調達・対応力
　古紙を除き，木材チップなどの主原料，石炭，重油などの燃料の大半を輸入資源に依存している。古紙価格の水準にもよるが，DIP設備で製造する古紙パルプの方が，価格競争力は一般的に強い。
⑤海外での販売力
　現時点では各社の海外販売比率は10％に満たないが，国内の需給バランスの維持・改善を図るためにも海外市場の開拓，安定的な販売先の確保が欠かせない。

出所　R&Iのホームページ。業種別格付方法（紙パルプ）より抜粋

CHAPTER 3 業界レポートの利用

3 格付会社の分析深度

　きちんとした格付を行うには，財務比率の分析のみならず事業を見る必要があります。そこで，格付会社がどの程度まで深く突っ込んで事業を分析しているかを考察してみたいと思います。
　市況産業は業績変動も大きく，格付会社にも十分な分析力が求められます。市況産業の1つである非鉄金属業界は事業が複雑でわかりにくい業界の1つです。ここでは，JCRによる業種別格付方法の非鉄金属を選定し，レポートの前半部分にあたる「事業基盤」について，具体的にどのようなところを分析しているのかを見てみることにします。

(1) 産業の特性

> **①市場規模**
> 　銅は電線や伸銅品などに加工され建設，電気機器，工業機械，自動車などに，亜鉛は亜鉛めっき鋼板のほか真鍮や亜鉛ダイカスト合金などに加工され建設，自動車などに使われている。また，鉛は鉛蓄電池の電極，放射線遮断材，防音材などに，ニッケルはめっきのほかステンレス鋼，ハイブリッドカー向けのニッケル水素電池，原油の掘削用油井管，LNGタンクなどに使われている。
> 　（中略）
> 　製錬された地金はLME価格を基準に取引されている。LME指定倉庫が世界各地に存在し，その在庫変動は各地の需給を反映し，LME価格にも反映される。ただ，需給だけで形成されるのではなく，投機資金の流入などで大きく変動することに留意する必要がある。また，金価格が高騰した場合には，ボンディングワイヤで金から銅へ，ステンレスでニッケルからクロムへそれぞれ一部シフトしたように，他の金属に代替されることがある。

　本レポートでは，銅，亜鉛，鉛，ニッケルがどのような用途として使用されているかをわかりやすく記載しています。銅がベースメタルとしての中核的な地位を占めており，続いて亜鉛です。ニッケルはマンガンやクロムとともに鉄属金属に属し，正式には非鉄金属ではありませんが，住友金属鉱山や大平洋金属が製錬していることから，一般的にはニッケルを含めて非鉄金属業界の中で

取り扱っています。

　後半は，LME価格の価格決定について述べるとともに，価格高騰に際して生じる他金属の代替についても言及しています。例えば，銅は高い電気伝導度，熱伝導度に加えて展性，延性に富むために，銅線や伸銅品など広範囲に使われます。銅価格の上昇を受けて，建造物にはステンレス鋼やアルミニウムが，長距離送電線には鋼心アルミニウム線が，通信には光ファイバーが使用されて，素材間の競合や代替が生じています。

---

②競合状況

　非鉄製錬大手は自社で精錬所を保有し，或いは共同製錬会社に出資することで，製錬事業を行っており，手がけている金属は企業により多少異なっている。鉱石の輸入や地金の出荷に便利な臨海部，特に瀬戸内に立地する精錬所が多いが，内陸部に立地する精錬所では鉱石ではなく廃家電の電子基盤などのリサイクル原料を使うことで競争力の維持を図っている。

　日本の製錬所は消費地に立地し輸入鉱石を原料とする買鉱製錬の形態が主体である。中国は消費地で国内において鉱石の生産も一部行われているが，近年は新興の買鉱製錬所が急速に台頭しており，安価で豊富な労働力をベースに大型化や効率化を進めて着実に競争力をつけてきている。(以下省略)

　次に競合状況に関する考察です。非鉄金属各社は大別すれば銅に強いJXHD，住友金属鉱山，三菱マテリアル，と亜鉛や鉛に強い三井金属鉱業，東邦亜鉛に分かれます。素材とすると銅の方が今後とも高い成長率が見込まれています。

　製錬所は瀬戸内海沿いに，岡山（玉野），香川（直島），愛媛（東予），大分（佐賀関）に主要な銅製錬所があります。これらは主に海外から購入した鉱石を製錬しています。これに対して内陸部にある製錬所では"都市鉱山"といわれる国内各地から出るリサイクル資源を原料にしているわけです。

　銅について言えば，海外に出回る鉱石の80％は日本が買鉱製錬という形で購入していました。それが今や中国が圧倒的な購買力によって出回る鉱石の80％を購入するようになっています。

　その結果，2010年で見ると銅地金生産において，中国が世界の24％，産銅

国のチリが17％，日本は8％で世界第3位の生産国になっています。ちなみに，日本の亜鉛地金生産は中国や韓国等についで第5位で，ニッケルは中国，ロシアについで第3位にあります。

> ③コスト構造
> 　製錬会社が鉱山会社に支払う鉱石代はLME価格から加工費（TC/RC＝溶錬費／製錬費）を差し引いた金額となる。かつては基準価格から加工費を引いた金額を鉱石代として支払うとともに，LME価格が基準価格を上回る部分は鉱山会社と製錬会社が一定の割合で分け合うプライス・パーティシペーション条項の適用が一般的であったが，非鉄メジャーの合従連衡により寡占化が進んだ結果，同条項の適用は無くなりLME価格上昇メリットを全て鉱山会社が享受するようになった。一方，製錬会社が需要家に販売する地金価格はLME価格に輸送費や地域の需給を反映したプレミアム（割増金）を上乗せした金額となる。したがって，製錬会社の収入は加工費とプレミアムの合計を円換算したものに，硫酸，銅スラグ，貴金属などの副産物収入を加えたものとなる。（中略）
> 　海外鉱山における採掘現場の深部化に伴い，鉱石の品位低下が進行する一方，ヒ素，ビスマスなどの不純物が増加する傾向にある。日本に輸入される鉱石の品位も低下しており，製錬コストの上昇圧力となっている。こうしたことから，契約先鉱山からの調達割合と契約内容，品位，製錬プロセスの効率性などについてもヒアリングするようにしている。

　鉱石の金属価値は鉱石の基準価格×鉱石品位×採取率によって決まります。そして製錬会社が支払う鉱石代金はLME価格に連動する基準価格からTC（Treatment Charge：溶錬費）やRC（Refining Charge：精製費）などを引いた金額となります。そして，金や銀が含まれる場合には含有量によるプレミアム割増が，ヒ素などの有害物質が含まれる場合にはペナルティ割引が加算されます。TC，RC加工費は外貨建てになります。銅地金の販売はLME価格（ドル建て）にスライドしますので，円高は加工費と銅地金価格の低下をもたらし，収益上からはダブルでマイナスの影響が出る構造です。

　非鉄メジャーである，BHPビリトン，リオ・ティント，ヴァーレ，アングロ・アメリカン，エクストラータなどが合従連衡によって力をつけ，プライス・パーティシペーション条項もメジャーにとって有利なものとなっています。その結果として，製錬所の取分は15セント／ポンドと銅価格の4％程度に

まで縮小しています。

製錬会社の収益としては，副産物収入が大きなことがあげられます。回収した硫酸を近くの化学メーカーに販売できるのが強みとなっています。国内における硫酸生産の70％は非鉄金属業界で製造されるものです。そして製錬をする工程で最も重い金が最後に採取されます。

（2）市場地位，競争力のポイント

> ①市場地位
> 　製錬所は一般的に生産規模が大きいほどコスト競争力も高い。また，新興国を中心とする成長地域，日本から見れば中国をはじめとする東アジア地域の近くに立地し，これらの地域に高品質な製品を安定的に短納期で供給できる体制を確立しているか否かも重要である。日本の製錬会社には国内のみならず東アジアにも子会社で製錬を展開，または同地域の製錬会社に出資している企業もあり，グループとしての総合的な供給能力も判断材料としている。

ここでは製錬所の競争力と海外展開について触れられています。単一の銅製錬所とすると住友金属鉱山の東予製錬所は国内最大，世界でも5位（2010年の電気銅生産量）に入る大規模な工場です。他の主力工場も昭和40年代に大規模な投資を行って，今では減価償却負担が少ないことや生産性改善によって競争力を保っているといわれています。

この中で，三菱マテリアルは独自開発した，商業規模としては世界唯一の連続製銅法を採用し，海外でもこの技術を採用して製錬を行っています。

また，他社と共同で共同製錬所（銅の小名浜製錬や亜鉛の秋田製錬など）を運営して効率化に取り組んでいます。

> ②上流展開
> 　非鉄メジャーの寡占化と中国などの新興買鉱製錬所の急速な台頭により，鉱石の調達が従来よりも不安的になったことから，製錬事業の上流である鉱山事業への展開が重要度を増している。全鉱石調達量に占める自社で出資している鉱山からの調達量の割合（自山鉱比率）を高めることで，安定的な調達ルート

> を確保するとともに，鉱山側の利益も決算に取り込むことができる。
> 　既に稼働している鉱山に出資する場合には事業リスクは小さいが，権益の買収金額が大きくなる。一方，探鉱から行っていく場合には投資金額が相対的に大きくなるが，事業化までに長期間を要し，事業化後も探鉱結果に基づく想定と可採鉱量や探鉱コストが異なったり，環境面での追加投資が発生する可能性もあり事業リスクが大きい。
> 　こうしたことから，鉱山の投資案件ではカントリーリスクを含めた事業リスク，純投資額と回収期間，プロジェクトの進捗状況，鉱山稼働後または権益買収後の自山鉱比率の変化，などに常に注視している。

　上流展開の方法としては，既存の鉱山に出資する資本参加，既存鉱山を買収する鉱山買収，そして自社で探鉱を行って開発する自主開発があり，後ろに行くにしたがって難易度が増します。

　自主開発には大きなリスクを伴います。その顕著な例が1960年代後半に当時の日本鉱業が中心となり，国家プロジェクトとしてアフリカのザイール（現コンゴ）で行った銅鉱山の開発です。開山式にはモブツ大統領も参加したほど地元の期待もありました。ところが実際に採掘すると品位の低下，現地従業員の技能問題に直面し，そのうちに経済失政により主食のトウモロコシの調達が困難化し，ついには民族紛争まで勃発するに至り，全面撤退に至りました。総投資額600億円のほとんどが未回収となったといわれています。

　資源ナショナリズムも課題です。本レポートは2011年7月13日付で作成されていますが，その後，インドネシア政府はニッケルなどの輸出に対して25％という高い輸出税を課すこと，さらには2014年からはニッケル鉱石について未精製での輸出を禁止する措置を発表しました。日本が輸入するニッケル鉱石の半分はインドネシアからのもので，未精製での輸出禁止は甚大な影響を受けることが必至です。

　近年は資源国による資源の囲い込みが顕著となってきています。銅についても銅鉱石の30％はチリ一国で産出されるなど偏在しており，今後は鉱石をどのように安定調達するのかが，事業継続のポイントになります。

③技術力
　中国などでは製錬所からの排煙や排水による環境汚染が社会問題化しているが，日本の製錬所は排煙・排水の無公害化の技術では優位にある。
　また，買鉱条件が悪化し鉱石の品位が低下する中，湿式製錬法が注目されている。現在の主流である乾式製錬法が大型の設備で溶錬するのに対し，湿式製錬法では積み上げられた鉱石に硫酸を散布して金属を浸出させる。湿式製錬法では低品位の鉱石を処理することができるうえに，乾式製錬法よりも資本・生産コストも低く抑えることができるから，その技術の実用化や技術開発状況にも着目している。

　日本の製錬所は長らく公害問題で苦しんだことから，今では無公害化の技術を確立し，それが強みとなっています。中国では公害問題から閉鎖される鉱山や精錬所もあります。

　製錬方法としては湿式製錬法が注目を集めています。これは20年程前に開発され，現在では銅地金生産の20％が湿式製錬法といわれています。製錬コストが安く，かつ品位の低い鉱石を製錬することができるという強みがある一方で，金や銀などの鉱石を含む場合には向かないとか，公害対策に十分な対応が必要という弱点もあります。

　湿式という名称からわかるように，雨があまり降らない地域に適した方法で，野積みされた鉱石に硫酸を散布して，浸出された液体を処理しますので，近隣に住民が住んでいるような場合には，水質汚濁や公害問題に対する十分な対応が必要となります。

　なお，JXHDと三井金属鉱業が共同で設立した企業が，チリのカセロネス鉱山において大規模な湿式製錬所を建設中（2013年生産開始予定）です。

④事業構成
　製錬大手の売上高，営業利益における製錬・鉱山事業が占めるウエイトにはばらつきがあり，製錬・鉱山事業が主体の企業もあれば，同事業がいくつかある事業のひとつに過ぎないような企業もある。具体的には，伸銅品などの金属加工事業，半導体材料や機能性材料などの電子材料事業，金属リサイクルや廃棄物処理などの環境・リサイクル事業といった製錬事業から派生した様々な事

業を手掛けているほか，企業によっては自動車部品，機械，工具，セメント，アルミニウムなどにも展開している。各社の事業構成の違いとともに，各事業の市場規模と成長性，市場シェアと競合状況などの観点から分析している。

　非鉄金属各社（JXHDを除く）のセグメント情報を見ると，売上高は多角化されていますが，利益面では製錬に依存する割合が概ね50％以上と高くなっています。住友金属鉱山のように上流工程に注力して成功を収めた企業では資源の利益が相当に大きくなっています。
　一般には，銅や亜鉛の川下分野に展開するものが多く見受けられます。この中で三井金属鉱業などが手がける銅箔は売上，利益とも大きな金額となっています。

⑤多角化展開
　エレクトロニクス関連の事業では製品のコモディティ化が早く，韓国，台湾，中国などアジア勢の追い上げが激しい分野であることから，絶えず競合企業よりも一歩先を行く新製品開発や低コスト生産などでの優位性を重視している。
　また，自動車関連の事業では国内自動車生産の伸びが見込みがたいうえに，自動車メーカーや部品メーカーからの軽量化やコストダウンの要求が激しいことから，ユーザーニーズに対応した製品の開発力と海外現地生産拠点を活用したコスト低減力が需要と考えている。環境・リサイクル関連事業では国内におけるリサイクル原料や廃棄物の集荷体制，電子部品メーカーなどの海外生産シフトに伴う海外集荷体制の整備状況も確認している。

　各社とも電子材料やエレクトロニクスの多角化に重点を置いた事業展開を行っています。しかしながら，競争が厳しい分野です。
　例えば，住友金属鉱山では電子材料部門は2012年3月期のセグメント利益が2億円の赤字となったことから，部門の中で半導体実装材料であるボンディングワイヤ製造事業から撤退することを決めています。また，リードフレームは住友金属鉱山，三井ハイテック，新光電気工業が世界3強といわれていますが，半導体市況の悪化を受けて，住友金属鉱山では日立電線と事業統合する検討を開始したと公表しています。

かなり細かく分析してみましたが，格付会社は単に財務指標を眺めるだけではなく，きちんと事業構造を分析して格付を付与しているということがわかると思います。

【参考文献表示】
独立行政法人石油天然ガス・金属鉱物資源機構『メタルマイニング・データブック2011』
　（独立行政法人石油天然ガス・金属鉱物資源機構）
（財）金属鉱山会「平成22年度わが国鉱業の概要」『鉱山』（2011年8月号）147〜183頁（金属鉱山会）
JCR「業種別格付方法　非鉄金属」（2011年7月13日）
JCR「業種別格付方法　紙パルプ」（2011年12月7日）
R＆I「業種別格付方法　紙パルプ」（2010年5月18日）

CHAPTER 4 有価証券報告書の活用

　上場会社の社債購入時，あるいは購入後の業績フォローには，必要により有価証券報告書を分析することとなりますので，この章では有価証券報告書の見方について解説しています。
　財務分析に関しては，売上総利益などの利益項目と，格付を付与する際に重視されるEBITDA，キャッシュ・フロー，自己資本，有利子負債について，具体例を織り交ぜながら説明します。
　金融取引に関しては，メイン銀行と担保提供状況の把握重要性を解説し，「事業等リスク」についてもエルピーダメモリを例として，見方を紹介します。

≫1 有価証券報告書の構成

有価証券報告書は次に該当する場合に作成されます。
- ▶ 有価証券を発行する企業のうち一部・二部上場会社
- ▶ 店頭登録会社
- ▶ 上場外国会社
- ▶ 有価証券所有者が1,000人以上の会社
- ▶ 有価証券の募集又は売出しにあたり，有価証券届出書又は発行登録追補書類を提出した企業

　有価証券報告書は過去5年度が開示されています。インターネットの「EDINET」(http://info.edinet-fsa.go.jp)で検索すれば過去5期分は入手できます。
　有価証券報告書には様々な情報が盛り込まれています。一般的な目次と内容

図表1　有価証券報告書の目次例

表紙
第一部　企業情報
第1　企業の概況
　1．主要な経営指標等の推移
　2．沿革
　3．事業の内容
　4．関係会社の状況
　5．従業員の状況
第2　事業の状況
　1．業績等の概要
　2．生産，受注及び販売の状況
　3．対処すべき課題
　4．事業等のリスク
　5．経営上の重要な契約等
　6．研究開発活動
　7．財政状態，経営成績及びキャッシュ・フローの状況の分析
第3　設備の状況
　1．設備投資等の概要
　2．主要な設備の状況
　3．設備の新設，除却等の計画
第4　提出会社の状況
　1．株式等の状況
　　(1)　株式の総数等
　　(2)　新株予約権等の状況
　　(3)　行使価格修正条項付新株予約権付社債券等の行使状況等
　　(4)　ライツプランの内容
　　(5)　発行済株式総数，資本金等の推移
　　(6)　所有者別状況
　　(7)　大株主の状況
　　(8)　議決権の状況
　　(9)　ストックオプション制度の内容
　2．自己株式の取得等の状況
　3．配当政策
　4．株価の推移
　5．役員の状況
　6．コーポレート・ガバナンスの状況等

第5　経理の状況
　1．連結財務諸表等
　　(1)　連結財務諸表
　　　①　連結貸借対照表
　　　②　連結損益計算書及び連結包括利益計算書
　　　③　連結株主資本等変動計算書
　　　④　連結キャッシュ・フロー計算書
　　　　連結財務諸表作成のための基本となる重要な事項
　　　　表示方法の変更
　　　　注記事項
　　　　セグメント情報
　　　　関連情報（地域別売上高等）
　　　　関連当事者情報
　　　　（重要な後発事象）
　　　⑤　連結附属明細表
　　　　社債明細表
　　　　借入金等明細表
　　(2)　その他
　2．財務諸表等
　　(1)　財務諸表
　　　①　貸借対照表
　　　②　損益計算書
　　　　製造原価明細書
　　　③　株主資本等変動計算書
　　　　重要な会計方針
　　　　会計方針の変更
　　　　注記事項
　　　　（貸借対照表関係）
　　　　（重要な後発事象）
　　　④　附属明細表
　　　　有価証券明細表
　　　　有形固定資産明細表
　　　　引当金明細書
　　(2)　主な資産及び負債の内容
　　　①　流動資産
　　　②　固定資産
　　　③　流動負債
　　　④　固定負債
　　(3)　その他
第6　提出会社の株式事務の概要
第7　提出会社の参考情報
　1．提出会社の親会社等の情報
　2．その他の参考情報
第二部　提出会社の保証会社等の情報
監査報告書

を図表1に示しておきました。

　格付A格以上の企業である場合には，有価証券報告書を分析する必要は乏しいかもしれませんが，格付BBB格の企業の社債に投資する場合には，ある程度の財務分析を行うべきです。

　しかしながら，有価証券報告書は150～200頁にも及ぶものですので，上から全部読んでいる時間はありません。ここでは，いくつかに絞って重要な項目について説明します。

　なお，1社，担当している企業でも興味のある企業でもよいのですが，有価証券報告書1冊をプリントアウトして，手元に置いておくと便利です。

》2　企業の概況と業績等の概要

　最初の，「第1　企業の概況」の中に，「1. 主要な経営指標等の推移」（図表2）があります。この中には過去5期間の経営指標が記載されており，長期的にどのように推移してきたかを把握することができます。

　「2. 沿革」では企業の歴史があり，設立から今までの経緯を辿ることができます。次の「3. 事業の内容」と「4. 関係会社の状況」で，どのような事業を行っているのかがわかります。通常はグループの全体図というか系統図がありますので，当該グループの概要を把握します。

　株主構成は，少し下がって「第4　提出会社の状況」，「1. 株式等の状況」の（7）に「大株主の状況」が記載されています。

　業績等の概要は，「第2　事業の状況」の最初にあります。ここには業績に関する説明がぎっしりと詰まっていますので，最初に読むべき項目です。初めに全般的な総括が，続いてセグメント別の業績について述べられています。

　セグメント情報は，「第5　経理の状況」の「1. 連結財務諸表等」に記載されていますので，上の業績等の概要と併せて読むとよいでしょう。セグメント情報には，売上高，営業利益（又は経常利益），資産がセグメント別に載っていますので，どのセグメント別の利益が大きいのか，セグメントの利益率はど

| 図表2 | 主要な連結経営指標等の推移 |

連結経営指標等

		単位	決算期	決算期
1	売上高	百万円		
2	経常利益	百万円		
3	当期純利益	百万円		
4	包括利益	百万円		
5	純資産額	百万円		
6	総資産額	百万円		
7	1株当たり純資産額	円		
8	1株当たり当期純利益額	円		
9	潜在株式調整後1株当たり当期純利益金額	円		
10	自己資本比率	%		
11	自己資本利益率	%		
12	株価収益率	倍		
13	営業活動によるキャッシュ・フロー	百万円		
14	投資活動によるキャッシュ・フロー	百万円		
15	財務活動によるキャッシュ・フロー	百万円		
16	現金及び現金同等物の期末残高	百万円		
17	従業員数	人		

(注) 決算期は過去5期間が掲載される。

| 図表3 | セグメント情報の例 |

キリンホールディングス

単位：億円

	国内酒類・飲料		海外酒類・飲料	医薬・バイオケミカル	その他	調整額	合計
	国内酒類	国内飲料					
売上高	9,045	3,174	4,552	3,437	1,307	△797	20,718
セグメント利益	706	28	154	494	63	△16	1,429
セグメント資産	5,633	2,071	12,399	6,397	2,366	△323	28,543

出所　有価証券報告書（2011年12月期）

うか，資産に対する利益率（ROA）はどうかを分析することができます。

　図表3はキリンホールディングスの例です。売上高は合計で2兆円以上あり，国内酒類が9,045億円と全体の44%，国内飲料が15%，海外酒類・飲料が

22％，医薬・バイオケミカルが17％を占めています。調整額は内部売上などを消去するためのものです。

同社は持株会社ですので，その傘下に有力企業が揃っており，国内酒類は麒麟麦酒やメルシャン，国内飲料はキリンビバレッジ，医薬・バイオケミカルは協和発酵キリンという具合です。

利益について，同社は営業利益ベースで表示していますが，経常利益ベースで表示している企業もあります。セグメント別の利益率は国内酒類と医薬・バイオケミカルが高く，国内飲料が低くなっていますが，すべてのセグメントで黒字を保っています。

なお，海外酒類・飲料セグメントの投下資産が1兆2,399億円もありますが，これはM＆Aで豪州やブラジル等の企業を買収したためです。

3 財務分析

財務分析は奥が深く，大きな書店に行けば，財務分析に関する書籍が山のようにあります。体系的な財務分析は専門書に譲るとして，ここでは，利益項目と，格付で重視されている，EBITDA，キャッシュ・フロー，自己資本，有利子負債を中心に説明します。

(1) 利益

売上総利益は"粗利"といわれる概念です。小売であれば仕入れた商品にどれだけの利鞘を乗せたかということになります。小売業や卸売業は製造業よりも売上高総利益率は低いのが普通です。仕入先と販売先との力関係でも売上高総利益率は影響しますので，鉄鋼商社など仕入先が鉄鋼業界で販売先が自動車業界のような力の強い業界に挟まれている場合には利益率は高くはなりません。その一方で，医薬品業界では売上高総利益率が高いことはよく知られています。このように，売上高総利益率は業界の収益性を反映したものとなります。

営業利益は，売上総利益から販売費及び一般管理費を引いたもので，その企

業のビジネスモデルを反映したものです。したがって、売上高営業利益率は事業の収益性を反映したものとなります。

経常利益は、言うまでもなく営業利益に営業外収支を加えたものです。かつては営業外収支というと支払利息とほぼ等しい金額でしたが、現在は借入依存度も金利水準も低いので支払利息は小さな金額となっています。これに対して、海外への投資や合弁事業が増えたことにより、持分法投資損益が大きなウェイトを占めるようになっています。すなわち、売上高経常利益率は企業の収益性を示す指標ということができます。

包括利益については、自己資本の中にある「その他の包括利益累計額」で評価するほうがわかりやすいと思います。

一般的には、経常利益と当期純利益を中心に見ていきます。有価証券報告書の「主要な経営指標等の推移」には経常利益と当期純利益が記載されていますので、この推移を見ることとなります。

(2) EBITDA

格付分析においては、EBITDA（Earnings Before Interest, Tax, Depreciation and Amortization）が重要な指標であり、簡便的に営業利益に減価償却費を加えた金額を用います。

減価償却費はキャッシュ・フロー計算書の営業活動キャッシュ・フローの中に記載されていますので、この金額を使用します。

なお、「のれん」の償却費がある場合には、これも加えます。近年では海外企業のM&Aを活発に行っている企業が多く、高価格で買収することから、多額ののれん償却費を計上しているケースを散見するようになりました。

EBITDAは毎年の稼ぎです。これと有利子負債残高をEBITDAで割って償還年数を見ることで、発行体の償還リスクを分析します。

(3) キャッシュ・フロー

連結財務諸表には、キャッシュ・フロー計算書が添付されています（図表

4)。キャッシュ・フロー計算書は，営業活動キャッシュ・フロー，投資活動キャッシュ・フロー，財務活動キャッシュ・フローから成り立っています。営業活動キャッシュ・フローと投資活動キャッシュ・フローとを合わせて，フリー・キャッシュ・フローと呼ばれています。

図表4　キャッシュ・フロー計算書の構成様式

営業活動によるキャッシュ・フロー			
税金等調整前当期純利益	＋	×××	起点
減価償却費	＋	×××	非資金項目の調整
引当金増加	＋	×××	
受取利息	－	×××	発生主義の調整
支払利息	＋	×××	
有価証券売却益	－	×××	投資活動の調整
有価証券売却損	＋	×××	
売上債権の増加	－	×××	
棚卸資産の増加	－	×××	運転資金の調整
仕入債務の増加	＋	×××	
小計			営業利益の表示
利息の受取額	＋	×××	現金主義に変更
利息の支払額	－	×××	
法人税等の支払額	－	×××	税引後の
営業活動キャッシュ・フロー		×××	キャッシュ・フロー

投資活動によるキャッシュ・フロー			
有価証券の売却による収入	＋	×××	投資活動の調整
有価証券の取得による支出	－	×××	
固定資産の取得による支出	－	×××	固定資産等の調整
貸付金の回収による収入	＋	×××	
財務活動キャッシュ・フロー		×××	

財務活動によるキャッシュ・フロー			
長期借入による収入	＋	×××	借入金
長期借入金の返済による支出	－	×××	
配当金の支払額	－	×××	配当支払
財務活動キャッシュ・フロー		×××	

出所　轟茂道『3ステップ式だからキャッシュフロー計算書をすらすらつくる本』p45を基に作成

この中で最も重要なのが営業活動キャッシュ・フローです。営業活動からのキャッシュ・フローを創出できない企業は長期的には存続することはできなくなります。
　営業活動キャッシュ・フローでは，税金等調整前当期純利益が出発点となります。これに費用として計上しているものの実際のキャッシュ支払いのない減価償却費や引当金増加といった非資金項目が加算されます。
　次に受取利息と支払利息を戻すために，受取利息をマイナスし支払利息はプラスします。有価証券売却損益は投資活動に移動させるために戻します。
　重要なのは運転資金の調整です。売上債権と棚卸資産は資産勘定です。これが増加する時にはマイナスとします。例えば製品10億円を掛けで販売したとします。そうすると売上高は10億円，売掛金10億円が計上されます。売掛金は増加したのですが，現金は入っていませんので，売掛金（売上債権）の増加は資金のマイナスになります。
　仕入債務は負債勘定です。材料を10億円掛けで購入したとします。現金はまだ支払っていませんので，仕入債務の増加はプラスに加算します。ややこしいのですが，"資産増はキャッシュの減，負債増はキャッシュの増"と覚えておけばよいと思います。
　この結果，小計が計算されました。この小計は営業利益ベースの小計です。したがって，ここから利息の受取額を加えて，利息の支払額を引きます。小計の上にある受取利息と支払利息は発生主義に基づいて計算されていた金額です。下の利息の受取額と利息の支払額は実際に現金で受払いした金額で現金主義に基づく金額となります。そのために，上の金額と下の金額は一致しません。
　さらに，法人税等の支払額を引いて，営業活動キャッシュ・フローが計算されます。

　図表5はエルピーダメモリ（以下エルピーダ）の2010年3月期と2011年3月期の営業キャッシュ・フローを抜き出したものです。
　エルピーダの2011年3月期についてみましょう。税金等調整前当期純利益は

CHAPTER 4 有価証券報告書の活用

| 図表5 | 営業活動キャッシュ・フローの例 |

エルピーダメモリ   単位：億円

	2010/3	2011/3
税金等調整前当期純利益	89	168
減価償却費	1,218	1,258
受取利息	△11	△2
支払利息	106	99
売上債権の増減（増加は△）	△690	416
棚卸資産の増減（増加は△）	△67	△0
仕入債務の増減（増加は＋）	52	△16
その他	122	△82
小計	819	1,840
利息の受取額	4	9
利息の支払額	△106	△101
金融組成費用の支払額	△59	△10
法人税等の支払額	△9	△14
その他	8	6
営業活動キャッシュ・フロー	656	1,730

出所　有価証券報告書

168億円でした。これに減価償却費1,258億円を加えます。設備投資産業ですので，減価償却費が巨額に上っていることがわかります。

売上債権の増減が416億円あります。これは売上債権の残高を前期よりも減少させた，すなわち現金で回収したことを意味します。この効果が大きく，小計では1,840億円のプラス，最終的な営業活動キャッシュ・フローも1,730億円のプラスを確保しています。

製造業であれば減価償却費があるので，当期利益が多少の赤字でも営業活動キャッシュ・フローはプラスになります。したがって，営業活動キャッシュ・フローが連続してマイナスになるような場合は注意が必要です。

（4）有利子負債

　有利子負債は，文字どおり利子を支払う必要のある負債です。短期借入金，長期借入金，社債のほか，リース債務や裏書・割引手形も含めます（図表6）。有利子負債は会計上の勘定科目ではありませんので，貸借対照表の流動負債及び固定負債，あるいは脚注から自分で抜き出す必要があります。

　リース債務に関し，所有権移転外のファイナンス・リースについては例外処理として賃貸借に準じた経理処理を行っている企業がほとんどでしたが，リース会計基準の変更によって賃貸借ではなく売買とみなしてリース資産とリース債務をオンバランスするようになりました。リース債務は実質的には借入金と同じですので，ここでは有利子負債として扱っています。

　裏書手形とは受取手形を裏書譲渡して債務の支払いに充てたもので，割引手形は受取手形を金融機関に持ち込んで割引によって資金化したものです。元となった受取手形が不渡りになると，その受取手形の支払効力が認められず，遡及して支払義務が発生することから，偶発債務として脚注に表示されています。

　発行体格付では，この有利子負債の返済能力を分析することが基本であるということができます。

　図表7はエルピーダの有利子負債です。エルピーダの有利子負債には大きな特徴があります。それは短期借入金がないことと，リース債務が大きいことです。

　企業は事業を行うに際しては材料を仕入れ，製品を製造し，掛け売りする過程で運転資金が必要ですが，運転資金は通常は短期借入金として，メイン銀行

図表6　有利子負債の構成項目

項　　目	備　　考
短期借入金	
長期借入金	
社債	
リース債務	リース会計基準
裏書・割引手形	脚注

| 図表7 | 有利子負債の例 |

エルピーダメモリ　　　　　　　　　　　　　　　　単位：億円

	2010/3	2011/3
短期借入金	15	0
長期借入金	3,325	1,959
社債	1,050	750
転換社債型新株予約権付社債	0	662
リース債務	658	669
有利子負債計	5,047	4,040

出所　有価証券報告書

などから借入れします。短期借入金がゼロとなっていますので，いわゆるメイン銀行がないということが想定できます。

リース債務も大きな金額です。同社においては，固定資産を一度売却して資金化しそれを再びリースで利用するリースバックを多用していることから大きな金額となっているものと考えられます。

(5) 自己資本

自己資本は企業の最終的な支払能力を判断する上で最も重要な指標ということができます。純資産の部は，払込資本，株主資本，自己資本，純資産の4つに区分して考えると理解しやすいと思います（図表8）。

まず，払込資本は会社設立や増資に際して株主から払い込まれた資本です。この払込資本に，利益剰余金を加算し自己株式を減算したものが株主資本となります。利益剰余金は過去の利益が蓄積されたものですので，利益剰余金の大きな企業ほど優良企業ということができます。

株主資本にその他の包括利益累計額を加えたものが自己資本となります。その他の包括利益累計額とは，その他有価証券評価差額金，繰延ヘッジ損益，為替換算調整勘定，繰延ヘッジ損益，土地再評価差額金の合計額となります。

その他有価証券評価差額金は有価証券を時価評価した時の含み損益のうちの税効果相当額を控除した金額が計上されます。マイナスとなっている企業を多

| 図表8 | 純資産の部の構成項目 |

	項目	区分			
1	資本金	払込資本	株主資本	自己資本	純資産
2	資本剰余金				
3	利益剰余金				
4	自己株式				
5	その他有価証券評価差額金	その他の包括利益累計額			
6	為替換算調整勘定				
7	繰延ヘッジ損益				
8	土地再評価差額金				
9	新株予約権				
10	少数株主持分				

く見かけますが，これは株式市場の低迷によって持合株式に含み損が生じていることが主因です。

　為替換算調整勘定は期末において為替換算した結果，計算される差額となります。投資時点の為替は100円／ドルで，期末時点が80円／ドルと円高であれば△20円／ドルの評価差損となります。大手上場会社の多くが海外直接投資や海外M＆Aを行っていますが，その後の円高局面で，ほとんどの企業では為替換算調整勘定がマイナスとなっています。

　繰延ヘッジとは，ヘッジ手段に係る損益を，ヘッジ対象に関する損益が認識されるまでの間，税効果相当額を控除して繰り延べる方法です。この繰延ヘッジは会社法施行に伴って純資産の部に記載されることになりました。

　土地再評価差額金は，平成10年3月に，時限立法として施行された「土地の再評価に関する法律」に基づくもので，大会社（資本金5億円又は負債200億円）が土地の再評価を行って含み損益をオンバランスすることが認められた時のものです。現在ではこの制度は終了しており，新たな計上は認められていません。

　自己資本に新株予約権と少数株主持分とを加えたものが純資産となります。新株予約権は，新株予約権の発行価額が純資産の部に計上されています。そし

て権利行使された暁には資本金や資本準備金に振り替えられます。

少数株主持分は，子会社の資本のうち親会社に帰属していない部分です。このために株主資本とは区別されて表示されます。連結子会社がすべて親会社持株比率100％の完全子会社であれば少数株主は発生しないわけです。すなわち，少数株主持分の大きな会社は，親会社の子会社に対する株主持分比率が比較的低く，かつ当該子会社が利益をあげている会社ということになります。

自己資本比率は業種によって異なりますが，製造業であれば，50％以上が優良企業で，20％が危険ライン，10％を下回ると危機ラインと見ることができます。卸売業となると20％以下の企業も多く見られますが，その場合であっても10％以下は脆弱と考えることができます。

エルピーダの自己資本を分析してみましょう（図表9）。同社の自己資本の特徴は，利益の蓄積である利益剰余金が極めて小さいことです。増資によって集めた資本金と資本剰余金だけで自己資本を構成しているといっても過言では

図表9　自己資本の例

エルピーダメモリ　　　　　　　　　　　　　　　　単位：億円

	2010/3	2011/3
資本金	2,039	2,157
資本剰余金	2,149	832
利益剰余金	△1,418	38
自己株式	△0	△0
株主資本計	2,770	3,027
その他の包括利益累計額	△133	△169
自己資本計　　b	2,636	2,858
新株予約権	3	3
少数株主持分	829	699
純資産合計	3,468	3,560
総資産合計　　c	9,475	8,790
有利子負債計　a	5,047	4,040
自己資本比率　b/c	27.8%	32.5%
D/Eレシオ　　a/b	1.9	1.4

出所　有価証券報告書他

ありません。2010年3月期の利益剰余金は△1,418億円のマイナスです。それが2011年3月期には38億円のプラスとなっています。これは資本剰余金を取り崩して，利益剰余金の損失補填を行ったためです。

　せっかく，増資しても，赤字体質から脱却できなければ自己資本は減少傾向を辿ることになりますので，自己資本の中身を見ることも大切です。

　安全性を評価する指標として，自己資本比率とD/Eレシオ（Debt Equity Ratio）があります。自己資本を基準として，自己資本を総資産で割って求めたのが自己資本比率であり，有利子負債を自己資本で割ったものがD/Eレシオです。

　自己資本が増えれば，自己資本比率は高くなります。そうなれば，D/Eレシオも下がり改善されますので，この2つは高い相関を示す指標ということができます。

　D/Eレシオは，一般的には1倍を基準にして，それより小さければよいとされます。ただし，設備投資産業では大きな数値となることもあるため，業種ごとに判断する必要があります。

　エルピーダの自己資本比率は2011年3月期で32.5％，D/Eレシオは1.4倍と悪くない数値です。しかしながら，自己資本の内訳項目で分析したように，自己資本は利益蓄積ではなく外部からの払込資本で構成されています。その資本を食いつぶしているわけですので，比率上は問題なく見えますが，内容には大きな問題があるということがわかります。

≫4 金融取引

（1）メイン銀行

　メイン銀行がどこであるかは重要です。メイン銀行がしっかりしていると，仮に業績不振になっても，ある程度は支える力がありますし，他の金融機関をリードして再建計画をまとめることも可能となります。

有価証券報告書の「第5　経理の状況」の「2．財務諸表等」の（2）に「主な資産及び負債の内容」があります。この中に「③流動負債」と，「④固定負債」があり，借入金の主な相手先内訳が記載されています。メイン銀行はどこか，準メイン銀行はどこか，どのような金融機関が資金を出しているかを知ることができます。

（2）担保提供状況

社債を購入する際に，企業がどの程度まで保有資産を担保に入れているかを見ておくと企業の置かれた状況を理解することができます。

社債は無担保であることがほとんどですが，銀行は業績に不安のある企業に融資する際には担保を徴求します。破綻することを前提に融資することはありませんが，破綻した場合に備えて担保を取得します。

企業が破綻した場合，民事再生法において担保権は別除権として再生計画外で担保物件を処分できます。会社更生法となると，更生担保権となって勝手に担保権を実行することはできなくなりますが，弁済率は無担保の更生債権よりは数段勝ります。

格付との関係でいうと，A格以上の企業では担保を入れていないケースが多いです。それに対して，BBB格となると不動産等を担保に入れるケースが増えてきます。

有価証券報告書の「第5　経理の状況」の「2．財務諸表等」の「（1）財務諸表」の注記事項として貸借対照表関係があります。その中に担保に提供している資産及び担保に係る債務という項目があります。

図表10ではBBB－で破綻したエルピーダの例を取り上げました。

ここでは個別財務諸表から抜き出していますが，連結財務諸表にも同様に注記事項があって，その中に連結ベースの担保提供状況が記載されています。

担保提供資産と貸借対照表残高とを比べると，会社資産のうちのどの程度まで担保として提供しているかがわかります。

図表10　担保提供の例

エルピーダメモリ
個別財務諸表　　　　　　　　　　　　　　　　　　　　　　　　単位：億円

	担保提供資産	貸借対照表残高
建物	624	652
構築物	45	50
機械装置及び運搬具	1,524	2,691
土地	40	40
合計	2,233	3,433

	担保に係る債務	貸借対照表残高
長期借入金	1,224	1,324
未経過リース料	40	

出所　有価証券報告書

　建物，構築物，土地はほとんどすべてが担保に入っています。機械装置及び運搬具は2,691億円のうちの56％に相当する1,524億円が担保となっています。機械装置及び運搬具には乗用車やフォークリフト，リースで調達した機械装置等も含まれているはずですので，低い比率となっていると考えられます。乗用車がわかりやすい例ですが，乗用車は不動産ではなくて動産ですので担保に取りにくいということもあります。

　広島工場に関しては広島工場財団を組成して担保に提供しています。工場財団というのは1つの工場を一体的に見て，その構成する資産を1つの財団と見て担保にする方法です。

　広島工場財団の価値2,233億円に対して担保に係る債務として長期借入金が1,224億円あります。担保価値に対する貸付金の割合は55％に相当します。

　工場財団については，同業者がその工場を引き続いて使用するという前提であれば，簿価近くで売却することも可能ですが，そうでない場合には建物や機械装置の価値は大幅に下落します。極端な場合，機械装置は鉄くずの価値しかなくなります。工場財団といっても，更地にして売却しないと売れないことも多いのです。したがって，広島工場財団による資金調達余力はないものと考え

られます。

≫5 事業等リスク

　分析する十分な時間がとれない場合は，事業等リスクを見ないこともあるのですが，事業等リスクには企業が判断した重要なリスクが記載されていますので，読む価値はあります。

　ただし，企業の判断によるものですので，一般的な項目を列挙するような企業もあれば，個別リスクに関して丁寧に説明しているものもあり，書きぶりも含め，それこそ千差万別といったような状況です。

　ここでも，エルピーダを例に取り上げます。同社は24のリスクを選定しています（図表11）。

　これを眺めると，一般的なものから，同社独自のものまで，バラエティに富んでいることがわかります。この中からいくつかピックアップして具体的な記載内容を見ていきましょう。

① 市況変動

> 　当社グループは，DRAM産業の市況変動の周期性から悪影響を受ける可能性があります。歴史的に見ても，設備投資とそれによる生産増が実現する時期がずれるため，市況とミスマッチが生じて需給バランスが崩れることが周期的にありました。この結果，需要が供給を大きく下回ると，販売価格の低下が生じることになります。最近では平成22年度に供給過剰及び需要減退により，PC向けDRAMの販売価格の急激な下落が生じました。（以下省略）

　DRAM（Dynamic Random Access Memory）とはデータの書き込みや読み出し動作が速く，比較的低コストで製造できるメモリICです。DRAMの市況変動により，同社の業績は大きく変動しています。図表12を見てもわかるように，市況変動の影響で当期純利益は赤字と黒字を繰り返していることがわかります。

| 図表11 | エルピーダメモリの事業等リスク |

エルピーダメモリ

1. 市況変動
2. 販売価格低下
3. 市場競争
4. 主要顧客への依存
5. 原材料・部品及び生産設備等
6. 技術変化や技術水準
7. 多額な設備投資
8. 外部委託
9. DRAM製品の生産の低下・遅延・中断又は欠陥等
10. 人材の確保・育成・活用等
11. 知的財産権
12. 競争制限行為に関する調査
13. 自然災害等
14. 環境規制等
15. グローバル展開
16. 為替レートの変動
17. 資金調達リスク
18. 子会社株式の買取請求権
19. 戦略的提携
20. 産業活力の再生及び産業活動の革新に関する特別措置法に関連する制約等
21. 財務制限条項
22. 潜在株式
23. 連結子会社の証券取引所上場の方針
24. 長期性資産の減損

出所　有価証券報告書

| 図表12 | 業績変動の状況 |

エルピーダメモリ　　　　　　　　　　　　　　　　　　　　　　　　単位：億円

回次	第5期	第6期	第7期	第8期	第9期	第10期	第11期	第12期
決算年月	平成16年3月	平成17年3月	平成18年3月	平成19年3月	平成20年3月	平成21年3月	平成22年3月	平成23年3月
売上高	1,004	2,070	2,416	4,900	4,055	3,310	4,670	5,143
経常利益	△255	107	△31	636	△396	△1,688	123	139
当期純利益	△269	82	△47	529	△235	△1,789	31	21

出所　有価証券報告書

② 多額な設備投資

> 当社グループは，DRAMの製造設備に多額の投資を計画しておりますが，設備投資が計画どおりに実行でき，また当該投資からの収益が期待どおりとなる保証はありません。その場合，設備投資資金が十分に回収されないこと等により，当社グループの事業展開，経営成績及び財政状態に重大な悪影響を及ぼす可能性があります。

　DRAM業界は設備投資産業です。設備投資をする力がないと，競争に負けてしまう業界です。先ほど見た図表5の営業活動キャッシュ・フローでは毎期1,200億円もの減価償却費がありました。すなわち，毎期1,200億円程度の設備投資が必要ということになります。

③ 戦略的提携

> 当社グループは，Powerchip Technology Corporationとの合弁でRexchip Electronics Corporationを設立するなど，研究開発及び製造の分野で共同出資関係を含む戦略的提携を行っており，今後も，事業の特性に応じた最適な事業形態を目指し，あらゆる分野での戦略的提携の可能性を検討していきます。（以下省略）

　DRAM業界ではサムスンがトップを独走しており，下位企業が単独で生存することが難しくなっていました。いずれどこかのライバルと組まないと競争に勝つことは不可能と考えられています。破綻する前には，米国のマイクロンや台湾の企業などとの提携話が進んでいたようです。

④ 産業活力の再生

> 当社は，平成21年6月30日に経済産業省の認定を受けた「産業活力の再生及び産業活動の革新に関する特別措置法」に基づく事業再構築計画（以下，本計画）に沿って今後の事業活動を遂行する必要があります。（中略）

> また，本計画に基づく主要取引銀行を中心とする金融機関からの借入及び（株）日本政策投資銀行からの借入も，平成24年4月2日付でその返済期限が到来する予定となっており，（以下省略）。

産業活力の再生及び産業活動の革新に関する特別措置法に基づいて事業活動を行っていることがわかります。したがって，この計画が達成できるか否かがポイントになります。

⑤ 財務制限条項

> 当社及び当社の子会社の有利子負債及び債務保証の中には，「第一部　企業情報　第5　経理の状況」の「1連結財務諸表等（1）連結財務諸表注記事項（連結貸借対照表関係）」（中略），に記載のとおり純資産維持条項，利益維持条項，財務レバレッジ条項等の財務制限条項その他の誓約条項が付されているものがあります。（以下省略）

財務制限条項が付されていることがわかります。財務制限条項そのものは，通常の貸付でも頻繁に利用されています。また，アレンジャーが組成して地銀などから希望者を募って融資するシンジケートローンでは，その雛型に財務制限条項があります。

ただし，有価証券報告書に，財務制限条項の内容を記載している企業は多くはありません。注記事項（連結貸借対照表関係）に入れていると書かれていますので，会計監査人からの指摘もあり，挿入されているものと推定できます。

このように見てくると，企業が抱える大きなものは事業等リスクを読めば概ねつかむことができるわけです。

【主要参考文献】
キリンホールディングス「有価証券報告書」(2011年度)
エルピーダメモリ「有価証券報告書」(2011年度)

轟茂道『3ステップ式だからキャッシュフロー計算書をすらすらつくる本』45頁（あさ出版　2000年）
清陽監査法人『最新・会計処理ガイドブック［平成23年7月改訂］』（清文社　2011年）

CHAPTER 5 格下げの事前予測

■投資先がBBB格あるいは，業績が急激に悪化しているときには，きちんとフォローする必要があります。この章では，3社の例をあげて，どのような分析を行えば格下げの事前予測ができるかについて述べています。

　エルピーダメモリでは，格付会社のニュースリリースの精読や財務制限条項の内容分析，コバレントマテリアルはニュースリリースの読解と事業譲渡の価値分析によりわかります。リーマン・ブラザーズでは，市場価格がなく各社が独自に評価額を計算し，含み損の温床といわれたレベル3の資産残高と自己資本を比較することと格付会社のレポートを読みこなすことで対応できます。

≫ 1 エルピーダメモリ

（1）社債の発行

　エルピーダが破綻した時点で，格付は投資適格のBBB－でした。同社は格付を利用して多額の社債を発行しており，2011年3月末では1,412億円の発行残高があります。さらに，2011年8月には275億円の第3回コールオプション条項付社債を発行しています（図表1）。

　図表2は四半期業績を示したもので，図表3はJCRのニュースリリースを筆者なりに要約したものです。

　JCRは2010年10月に第2回のコールオプション条項付社債をBBBと格付しています。その時は10/9（2Q）が終了した直後で，図表2の上で"a"と示した時期です。2Qが減速してきたのですが，1Qと2Qの状況から2011年3月期には高水準の利益が期待できると判断してもおかしくはない状況でした。

　2011年7月"b"に第3回のコールオプション条項付社債を発行し，JCRは

CHAPTER 5 格下げの事前予測

図表1	社債明細表

社債明細表　　　　　　　　　　　　　　　　　　　　　　　　　　単位：億円

銘柄	発行年月	金額	担保	償還期限
第2回無担保社債	2005年3月	150	無担保	2012年3月
第4回無担保社債	2005年12月	100	無担保	2012年12月
第5回無担保社債	2007年1月	300	無担保	2012年1月
第6回無担保社債	2007年11月	200	無担保	2012年11月
米ドル建転換社債型新株予約権付社債	2000年4月	62	無担保	2013年4月
コールオプション条項付第2回無担保転換社債型新株予約権付社債	2010年10月	600	無担保	2015年10月
コールオプション条項付第3回無担保転換社債型新株予約権付社債	2011年8月	275	無担保	2016年8月
合計		1,687		

(注)　金額は2011年3月末の残高に2011年8月発行を加えている
出所　有価証券報告書

図表2	四半期業績推移

エルピーダメモリ　　　　　　　　　　　　　　　　　　　　　　　　単位：億円

	2010年度				2011年度			
	a				b			c d
	10/6	10/9	10/12	11/3	11/6	11/9	11/12	12/3
	1Q	2Q	3Q	4Q	1Q	2Q	3Q	4Q
売上高	1,763	1,488	971	921	957	641	598	
売上総利益	617	402	△77	73	126	△275	△283	
経常利益	370	152	△305	△79	△73	△506	△449	
純利益	307	92	△296	△82	△79	△489	△421	
有利子負債	4,935	4,361	4,448	4,051	3,993	3,917	3,881	
純資産	3,694	3,810	3,465	3,560	3,471	3,223	2,828	

出所　有価証券報告書

同じくBBBと格付しています。この時点におけるニュースリリースは，①収益環境が厳しいこと，②有利子負債が削減されて財務構成が改善したこと，③足元の収益は想定よりも下方乖離しているので2012年3月末の出口戦略に注目することの3点をあげています。DRAM業界は市況産業ですので，多少の赤

図表3　JCRのニュースリリース要旨

	日付	格付		格付事由（ポイントのみ抜粋）
a	2010年10月8日	BBB		11/3期第1四半期は過去最高の営業利益を連続更新したものの、第2四半期業績は減速する見通し。とはいえ、コンピューティングDRAMの価格が従来のように短期間で大幅に下落する状況は現状認められない。また、スマートフォン向けなど当社が強みを有するプレミアDRAMの需給は締まっており、コスト面では回路微細化によるチップコストの低減なども見込まれる。11/3期は高水準の収益、キャッシュフローの創出が可能と見られ、本社債の発行を考慮しても、10/3期末比で一定の財務構成改善が図られる見通しにある。
b	2011年7月11日	BBB	①	強みを有するプレミアDRAMへ軸足を移してきているが、スマートフォン・タブレットPCの需要の伸びは足元でやや精彩を欠いている。微細化対応に伴うチップコストの低減効果では補えず、12/3期第1四半期も激しい収益環境が継続している模様である。
			②	一方、11/3期は600億円を超えるフリーキャッシュ・フローの創出に加え、TDR（台湾預託証券）の発行や第三者割当増資の実施により200億円規模の資本増強を行っている。これらの資金を原資に有利子負債は前期末比で1,000億円近く削減され、課題である財務構成については一定の改善が示された。
			③	11/3期の収益・財務状況はともに前期から改善したものの、従来JCRが想定していた収益・財務のシナリオからは下方かい離が生じており、足元の収益も厳しい状況にある。JCRは、今後の収益・財務の方向性や12年3月に終了を迎える事業再構築計画の出口戦略に注目していく。
c	2012年2月14日	BBB−	①	JCRは、本年2月2日に当社の格付をクレジット・モニター（ネガティブ）に指定した。これは、産活法による事業再構築計画の期限が3月31日に迫る中、DRAM市況の悪化で当社業績が大きく落ち込んでいることや、政府によるサポートが継続されるか明らかになっていないことを踏まえたものである。12/3期第3四半期累計の営業損益は923億円の赤字、純損益は989億円の赤字になっている。また、4月2日には、前述した協調融資の返済期限や優先株式の買取義務発生などが予定されている。
			②	JCRでは、クレジット・モニター指定後も、再建計画の策定や政府による継続的なサポートが実現するか注視してきた。これらの事柄については関係者間で継続的な協議がなされているとみられるものの、未だその内容が明らかになっていない。12/3期第3四半期決算で継続企業の前提に関する注記も付された。また、業績は大きく低迷しており、当面の業績も激しさが予想される。こうした点を勘案し、長期格付を1ノッチ引き下げた上で、クレジット・モニター（ネガティブ）を継続する。
d	2012年2月27日	D		当社は、本日開催した取締役会において会社更生手続開始の申立てを行うことを決議し、東京地方裁判所に申し立てを受理された。

出所　JCRのニュースリリース

字は仕方ありません。財務構成は11/6末で見て，1年前よりも1,000億円削減されており，BBBという評価も納得できるものと思われます。

（2）ニュースリリースの精読

注目すべきは"c"の2012年2月14日のリリースです。図表2の四半期業績推移を見ればわかるのですが，11/12四半期は巨額の赤字であり，経常利益は5四半期連続で，かなり深刻なレベルにあることがうかがえます。

ニュースリリースの①では業績が大幅に落ち込んでいること，政府によるサポートが明確になっていないこと，産活法を基に実行した協調融資の返済期限の到来や，優先株式の買取義務の発生を謳っています。②では再建計画の内容が明らかになっていないこと，会計監査人による継続企業の前提に関する注記が付けられたこと，当面の業績も激しさが予想されると指摘しています。

このレポートを読むと，格付はよくてBB格，多分B格あたりまで下げても不思議ではないような内容になっています。ところが，見直しではわずか1ノッチ下げただけで，投資適格であるBBB－に据え置いています。それから，わずか2週間後に会社更生法を適用申請したことで，Dまで格下げされています。

企業内容はきちんと把握しているのですが，あえて格付はBBB－（ネガティブ）に据え置いているという印象を受けます。投資家は，格付符号だけを見るのではなく，ニュースリリースをきちんと精読すれば，かなり悪い状態にあることを理解でき，債券を売却か保有かの判断ができるものと思います。

（3）破綻までの経緯

ここで，2012年1月5日から2月27日の破綻までの状況を，図表4を基にして振り返ってみます。

正月明けの1月5日に，取引先10社に資金を要請するとの報道がありました。その時点における社債価格は98.62円で，複利利回りは3.63％となります。

1月21日には，台湾の南亜科技と資本・業務提携に入ると報じられました。

図表4	破綻までの経緯		

単位：円

	区分	内容	社債価格
1月5日	資金要請	取引先10社に500億円規模の資金を要請	98.62
1月5日	東芝見解	東芝社長コメント「今のままでは支援はできない」	98.62
1月21日	提携交渉	DRAM最終章。日韓で韓国勢に対応	91.58
1月21日	提携交渉	南亜科技に加え，マイクロンとも提携	91.58
1月27日	決算見通し	900億円の赤字となった模様	91.98
2月2日	決算発表	赤字決算の公表	91.74
2月3日	記者会見	再建計画1カ月以内に。資金繰りに問題はないと説明	91.76
2月5日	交渉先	マイクロンCRO事故死	92.20
2月14日	決算注記	継続企業の前提に重要な不確実性	90.71
2月14日	格付	BBBからBBB−に格下げ	90.71
2月24日	株主総会	優先株償還に備えて1,500億円の減資	72.95
2月27日	公表	会社更生法を適用申請	75.70

(注) 社債価格は第6回債。表面利率は2.1％，償還期日2012年11月29日
報道記事等が休日に行われた場合に，社債価格は翌日の気配値を掲示
出所 社債価格は日本証券業協会公表の気配値

　DRAM業界はトップがサムスン電子で以下，ハイニックス半導体，エルピーダ，マイクロン，南亜科技の順です。業界3位のエルピーダと業界5位の南亜科技が組めば，シェアは20％を超えて業界2位のハイニックス半導体に肩を並べる水準となります。

　同日には，南亜科技に加えてマイクロンとも提携交渉を行うと報道されています。これらは，エルピーダが公表したものではなく，すべて観測記事です。提携は秘密裡に行うものであって，公にして行うものではありません。公になると大体において話は進展しなくなるものです。

　1月27日には，第3四半期累計で900億円の赤字となった模様との記事が出ました。赤字幅は想定内の範囲であり，社債価格も決算発表の前後で大きく変動してはいません。

　2月5日に，マイクロンのCEOが飛行機事故で死亡したとの記事が飛び込ん

できました。小型機の曲芸飛行が趣味であったそうですが，この段階での事故死はエルピーダにとっても痛手です。エルピーダの社長は，マイクロンの社長とも親交があり，提携交渉を進めていたといわれており，この事故死によって提携話は中断せざるを得なくなったはずです。

2月14日に公表された，継続企業の前提に関する注記は，極めて重要です。通常は決算公表時に注記も公表されるのですが，決算公表の後から追加で行われたことに重大な意味があります。

この事情について，同社では「継続企業の前提に関する事項の注記についてのお知らせ」で経緯を説明しています。それによれば，"2月2日時点では協議の進捗状況を勘案し，継続企業の前提に関する重要な不確実性はないものと判断していたが，関係者との協議は当初想定したほどには進展していないことから，注記を行うこととした"と説明されています。この段階において自主的な再建は難しいものと判断できます。

事後的に報道されたのですが，2月24日に，エルピーダは預金250億円すべてを引き出して，取引のなかった銀行に預け入れたということです。多分，DIP型の会社更生法を念頭において行動したものと思われます。民事再生法であれ，会社更生法であれ倒産した直後の資金確保は重要で，そのための原資としたものと推量できます。DIP（Debtor In Possession）型というのは，社長がそのまま残って企業の再建を目指すというものです。会社更生法では従来認められなかったのですが，2008年12月に会社更生法の利用件数が少なかったことを背景に，DIP型が認められるようになりました。

そして，2月27日に会社更生法の適用申請をして破綻したわけです。

破綻が回避できたかどうか，別の観点から分析してみましょう。
2009年6月30日に同社の事業計画は，産活法の第1号案件として認定されています。その事業計画に関するニュースリリースには守るべきいくつかの数値要件が記載されています（図表5参照）。

そして，事業計画により調達した資金には，財務制限条項が付されています

| 図表5 | 産活法に基づく同社事業計画の数値要件 |

項目	内容
生産性の向上	有形固定資産回転率を157％向上させる。
財務内容の健全性	有利子負債／キャッシュ・フロー　10倍以内
	経常収支比率　100％以上
事業革新	最先端設備の導入により現状と比較して製造原価を約20％低減する。

出所　経済産業省　平成21年6月30日付けニュースリリース

| 図表6 | 財務制限条項 |

【2011年3月期末】
連結ベースで以下の条件に抵触した場合には，一括返済を求められる可能性がある。
（純資産維持条項）
　①純資産が年度末，第2四半期末でみて，前年同期比で75％以上に維持する。
　②年度決算期末で自己資本が1,378億円以上に維持する。
（利益維持条項）
　連結損益計算書において，3期連続して経常損失を計上しない。
（事業再構築計画の維持・達成）
　前事業年度において実行された主力取引銀行を中心とした金融機関及び日本政策投資銀行からの借入等については，「産業活力の再生及び産業活動の革新に関する特別措置法」に基づく事業再構築計画を維持・達成する義務を負う。

出所　有価証券報告書

（図表6）。

　産活法という法律に基づいて，国として支援しているため，数値要件や目標が達成できないのであれば，産活法の適用延長は難しくなります。

　2011年12月四半期（3Q）は，売上高が598億円で純利益が△421億円の赤字です。市況はすぐには回復する気配がありません。その中でどうやって赤字を止めるのでしょうか。

3月末に産活法の適用期限が切れ、4月早々には産活法に基づいて調達した1,000億円の借入金の期限が到来します。2012年中に社債の償還が750億円あり、1月に300億円償還しましたが、まだ450億円の償還が必要です。

　設備投資産業であり、年間で1,000億円の投資を行わないと、じり貧となる業界です。この資金は既存の負債に上乗せして必要となるニューマネーです。この資金をどうやって調達するのでしょうか。

　そう考えると普通の方法では事業継続が無理なことがわかります。

　エルピーダは産活法の適用による借入れと、増資、そして社債発行によって資金調達してきました。社債発行では格付が重要です。BB格に下がってしまえば、生命線である社債発行は難しくなります。格下げは死命を制することになるわけです。あくまで推定ですが、こういった事情があることから慎重を期し、格下げを躊躇したのではないかと考えます。

2 コバレントマテリアル

(1) 業績推移

　コバレントマテリアルは東芝セラミックスを前身とする、半導体産業に必要不可欠な高純度製品群を提供する総合先端材料メーカーです。東芝セラミックスに対して株式公開買付を行い、2006年にコバレントマテリアル（以下コバレント）として発足しています。なお、その過程で東証第1部上場は廃止となっています。

　コバレントは株式公開買付資金との関係もあり、550億円という巨額な社債（図表7）を2008年に発行しており、その償還期限までにどのように資金手当

図表7　社債明細表

コバレントマテリアル　　　　　　　　　　　　　　　　　　　　　　単位：億円

銘柄	発行年月	残高	担保	償還期限
第1回無担保社債	2008年2月	550	無担保	2013年3月

出所　有価証券報告書

| 図表8 | 長期業績推移 |

コバレントマテリアル 単位：億円

	2期	3期	4期	5期	6期
	8/3	9/3	10/3	11/3	12/3
売上高	1,122	937	679	829	684
経常利益	46	△58	△144	△4	△72
純利益	6	△160	△164	6	△341
純資産	764	593	421	427	85
総資産	2,028	1,776	1,562	1,490	973
自己資本比率	37.3%	33.1%	26.4%	28.0%	7.9%

出所　有価証券報告書

| 図表9 | セグメント情報 |

コバレントマテリアル 単位：億円

						a		b	c	d	e
	9/3		10/3		11/3		12/3			12/9	
	上半期	下半期	上半期	下半期	上半期	下半期	上半期	下半期		上半期	
売上高	576	361	297	381	417	412	377	310			
うちセラミックス	233	144	131	187	198	191	191	144			
うちウェーハ	337	212	162	185	204	206	179	158			
営業利益	25	△63	△111	△14	17	10	△3	△46			
うちセラミックス	3	△22	△32	17	11	7	12	△11			
うちウェーハ	22	△44	△79	△31	4	1	△5	△37			

出所　有価証券報告書

てをするかが課題となっていました。

　図表8は業績推移を示したものです。リーマンショックの後も半導体不況の影響で業績は芳しくない状態が続いていることがわかります。

　図表9は，半期単位のセグメント情報です。セラミックス事業は営業利益段階で水面すれすれの状況ですが，ウェーハ事業は大幅な赤字となっています。

　図表10はJCRのニュースリリースをまとめたものです。

　2011年3月"a"の段階では，①業績は厳しいものの，事業リスクには大きな変化がないこと，②一定のキャッシュ・フローは確保できるものの社債の償

CHAPTER 5 格下げの事前予測

図表10　JCRのニュースリリース要旨

コバレントマテリアル

	日付	格付		格付事由（ポイントのみ抜粋）
a	2011年3月3日	BBB	①	11/3期は3期ぶりに営業黒字に浮上できる見込みだが，昨秋以降，半導体業界が調整に入ったことで下期の事業環境はやや軟化している。このため，経常損益以下ではまだ水面下に留まる可能性が高い。近年，業績は厳しい状況を余儀なくされたが，事業リスクそのものが構造的に大きく変化したものではないと考えられる。
			②	2期連続の最終赤字で財務体力は低下している。業績もある程度持ち直してきていることから当面，一定程度のフリーキャッシュ・フローの黒字は確保可能と考えられる。ただ，2013年2月に期限となる社債は今後の収益・キャッシュ・フローの回復を見込んでも負担が重く，自己資金で対応可能な範囲は限定されたものになると想定される。財務制限条項抵触時の対応などから判断して，現状，金融機関の当社に対する姿勢は従前と変わっていないと見られるが，償還の対応にあたっては今後どの程度の業績改善を示せるかが，極めて重要なポイントとなっている。
b	2011年8月10日	BBB	①	シリコンウェーハ事業を連結子会社のコバレントシリコンに集約し，その後，同社の株式をSAS（Sino-American Silicon Products）社に譲渡することで合意した。今後，当社はセラミックス事業に経営資源を集中させることになる。
			②	譲渡代価は350億円程度とされており，これにより懸念となっていた長期債の償還資金の手当てについては，ある程度前進する可能性がある。シリコンウェーハ事業からの撤退に伴い，事業基盤や事業構成は大きく変化することから，キャッシュ・フロー創出能力や東芝との関係などが変化する可能性がある。
c	2012年1月17日	BBB−		SAS社との協議により譲渡金額を変更すると公表した。今回の譲渡価格の変更により，譲渡に伴う財務面などのマイナス影響が一段と大きくなる見通しとなった。
d	2012年4月10日	BB+	①	12年3月29日付で当社は，台湾SAS社へのシリコンウェーハ事業の譲渡が完了したことを発表した。従来に比べれば業績面や経営面における安定性は増すと考えられる。
			②	事業売却に伴う特別損失の計上などもあり，財務状況は大幅に毀損したと考えられる。足元の事業環境を踏まえれば，少なくとも短期間で収益・財務を大きく改善させることは難しいと想定される。

			③	13年2月が償還期限となる社債償還資金の手当てについては，本件事業譲渡で幾分，前進した。ただし，償還資金の不足部分は依然，小さくない。当該部分は銀行借入などによる手当てが不可欠となるが，現状ではまだ不透明な点が多い。
e	2012年6月26日	CCC	①	公表された12/3期業績は概ね従来のJCR想定に沿ったものとなった。ただし，13年2月期の533億円の社債償還に関し，期限での償還の不確実性を理由として，継続企業の前提に関する注記が付されることとなった。これを受け，JCRでは当初約定での償還に対し強い懸念が生じると判断し，格付の引下げを行った。
			②	12/3期は下期の事業環境悪化が響き減収となり，営業段階以下で赤字となった。事業別では，セラミックスは小幅ながら営業黒字を確保したものの，当初計画から譲渡完了期間が遅れたウェーハ事業で大幅な営業赤字を計上。また，ウェーハ事業譲渡等に伴い，△270億円の特別損失を計上したことで，自己資本は大きく毀損し，財務状況も著しく悪化することとなった。
			③	譲渡代金を得たことで12/3期末手元現預金は268億円となった。ただし，同期末の銀行借入について相当額の預金担保が設定されていることもあり，現状，手元現預金から社債償還に充当可能な金額は，社債残高に対し限定的な部分に留まる。

出所　JCRのニュースリリース

還負担が重いことが述べられており，BBBと格付されています。

2011年8月"b"は，ウェーハ事業の事業譲渡が決まったことに関するリリースですが，社債の償還資金の手当てが多少前進するとコメントしています。

2012年1月"c"には譲渡金額が減額されることから，BBB-に引き下げています。

2012年4月"d"はウェーハ事業譲渡が完了したことを受け，①業績や経営面の安定性が増すこと，②財務状況は大幅に悪化し短期間では回復できないこと，③社債償還資金については銀行借入等が必要であるが不透明であるとの意見が述べられ，その結果としてBB+とされています。

2012年6月"e"には，①継続企業の前提に関する注記が付けられたこと，②ウェーハ譲渡時に△270億円の特別損失を計上したことから自己資本が大きく毀損したこと，③手元現預金は銀行の担保となっており，社債償還に充当可

能な金額は限定的であるとして，CCCに格下げしています。

（2）ニュースリリースの理解

　社債の償還能力について，JCRのニュースリリースを読むと，2011年3月"a"の時点で，既に自己資金で対応することは難しいとの記載があります。8月"b"には譲渡代価350億円により懸念されていた償還資金はある程度前進する可能性があると書かれていますが，投資家の立場から見れば，社債の償還リスクは「投資適格」よりも大きなリスクを抱えているように読み取れます。

　その後，2012年4月"d"には償還資金の不足は依然として小さくないとされ，この段階になって初めてBB格に下がっています。

（3）事業譲渡の分析

　ウェーハ事業と譲渡代金について考えてみたいと思います。

　まず，業界事情です。シリコンウェーハ業界はトップが信越化学工業，2位がSUMCOで，コバレントは世界で6位に位置しています。信越化学工業は別格ですが，2位のSUMCOは2012年1月期には△843億円の当期赤字を計上し，太陽電池向けのウェーハ事業からの撤退を発表しています。この状況から推定すると，業界環境は決してよいものではありません。

　譲渡先のSASは半導体用シリコンウェーハ，ソーラー用ウェーハの2本柱を持つ台湾の上場企業です。1台湾ドル＝2.7円換算で，2010年の連結売上高は約609億円，当期純利益は約96億円です。

　SASは当初350億円で買収する予定でしたが，2012年1月13日に事業環境の悪化から280億円に引き下げると発表しています。

　ウェーハ事業の売却先候補は数が限られています。2011年の秋以降，事業の業績が悪化していたわけで，コバレントとしても価格引下げに合意せざるを得なかったものと考えられます。

　売却価格の妥当性について考えてみましょう。ウェーハ事業のEBITDAは2

図表11　コバレントマテリアルのウェーハ事業セグメント

ウェーハ事業セグメント　　　　　　　　　　　　　　　単位：億円

	10/3	11/3	2期平均
売上高	346	410	378
営業利益	△110	5	△52
減価償却費	114	80	97
のれん償却費	8	8	8
EBITDA	12	93	52
資産	778	698	738

出所　有価証券報告書

期平均で52億円です（図表11）。M＆Aの評価では，EBITDA乗数は5～6倍程度といわれてきました。買収価格の280億円を52億円で割れば，EBITDA倍率は5.3倍になります。足元の業績の悪さを考慮すれば妥当な価格と見られます。

　買収価格280億円という情報だけでは，資産と負債，そして資本がどのように移動したのかが判然としません。

　コバレントは2011年11月に会社分割を行って，シリコンウェーハ事業を100％子会社であるコバレントシリコンに集約した上で，その株式のすべてをSASに譲渡しています。SASは台湾の上場企業であり，2012年1月12日に今回の買収に際して台湾証券取引所に届出を行っています。この届出書によれば，日本円で子会社株式全額を138億円にて買収すると書かれており，この段階で大きな損失になることが予想できます。

　2012年3月期の個別損益計算書では子会社株式売却損が311億円計上されています。子会社の株式に限定すれば，簿価449億円の資産を138億円で売却した結果，売却損が311億円発生したと考えることができるかもしれません。

　連結ベースでは261億円の事業分離による移転損失が計上され，当期損失は△341億円の赤字となりました。自己資本比率も7.86％まで低下し，自己資本も76億円と資本金349億円の多くを毀損させて脆弱なものとなっています。

> 図表12　コバレントマテリアルの継続企業の前提に関する事項

コバレントマテリアル

　当社は，当事業年度末において，平成25年2月を償還期日とした無担保社債残高53,300,000千円の償還をまかなうだけの資金を保持しておらず，継続企業の前提に重要な疑義を生じさせるような状況が存在しています。
　当社は，当該状況を解消すべく，不採算事業の改革，人事施策及び固定費削減を中心とした構造改革を実施し，収益力の強化及び資金調達を含めた資金繰りの安定化を図るとともに，社債の償還期日延期を含めた諸施策を進めていく予定です。しかし，これらの対応策を進めている途上であるため，現時点では継続企業の前提に関する重要な不確実性が認められます。
　なお，財務諸表は継続企業を前提に作成しており，継続企業の前提に関する重要な不確実性の影響を財務諸表に反映していません。

出所　有価証券報告書（2012年3月期）

　最後に，継続企業の前提に関する事項です。これは2012年3月期の有価証券報告書に記載されています（図表12）。資金不足のため，社債の償還期日延期を含めた諸施策を進めるとされており，投資家の立場からすれば債券保有回収に大きなリスクが生じていることがうかがえます。会計監査でここまで指摘されてたこともあり，格付をCCCまで下げています。

≫3　リーマン・ブラザーズ

（1）業績悪化

　2007年8月に発生したサブプライム問題により市場が大きく動揺し，資産担保証券などの証券化商品の価格が急落しています。
　証券業界5位のベアー・スターンズは2008年3月に入り資金繰りに行き詰まり，政府の要請を受けてJPモルガン・チェースが救済合併するという事件が発生しています。
　2008年6月以降，サブプライム問題の深刻さが浮き彫りになってきました。次に危ないといわれていたのが3位のメリルリンチと，4位のリーマン・ブラ

ザース（以下リーマン）です。

図表13は2007年夏以降の四半期決算を並べてみたものです。

メリルリンチは7年9月期以降，4四半期期間連続して当期純利益がマイナスとなっています。その累計は187億ドルにも達しており，不振を極めている

図表13　メリルリンチとリーマン・ブラザーズの四半期業績推移

単位：億ドル

メリルリンチ

	7/9	7/12	8/3	8/6	合計	差引
BS	a			b		a−b
資産合計	10,912	10,079	10,350	9,649		△1,263
負債合計	10,530	9,764	9,987	9,302		△1,228
自己資本合計	384	316	363	347		△37
PL						
純収益合計	6	△81	31	△21	△65	
市場部門	△41	△128	△16	△64	△248	
投資銀行部門	10	11	8	10	40	
資産管理部門	36	36	38	33	143	
税引前利益	△35	△148	△35	△80	△298	
当期純利益	△23	△98	△21	△46	△187	

リーマン・ブラザーズ

	7/8	7/11	8/2	8/5	合計	差引
BS	a			b		a−b
資産合計	6,583	6,956	7,789	6,381		△203
負債合計	6,366	6,729	7,571	6,118		△248
自己資本合計	217	226	247	262		45
PL						
純収益合計	45	45	37	△6	120	
資本市場部門	25	28	17	△23	48	
投資銀行部門	11	9	9	8	37	
投資運用部門	8	9	10	8	35	
税引前利益	12	13	7	△40	△8	
当期純利益	9	9	5	△27	△3	

出所　FORM 10-Q

といった状態に陥っていることがわかります。

しかしながら，メリルリンチは巷間，不良債権処理を前倒しで進めているとの評価を受けていました。メリルリンチの市場部門が資産担保証券などの証券化商品を扱っている部門です。その市場部門の4四半期累計の赤字は△248億ドルです。これは証券化商品の評価損を計上し，あるいは売却損を出した結果と見られます。248億ドルという金額は8年6月末の総資産に対して2.6％に相当します。

これに対して，リーマンの資本市場部門は4四半期合計で48億ドルの黒字となっています。リーマンはメリルリンチ同様，あるいはそれ以上に証券化商品に取り組んでいたという割に，黒字というのはどう見ても納得できません。仮に，メリルリンチと同じペース，すなわち総資産の2.6％を評価損等としていたら△166億ドルの損失となります。見方によっては，この金額と黒字の48億ドルを合わせた214億ドルの損失計上ができていないものと考えることができます。

図表14は両社が保有している有価証券等の資産をレベル別に示したものです。レベル1は市場価格から容易に資産価格を評価できる資産，レベル2は市場で取引されている類似の資産を基にして価格を類推することができる資産，そしてレベル3は各社が社内の数理モデル等を用いて理論価格を計算した資産です。レベル3は市場価格がなく，各社が独自に評価額を計算することから含み損の温床といわれた部分です。

メリルリンチのレベル3資産は581億ドルです。これは株主資本348億ドルの1.67倍に相当します。リーマンのレベル3資産は413億ドルで，これは株主資本263億ドルの1.57倍に相当します。ともに株主資本を大幅に上回るレベル3資産を保有しているわけです。リーマンはレベル3に占める資産担保証券の比率が50％と高いのも気がかりです。これはまさにサブプライム問題で渦中となっている資産です。

この資産担保証券206億ドルはほとんど無価値と考えられますので，株主資本263億ドルから差し引くと，残った株主資本はわずか57億ドルになってしま

図表14　レベル別の資産保有状況

メリルリンチ　　　8/6

資産保有状況　　　　　　　　　　　　　　億ドル

資産保有状況	レベル1	レベル2	レベル3	ネッティング	合計
投資証券	28	454	46		529
トレーディング資産	431	679	202		1,311
デリバティブ	59	6,898	331	△6,394	895
その他	476	1,179	2	0	1,657
合計	995	9,210	581	△6,394	4,392

株主資本　　　　　億ドル

レベル3の資産	a	581
株主資本	b	348
倍率	a/b	1.67 倍

リーマン　　　　　8/5

資産保有状況　　　　　　　　　　　　　　億ドル

資産保有状況	レベル1	レベル2	レベル3	合計
資産担保証券	3	515	206	725
非上場株式	268	106	102	475
デリバティブ	26	394	50	470
その他	158	603	56	817
合計	456	1,618	413	2,487

株主資本　　　　　億ドル

レベル3の資産	a	413
株主資本	b	263
倍率	a/b	1.57 倍

出所　FORM 10-Q

います。

　この程度の傷であれば破綻することはなかったはずです。本当の問題はレベル3の資産だけではなく，レベル2の資産も傷んでいたという事実です。2008年の夏ごろになって，商業用不動産も不良債権化しつつあるという観測記事が目に付くようになってきました。

　図表15はシティの担当者が8月24日付の日経ヴェリタスに乗せた記事から抜粋したものです。これによると売却困難な資産はメリルリンチの439億ドルに対して，リーマンは756億ドルと巨額なものでした。とりわけ，リーマンの商業用不動産ローンは時価評価できるので，レベル3には該当しない資産です。仮に，商業用不動産ローン残高398億ドルの50％が不良資産としても200億ドル近くに達します。既に挽回不可能な数字と思われました。

| 図表15 | 売却困難な資産（推定） |

売却困難な資産（推定）　　　　　　　　　　　　　　　　　　　　　単位：億ドル

	ゴールドマン・サックス	モルガン・スタンレー	メリルリンチ	リーマン
住宅ローン	66	65	188	243
商業不動産ローン	166	221	176	398
高リスク融資	220	127	75	115
合計	452	413	439	756

出所　『日経ヴェリタス』2008年8月24日号

（2）格付会社レポートの利用

　そんな折，1つのレポートが目に留まりました。格付会社S&Pの根本直子アナリストが2008年8月14日付で出した「世界の金融機関の格付け動向―欧米を中心に当面格下げは続く」というレポートです。

　図表16は，そのレポートの内容を筆者なりにまとめたものです。

　このレポートから，証券会社は多様な収益源を持つユニバーサルバンクに比べて収益の振れが大きいこと，資産担保証券などリスクの高い資産から生じる損失が高止まりする可能性があること，不良債権問題はさらに広がりを見せていること，証券会社では資金繰りの逼迫が懸念されること，優れていたはずの大手証券会社のリスク管理能力は十分なものではなく，S&Pはリスク管理能力を引き下げたことが読み取れます。

　そして，それまでに優先株を発行して損失処理の原資を確保していたのですが，メリルリンチやリーマンは自己資本として参入できる限度を超えており，これ以上優先株を発行しても，S&Pは格付上の資本とみなさないと結んでいます。

　メリルリンチやリーマンについては，かなり厳しい状況に陥ることが想定されますので，仮に債券を保有していれば売却すべきとの判断が下せます。

（3）破綻に至るまで

　2007年から2008年にかけて，中東のソブリン・ウエルス・ファンドなどが

図表16　S&Pのレポートの内容（要約）

格下要因
(1) 2008年上期の格下げは過去最高レベルにある。その要因は次のとおり。
　a　証券会社は多様な収益源を持つユニバーサルバンクに比べて収益の振れが大きい。
　b　リスクの高い資産から生じる損失が高止まりする可能性がある。
　c　米国や英国では不良債権問題が拡がりつつある。
　d　資金繰りが逼迫するリスクが高い。
　e　大手証券会社のリスク管理能力について，評価を下げた。
(2) 金融機関の格下げは今後も続く可能性が高い。格付の改善には相当な時間を要する。
　なお，格下げのトリガーは，収益の大幅な減少，流動性や資金調達力に対する懸念，そしてモノライン（金融保証保険を専門に行う保険会社）の格付低下。

優先証券による資本増強の限界
(1) 昨年来，総額2,000億ドルの資本増強が実施されたが，今後は増資に大きな効果が期待できない。その理由は次の2つ。
　a　投資家サイドの資金力や投資意欲が低下した。
　b　S&Pは優先証券を質の劣る資本と見なし，修正後の自己資本に算入できる限度を設けている。メリルリンチ，リーマン，UBS，シティグループは，その上限を超えており，これ以上の優先証券を発行しても，S&Pの格付上では資本と認識しない。

出所　S&P「世界の金融機関の格付け動向－欧米を中心に当面格下げは続く」2008年8月14日

　優先株を積極的に引き受けましたが，その後の株価下落により，相当な含み損を被ったと見られていました。いかに金持ちといえども，同じ失敗は二度と繰り返さないはずです。

　救済相手として，次に有力な候補といわれたのが米国の銀行です。でも，バンク・オブ・アメリカにも，ワコビアにも支援するような余裕はないものと考えられます。次の候補は，アジアの金融機関です。実際，韓国産業銀行がリーマンの発行済株式を取得して支援に乗り出すという記事が出ましたが，韓国金融当局が懸念を表明したために断念しています。そもそも，前にも述べました

が，M&Aや買収は秘密裡に行うものです。マーケットで買収候補が順番に指名されるような状況では成功は覚束ないでしょう。

結局，最終的には米国政府しかないという見方になります。しかしながら，米国はファニーメイやフレディマックといった住宅金融公社の処理に頭を痛めている状況にあり，率先してリーマンの救済を行うものとは考えられません。

8月下旬に，メリルリンチとリーマンについて筆者がまとめたものが，図表17です。

株主資本はメリルリンチの348億ドルに対してリーマンは263億ドルと多少劣っています。深刻なのは不良化資産が多いことです。メリルリンチは株主資本に対して293％，リーマンはもっと悪くて株主資本に対して444％と絶望的な水準です。

図表17　メリルリンチとリーマン

	メリルリンチ	リーマン
資本	2007年の年末以降，邦銀等を引受先として150億ドルの増資を実施　株主資本は348億ドル	2008年4月以降，120億ドルの増資に成功　株主資本は263億ドル
不良化資産	レベル3は580億ドルで，売却難な資産は推定で439億ドル。合計では1,019億ドル　これは総資産の11％，株主資本の293％に相当	レベル3は413億ドルで，売却困難な資産は推定で756億ドル。合計では1,169億ドル　これは総資産の18％，株主資本の444％に相当
資産売却	ブルームバーグに対する持分20％を7月に44億ドルで売却することで合意。また，フィナンシャル・データ・サービスの持分の売却交渉を開始	投資管理部門を売却する可能性がある。ただし，売却すると売却後のビジネスが成り立たなくなるリスクがある
株価	8月19日の株価は23ドル　過去1年間の高値は78ドル	8月19日の株価は13ドル　過去1年間の高値は67ドル
業績	過去1年間，証券化商品等の簿価下げや売却を前倒しで進めてきており，峠は越えた	6-8月期に40億ドルの損失を出す見込みと報じられて株価は13ドルに急落した。　従来は強いといわれた欧州と中東で赤字が拡大　証券化商品の売却を進めると損失が拡大する

資産売却に関しては，メリルリンチでは部門を売却することで多少の資金が見込めるのですが，リーマンでは有力といわれた投資管理部門を売却すると売却後の事業が成り立たないという状況が発現します。
　このほか，リーマンでは従来は強いという評価を受けていた欧州と中東で赤字が拡大しており，リーマンのほうがメリルリンチよりも，大分悪いものと分析しています。この段階でリーマンはいずれ破綻するとの結論に達しています。

　その後はどうなったでしょうか。9月10日付で，ある外資系証券会社が「リーマン，崖っぷちに立たされる」というレポートを配信しています。
　"格付会社が格付を引き下げる方向で見直すと発表したことで，リーマンに戦略的パートナーを探すよう求める圧力が一段と高まった，と弊社はみている。"と書かれています。ちなみに，その時点でムーディーズがA2，S&PがA，フィッチがA＋と3社ともA格を付与していました。
　当該証券会社は，後段で"独立系金融機関の地位を守ることは難しいかもしれないが，同社は現在の危機を乗り切る可能性が高い。"と結んでいます。
　この証券会社に限らず，市場参加者の多くは，単独での存続は難しいが，名門で知名度は抜群，優秀な社員もいることから，いずれどこかが買収するだろうというのがコンセンサスであったように思います。
　そうはいうものの，この頃になると，さすがに危ないという意見が増えてきました。日経新聞の見出しを見ても，9月11日には「リーマン再建視界不良」，14日には「米当局，公的救済に慎重」という文字が見られます。
　結局，翌，9月15日に，リーマンは連邦破産法第11条（チャプター・イレブン）を申請して破綻しました。

　格付会社は実績を基に格付を付与するわけですので，業績が急激に下降するような場面では，格下げはどうしても遅れがちになります。
　それを補うものとして，格付会社は有用なレポートを多く出していますので，それらを利用することが役に立ちます。

また，状況を把握し，財務諸表上のポイントとなる箇所を分析することも大切です。四半期報告書を基に，話題のレベル3がどの程度あり，それが株主資本と比較して処理できるかどうかを分析するだけで，十分な情報を入手できるはずです。

【参考文献表示】
エルピーダメモリ「有価証券報告書」(2010年度, 2011年度)
コバレントマテリアル「有価証券報告書」(2011年度)
JCR「エルピーダメモリ」ニュースリリース（2010〜2012年）
JCR「コバレントマテリアル」ニュースリリース（2011〜2012年）
経済産業省「エルピーダメモリ株式会社の産業活力の再生および産業活動の革新に関する特別措置法に基づく事業再構築計画について」ニュースリリース（平成21年6月30日）
台湾証券取引所「Sino-American Silicon Products inc.」(2012年1月12日No.3公開情報)
SINO-AMERICAN SILICON PRODUCTS INC「アニュアルレポート」(2010年)
メリルリンチ「アニュアルレポート」(2008年FORM10-Q)
リーマン・ブラザーズ「アニュアルレポート」(2008年FORM10-Q)
S&P「世界の金融機関の格付け動向―欧米を中心に当面格下げは続く」(2008年8月14日)

CHAPTER 6 格付を上手に利用する方法

最後の章として，格付利用上の留意事項をまとめています。

格付は投資家にとって有用ですが，一方で限界もあります。また，格付会社ごとの特徴を理解した上で利用することが大切です。

格付には遅行性があること，日米格付会社では格付水準そのものが違うこと，日系2社には格付格差があり，代替的に利用できないことに注意が必要です。

日本ではBB格には下がりにくい状況にありますので，格付の取消しや格付ショッピングなどの問題を踏まえ，ニュースリリースや格付会社のレポートを活用し，必要により自ら財務分析をすることが大切です。

≫1 格付の遅行性

格付には遅行性があります。格付符号に付けられている方向性（アウトルック）を見ると今後の方向性をある程度は把握できます。しかしながら，特に経営環境が激変しているような時には格下げが遅れる傾向がありますので以下に示す制約要因を理解した上で格付を利用する必要があります。

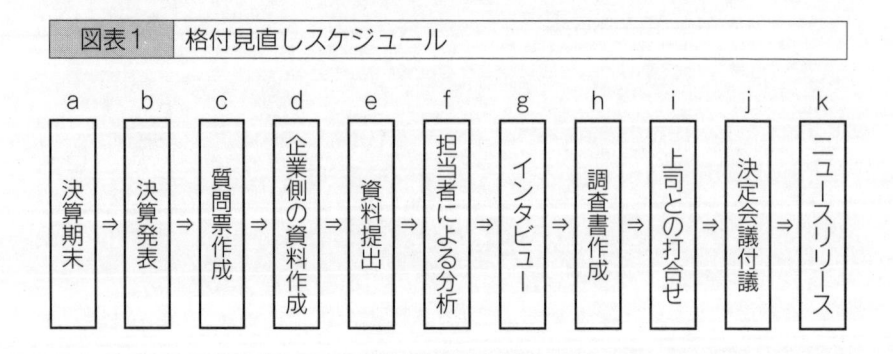

図表1　格付見直しスケジュール

a 決算期末 ⇒ b 決算発表 ⇒ c 質問票作成 ⇒ d 企業側の資料作成 ⇒ e 資料提出 ⇒ f 担当者による分析 ⇒ g インタビュー ⇒ h 調査書作成 ⇒ i 上司との打合せ ⇒ j 決定会議付議 ⇒ k ニュースリリース

（1）日程上の制約

既存格付先をレビューする場合のスケジュールを図表1で示しました。

格付の見直しは決算数値を基に行います。通常では決算発表後に，格付会社の担当者は質問票を作成します。ここには必要な資料の請求及び具体的な質問事項を記載します。その質問票を企業に送付した後，企業側ではこれに基づいて資料を作成します。

格付会社から請求される資料は結構なボリュームになりますので，企業側でも担当部署ごとに割り振って，通常では2週間程度をかけて作成します。

作成した資料は事前に格付会社に提出され，格付アナリストが分析することになるわけです。日程を決めてインタビューを行いますが，企業側としても社長や財務責任者の日程を押さえる必要があり，日程調整には多少の時間が必要となります。

既存格付先のレビュー（インタビュー）は，半日から1日かけて実施します。インタビューを終えた後に，担当アナリストは提出された資料やインタビューで把握した事項等をまとめた調査書を作成します。経験の度合いにもよりますが，1週間程度を要するものと思われます。

担当アナリストがまとめた調査書を基に上司やチームで打合せを行い，担当者としての意見が通れば格付委員会等の決定会議に付議し，合意が得られれば格付を企業に通知し，ニュースリリースを公表することになります。

3月期決算の場合に，レビューを行うのは7月となり，見直し結果が8月になることもあります。

もちろん，業績に不安のあるような企業については優先度が高く，格付アナリストも継続的にフォローしているわけで，決算発表と同時に格下げとなるケースもあります。

（2）実績数値による制約

格付では数字で評価することが基本です。したがって，過去の決算数値をベースに議論することになります。今後の見通しが悲観的な場合には，企業側

とすればよい材料を提示して何とか格下げを回避しようとします。

　格付アナリストとしても，将来の業績悪化を具体的な数値で証明できないと，企業に対してきちんと説明できないし，格付会社内の会議においても説得力のある説明ができません。大人数の合議制では，どうしても過去の実績値をベースに判断することになると考えられます。

（3）マンパワーの制約

　格付は非常に労働集約的なものです。財務指標などは財務データを機械に取り込めば自動的に加工してくれますが，せいぜいその程度です。

　格付アナリストは金融機関の出身者も多く，財務分析等を得意とする人が多いと見受けますが，それでも1人で20社を担当することは大変なものです。また，全員が全員，ベテランというわけにはいきません。長年，同じ業界を担当していれば業界を熟知できますが，新たに別の業界を担当するとなると結構な時間が必要となります。

≫2 日米格付会社間の格付格差

（1）事業会社

　近年では日米格付会社間の格付格差が縮小傾向にあることがうかがえます。これは日本企業の自己資本比率が10年間で10ポイント以上も改善するなど財務比率が改善したことなどが要因です。しかしながら，現在においても，日米格付会社間の格付格差は事業会社で見ると2～3ノッチ，日系よりも米系のほうが低い状況にあります。

　これは格付水準の違いによるものです。日系格付会社では，業界を代表するようなリーディングカンパニーに対しては，繊維，紙パルプ，海運などを除き比較的多くの業界でAA格を付与しています。

　それに対して，米系格付会社でAA格を付与するのは，①鉄道など公共的な企業，②業界のリーディングカンパニーでかつ自己資本比率の高い企業です。

前者の例は日本電信電話，東日本旅客鉄道，東京瓦斯，沖縄電力などで，後者の例は武田薬品工業，富士フイルムHD，信越化学工業，セブン&アイHDなどが該当します。業種的に自己資本比率が30％前後と低い総合商社や大手不動産などはA格に留まっています。

全体的に見ると，普通の大手企業について，日系格付会社ではA格を付与する傾向にありますが，米系格付会社ではBBB格が中心となっています。

（2）金融機関

金融機関の格付では日米格付会社の格付格差はあまりありません。メガバンクについてAA－もしくはA＋です。銀行はBISの自己資本規制バーゼルⅡなどで，同じ基準を採用しており，各国の銀行間比較が容易です。

米系格付会社の銀行格付を見ると例外的にAA格を取得しているものもありますが，原則的にはA格が上限です。日系も同様なレベルであることから，日米間の格付格差は生じていない状況です。相対的にはサブプライム問題や欧州債務危機の影響で欧米の銀行格付が低下する中，日本のメガバンクは世界的にも高い格付を保持することになっています。

（3）世界的企業との比較

ムーディーズでは主要な業界についての格付手法を公表しています。この中から，化学，医薬品，自動車，海運，通信，小売の6業種を選んで，格付分布を示したものが図表2です。また，図表3では格付に対応する主な企業をリストアップしています。これらを眺めると3つのことがわかります。

まず，格付分布ですがAaa格からCaa格まできれいに分布しています。全135社のうち，投資適格が78社（58％）で投機的格付が57社（42％）となっており，投機的格付が結構あることがわかります。

次に，業種別の格付です。Aa格以上が10社ありますが，そのうち5社は医薬品が占めています。医薬品以外の一般業種でAa格を付与するのは稀で，日本のNTTやトヨタ自動車などほんの一部の企業に限られています。一般業種

図表2　格付別分布と構成比

格付別分布

時期 格付＼業種	9/12 化学	9/10 医薬品	11/6 自動車	9/12 海運	9/12 通信	11/6 小売	合計
Aaa		1					1
Aa1		1			1		2
Aa2		2	1				3
Aa3	1	1			1	1	4
A1	1	6	1			1	9
A2	2	4			4	3	13
A3	2	4	4	2		1	13
Baa1	3	3	1	1	4	2	14
Baa2	2	1	2	1	5	2	13
Baa3	1		2	1	1	1	6
Ba1	1	1	2	2	1	1	8
Ba2	1		2	1	1		5
Ba3	2	1	1	3		1	8
B1	3	5	1	3	2	2	16
B2		3	2	1	4	2	12
B3	1	1		2	1	1	6
Caa1							0
Caa2						2	2
合計	20	34	19	17	25	20	135
投資適格	12	23	11	5	16	11	78
投機的	8	11	8	12	9	9	57

レター別構成比

Aaa	1	1%	
Aa	9	7%	58%
A	35	26%	
Baa	33	24%	
Ba	21	16%	
B	34	25%	42%
Caa	2	1%	
合計	135	100%	100%

出所　ムーディーズ「業界別格付手法」

CHAPTER **6** 格付を上手に利用する方法

図表3	格付別主要企業

主要企業

	主な日本企業		主な外国企業		
Aaa			ジョンソン&ジョンソン		
Aa1	NTT	武田薬品			
Aa2	トヨタ自動車	アステラス製薬	ノバルティス		
Aa3	セブン&アイ	信越化学			
A1	本田技研	第一三共	BASF	アストラゼネカ	グラクソ・スミスクライン
A2	カネカ		AT&T	コストコ	デュポン
A3	ヤマハ発動機	商船三井	フォルクスワーゲン	ダイムラー	バイエル
Baa1	日本郵船		ボーダフォン	カルフール	ノードストローム
Baa2	日産自動車		ドイツテレコム	クローガー	
Baa3			プジョー	マークス&スペンサー	
Ba1			ルノー	メーシーズ	
Ba2			フォード	GM	
Ba3			ダウケミカル		
B1			ジャガー		
B2			クライスラー		

出所　ムーディーズ「業界別格付手法」

では優良企業がA格で，普通の大企業はBaa格です。そして，Ba格にもルノーやダウケミカルなどのような知名度の高い大企業が含まれています。

最後に，日本企業と外国企業とを比較してみますと，全体の中で日本企業は高い格付を取得しています。大手格付会社の中で日本企業が低く格付されているわけではありません。

(4) 日本企業の累積デフォルト率が低い理由

日本企業はデフォルトが少なく，特に日系格付会社の格付A格以上ではほ

とんどデフォルトすることはありません。累積デフォルト率だけで比較すると、日系格付会社が日本企業に付与したA格は、海外大手格付会社が世界企業（グローバル）に付与したAA格よりも低い状況にあります。

日本では社会風土として倒産を避けようとする傾向があります。かつてはメイン銀行制度が機能していましたし、簿価の低い土地を持っていればその含み益を使ってリストラを断行することもできました。

これに対して、米国では連邦破産法第11条があり、一度破綻させて再起を目論むという経営戦略が採用されがちです。このために、事業リスクや財務リスクでは同じような企業であっても、日本企業のA格以上の累積デフォルト率は小さくなっているものと考えられます。

≫3 JCRとR&Iの格付格差

ムーディーズとS&Pとの格付格差はほとんどないことから両社の格付は代替的に利用することが可能です。

それに対して、日系のJCRとR&Iの格付は、1ノッチ弱という明らかな格差が存在しています。したがって社債の利回りを見ても、両社間の利回りは大きく異なります。

図表4は平成24年6月1日付で日本証券業協会発表の日系格付会社が付与した債券格付の複利利回りです。AA格以上では顕著な差はありませんが、A格とBBB格では大きな差が生じています。JCRのA格の利回りはR&Iよりもかなり高くなっています。銘柄が同一でないので厳密な比較はできませんが、A格＋BBB格の合計では両社に大きな差異がないことから、JCRのA格の一部はR&IではBBB格にあると推定できます。

両社の格付格差は1ノッチ弱ですが、こうして利回りで見ると相当な差となって現れることになります。機関投資家は0.01％（1ベーシス）で運用を競っているわけで、これだけの格差があると、両社の格付をどのように考えて使用するべきかという検討が必要となります。

CHAPTER 6 格付を上手に利用する方法

図表4　格付別複利利回り

JCR　　　　　　　　　　　　　　　　　　単位：銘柄数，%

残存年数	AAA格		AA格		A格		BBB格		A格+BBB格	
1	9	0.353	125	0.383	149	1.046	38	1.293	187	1.096
2	5	0.471	87	0.425	96	1.001	21	0.960	117	0.994
3	2	0.618	52	0.421	64	1.006	11	2.367	75	1.206
4	4	0.611	74	0.530	78	1.141	13	2.073	91	1.274
5	8	0.712	39	0.681	50	1.935	3	0.908	53	1.877

R&I

残存年数	AAA格		AA格		A格		BBB格		A格+BBB格	
1			164	0.340	181	0.434	62	2.066	243	0.850
2			118	0.403	136	0.460	38	2.629	174	0.934
3			80	0.419	101	0.485	19	2.561	120	0.814
4			93	0.499	126	0.558	29	2.459	155	0.914
5			99	0.603	52	0.730	23	4.060	75	1.751

JCR-R&I

残存年数	AAA格	AA格	A格	BBB格	A格+BBB格
1		0.043	0.612	−0.773	0.246
2		0.022	0.541	−1.669	0.060
3		0.002	0.521	−0.194	0.392
4		0.031	0.583	−0.386	0.360
5		0.078	1.205	−3.152	0.126

出所　日本証券業協会「売買参考統計値／格付マトリクス」平成24年6月1日発表など

≫4 格付に関する諸課題

(1) 投資適格と投機的格付の間（BBB−）

　BBB格が投資適格でBB格は投機的格付という区分が格付を歪めている面があります。BB格は投機的格付で投資対象としてもよいのですが，日本では投資不適格として規定上，保有を制限する投資家がほとんどです。この点について，日系格付会社のBB格は米系格付会社では概ねB格相当になりますので，

投資制限も止むを得ないとする見方もあります。

　格付がBB格に下がると企業の社債発行は事実上不可能となりますし，シンジケートローン等の財務制限条項（格付維持条項）に抵触するリスクも発生することになります。

　その結果，格付会社の中には，業績が回復する可能性があるうちはBBB−に据え置くケースも散見されます。BBB−は相撲の土俵で言えば徳俵で，そこで踏みとどまれるかを慎重に見極めてから格付を下げるわけです。こういうスタンスをとる場合には，BBB格の中でもBBB＋とBBB−とは大きく異なり，BBB−は限りなくBB格に近く，実質的な累積デフォルト率も高くなると思われますので，投資家としては注意する必要があります。

（2）格付取消し

　格付会社に責任はないのですが，格付取消しは好ましいことではありません。投資家からすれば，企業は社債を発行したからには残高がゼロになるまで格付を保持すべきと考えますが，実際には企業からの格付取下げ要請が多く見られます。

　取下げ理由は，コスト削減や格付の低下などです。ある上場会社のCFO（財務責任者）から格付取消しの相談を受けたことがありますが，格付会社の年次レビューにおいて作成する資料など手間暇やコストがかかることを理由としてあげていました。また，格付会社ごとに作成を依頼してくる資料が多少異なりますので，複数の格付会社から格付を取得している場合には，作業も膨大になります。

　問題なのは，BBB格を将来維持できないことが予想される場合に企業が格付を取り下げることです。BB格に格下げとなりイメージが悪いということで取下げとなるケースもあります。2012年3月には大手格付会社がB格に3ノッチ下げた途端に，自社のホームページにおいて反論を展開し，取り下げたことが話題を呼んだという事例もあります。

（3）格付ショッピング

　発行体（企業）は一番高い格付を付与する格付会社に依頼しがちで，それがいわゆる格付ショッピング問題です。現在のように発行体から料金を徴収するという発行体手数料モデルでは，格付ショッピングを防ぐことは容易ではありません。

　米国の新興格付会社Eagan-Jonesは自社のホームページに大手格付会社と自社との格付を比較分析し，発行体手数料モデルは，発行体からの収入に依存しないビジネスモデルよりも，平均して0.2ノッチ高く格付されているとする論文を公表しています。

　格付ショッピング対策として，複数格付を義務化して，低いほうの格付を利用するようなルールが導入できればよいのですが，時代に逆行する流れであり，実現は難しいものと考えられます。

　ただし，格付会社の累積デフォルト率の計算は各社に任せていますが，バーゼルⅡの累積デフォルト率規制に合わせた数値を毎期公表させるような仕組みは有効かもしれません。

　現在の発行体手数料モデルは，格付ショッピング問題のほか，利益相反の恐れがあるとして否定的な意見が多く見られますが，他のビジネスモデルが成立するかは微妙です。

（4）格付ビジネスモデル

　ビジネスモデルとすると，発行体手数料モデル，投資家購買料モデル，公益事業モデルの3つが考えられます。

　投資家に格付情報を販売するという投資家購買料モデルは，そもそも1970年代に大手格付会社が経営不振に陥ったモデルでもあり，格付そのものは厳格に付与できても，経営的に格付会社が経営できるかどうかは未知数です。

　公益事業モデルは，例えば公的機関化するというものです。

　ギリシャのソブリン格付では大手格付会社の格下げに対する風当たりが強かったのですが，仮に「公的格付機関」が存在し，ギリシャをA格など一定

の格付に維持した場合にどうなるのでしょうか。公的格付機関の格付がA格以上であれば債券の評価は時価でなくて簿価でよいとか，リスク・ウェイトは少なくて済むといった仕組みを導入すれば，少なくとも急激な変動は避けられ，ある程度は安定するかもしれません。

振り返ってみると，ギリシャの財政悪化が伝えられて国債が急落したのは2009年の秋でした。これを反映してS&Pは2009年12月にA－からBBB＋に，翌2010年4月にBB＋に格下げしています。ムーディーズは2009年12月にA1からA2に，2010年4月にA3，同年6月になって一挙にBa1に引き下げています。

ギリシャ債務問題については，2010年1月当時，ある専門家は，"国債金利8%を払いながらの財政再建は，単独では無理というのが常識。本質的背景はユーロ発足時からの懸念事項で，中央銀行が1つで，金利政策が1つしかなく，為替調整メカニズムが効かないこと。"と喝破しています。

財政再建の道筋ができなければ「公的格付機関」の格付とは無関係に，いずれは債務が払えなくなり，格付を信じた投資家は損失を被ることになります。

》5 格付会社に関する監督規制

IOSCOの「信用格付機関の基本行動規範」が策定され，格付会社が経営で目標とすべき座標軸ができました。

日本では金融商品取引法改正による「信用格付業者登録制度」が導入され，格付会社に対する監督が強化されました。これに付随して，「信用格付業者向けの監督指針」も公表され，格付会社のガバナンスや経営の透明性を確保するという面では大きく前進しています。

サブプライム問題では，一部の格付会社の営業姿勢が批判の対象となりましたが，こういった無理な行動は防止できるものと期待されます。

ただし，金融商品取引業等に関する内閣府令第325条において，金融庁長官が信用格付業者に対して法令に基づく権限を行使する際には，個別の信用格付又は信用評価方法の具体的内容については関与しないよう配慮することを明確

化しています。

　すなわち、格付会社の個別格付の妥当性等については監督の範囲外となっているわけです。金融機関であれば、監督官庁による立入検査において、個別貸付金の資産査定や社内格付の妥当性が検査対象になり、そのことが金融機関の健全性維持に効果を発揮しているのですが、こういうことまでは行わないということです。

≫6 格付利用と財務分析の併用

(1) ニュースリリースの精読

　格付会社の格付符号のみを利用している投資家もいると思われますが、格付符号のみに目を奪われるのではなく、格付付与に伴って公表されるニュースリリースを熟読すれば、その企業の状況を把握することが可能です。

　例えば、エルピーダはBBB-で破綻してしまいましたが、ニュースリリースをきちんと読めば、かなり厳しい状況にあることがわかるはずです。

(2) 業界レポートの活用

　企業のクレジットを理解するには、業界分析が不可欠となります。かつては業界団体を訪問したり、業界誌を購読したりして知識を身につけて業界を分析していたものです。

　格付会社の業界レポートには、格付において重視すべきポイントが明確に示されており、レベル的にも高品質なものが数多く見られますので、これらのレポートを活用することが効果的であると考えられます。

(3) 財務分析の併用

　格付ランクを推定する上では、EBITDA、自己資本、有利子負債の比較分析である程度の目的は達せられます。デフォルトは負債を返済できないことを意味しますので、返済財源となるEBITDAや自己資本をきちんと評価すれば、

おおよそのレベル感はつかめます。

　しかしながら，業種や業界ごとに特性がありますので，決まった財務指標だけですべての格付を説明することは至難の業といえます。

　投資家という観点からは，業績に不安のある企業をきちんとフォローする必要が生じます。その場合のポイントは，業績変動が自己資本にどの程度の影響を与えるかを推定することです。

　例えば，エルピーダであれば予想される赤字幅は財務制限条項で示された純資産（自己資本）に抵触するかどうかです。リーマンであれば不良化資産の温床といわれたレベル3の時価評価できない資産が無価値となると，どの程度，自己資本を毀損するかということになります。

　格付BBB格に投資するのであれば，業績動向を見て必要により詳細な分析を行うべきですし，それができないのであれば投資しないか，あるいは損切りルールを決めて早めに処分すべきものと考えます。

【参考文献表示】
ムーディーズ「格付手法：世界の製薬業界」（2010年9月30日）
ムーディーズ「格付手法：世界の化学業界」（2010年9月30日）
ムーディーズ「世界の自動車業界」（2011年8月25日）
ムーディーズ「格付手法：世界の海運業界」（2010年9月30日）
ムーディーズ「世界の通信業界」（2011年2月）
ムーディーズ「世界の小売業界」（2011年8月4日）
Eagan-Jones「The Issuer-Pays Rating Model and Ratings Inflation: Evidence from Corporate Credit Ratings」（2011年11月）
日本証券業協会「売買参考統計値／格付マトリクス」（平成24年6月1日）

索引

【アルファベット】

ABS …………………………… 52
CAMELS ……………………… 50
CBO …………………………… 96
CDO …………………………… 88
CLO …………………………… 92
D／Eレシオ …………………… 47
DER …………………………… 47
DIP型 ………………………… 219
DRAM ………………… 101, 209
EBITDA ………………… 46, 198
EBITDA乗数 ………………… 226
EDINET ……………………… 121
FRB …………………………… 99
IOSCO …………………… 5, 105
M&A …………………… 143, 226
NAIC ………………………… 34
NR …………………………… 67
NRSRO …………………… 5, 10
RMBS ………………………… 88
ROA …………………………… 46
SEC …………………………… 28
SPV …………………………… 52

【あ行】

一般担保権 …………………… 19
依頼格付 ……………………… 22

インタレスト・カバレッジ …… 45
売上総利益 …………………… 197
売上高営業利益率 …………… 48
運用ガイドライン …………… 35
運用受託機関 ………………… 35
営業CF ……………………… 46
営業利益 …………………… 197
エマージング・マーケット・ボンド … 39
オペレーショナル・リスク …… 29
オリジネーター ……………… 52

【か行】

会計監査人 ………………… 217
会社更生法 …………… 102, 207
格付アナリスト ………… 13, 238
格付委員会 …………………… 56
格付格差 ………………… 71, 82
格付ショッピング ……… 26, 245
格付対象 ……………………… 21
格付取消し …………… 65, 244
格付の方向性（アウトルック）… 17
格付符号 ……………………… 15
格付レター …………………… 17
勝手格付 ……………………… 22
株主資本 …………………… 203
監督指針 ……………… 31, 112
管理運用方針 ………………… 35

基準レベル	58	財務リスク	42
基本行動規範	105	サブプライムローン	88
キャッシュ・フロー	45, 54, 198	産活法	102, 219
キャッシュ・フロー計算書	199	産業リスク	41, 183
キャッシュ・フロー比率	45	自家運用	35
キャピタリゼーション比率	45	事業会社格付	21
業種別格付方法	41, 180	事業基盤	185
業種別格付方法レポート	178	事業等リスク	209
協調融資	217	事業リスク	42
業務改善命令	114	自己資本	203
金融安定理事会	111	自己資本比率	45, 47, 206
金融機関格付	21	自己資本比率規制	28
金融商品取引法改正	112	資産担保証券	88, 229
クレジット・イベント	92	指定格付機関制度	111
クレジット・デフォルト・スワップ	92	純資産	203
クレジット・モニター	18	証券化商品	30
経常利益	198	少数株主持分	204
継続企業の前提に関する注記	102, 219	使用総資本事業利益率	45
公益事業モデル	245	シンジケートローン	212
個別企業リスク	42	シンセティックCDO	92
コホート	65	信用格付機関改革法	8, 10, 109
コミングリング・リスク	54	信用格付業者制度	112
		信用補完	54
【さ行】		信用保証協会	98
サービサー	54	信用リスク	29, 39
債権譲渡	52	スタンドアローン	21, 50
財務制限条項	212, 219	スタンドアローン格付	74
債務の株式化	64	ストラクチャード・ファイナンス	9
債務免除	64, 142		

ストラクチャード・ファイナンス格付
　……………………………………21
ストラクチャード・ファイナンス商品
　………………………………52, 106
セーフティ・ネット………………51
セグメント情報………………… 195
相関係数……………………………93
その他の包括利益累計額……… 203
ソブリン格付…………………22, 51
ソルベンシー・マージン比率規制……33

【た行】

第一次証券化………………………88
第二次証券化………………………88
短期格付……………………………18
担保提供資産…………………… 207
長期債務格付………………………18
適格格付機関…………………6, 29
適債基準……………………………5
デフォルト…………………………63
デフォルト相関……………………93
デフォルトリスク…………………29
デフォルト率………………………93
投機的格付…………………17, 243
東京都債券市場構想………………96
投資家購買料モデル…………… 245
投資適格……………………………17
特別目的会社………………………85
ドッド＝フランク法…………… 110

トランシェ…………………………88
トリガーレベル……………………58

【な行】

内部格付手法………………………29
日本インベスターズ・サービス……6
日本公社債研究所…………………6
ネット・キャピタル・ルール……28
ネットＤ／Ｅレシオ………………47
年金積立金管理運用独立行政法人……35
ノッチ………………………………17
ノッチ差………………………… 123
のれん……………………… 143, 198

【は行】

バーゼル2.5………………………30
バーゼルⅡ…………………… 29, 57
ハイ・イールド債…………………17
ハイブリッド証券……………21, 51
発行体格付…………………………18
発行体手数料モデル………… 22, 245
払込資本………………………… 203
非依頼格付…………………………22
標準的手法…………………………29
ファイブ・フォース・モデル……42

【ま行】

三國事務所…………………………6
民事再生法……………………… 207

無担保適債基準……………………………… 5
メイン銀行……………………………70, 206
メザニンクラス………………………………88
モニタリングレベル…………………………58

【や行】

有価証券報告書………………………… 193
優先出資証券……………………………21
優先劣後構造…………………………54, 89
有利子負債……………………………202, 215

【ら行】

リース債務……………………………… 202
リーディングカンパニー………129, 238
リスク・ウェイト………………………29
リスク係数………………………………33
リスク量…………………………………93
流動性補完………………………………54
累積デフォルト率…………………59, 68
レーティング・モニター………18, 127
劣後ローン………………………………19
レビュー……………………………… 237
連邦破産法第11条………………69, 234

執筆者紹介

近藤　登喜夫（こんどう　ときお）

【略歴】

　1952年生まれ。早稲田大学商学部卒業後，三井生命保険に入社。融資及び財務審査を22年，有価証券等のリスク管理業務を8年経験。主な職歴は，企画グループマネージャー，融資第二グループマネージャー，リスク管理部長，内部管理部門長（リスク管理，法務，コンプライアンス担当）。定年後，運用審査部に嘱託として勤務。

　格付を付与する立場として日本格付研究所の格付アナリスト，格付を取得する立場として格付会社のレビュー対応，格付を利用する立場では格付ランクごとのクレジットリスク枠の設定など，格付に関する豊富な経験を有する。

　保有資格は，中小企業診断士，証券アナリスト（CMA），公認内部監査人（CIA），公認金融監査人（CFSA），認定事業再生士（CTP）など。

【著書論文】

「生保会社における貸付の役割と見通し」（『生命保険経営』）
「資産金融の証券化および流動化商品」（『生命保険経営』）
『業種別審査事典』（きんざい：共著）
「IIA国際基準と保険検査マニュアルの比較研究」（『月刊監査研究』：主担当）
など。

著者との契約により検印省略

平成25年2月1日 初版発行　　格下げは"事前に予測"できる！
　　　　　　　　　　　　　　社債格付の基本

著　者　　近　藤　登　喜　夫
発行者　　大　坪　嘉　春
製版所　　美研プリンティング株式会社
印刷所　　税経印刷株式会社
製本所　　株式会社　三森製本所

発行所　東京都新宿区下落合2丁目5番13号　株式会社　税務経理協会
郵便番号 161-0033　振替 00190-2-187408　電話 (03) 3953-3301 (編集部)
FAX (03) 3565-3391　　　　　　　　　　　(03) 3953-3325 (営業部)
URL　http://www.zeikei.co.jp/
乱丁・落丁の場合はお取替えいたします。

Ⓒ　近藤　登喜夫　2013　　　　　　　　　　　　　　　Printed in Japan

本書を無断で複写複製（コピー）することは，著作権法上の例外を除き，
禁じられています。本書をコピーされる場合は，事前に日本複製権セン
ター（JRRC）の許諾を受けてください。
　　　　　　　JRRC〈http://www.jrrc.or.jp　eメール：info@jrrc.or.jp
　　　　　　　電話：03-3401-2382〉

ISBN978－4－419－05913－2　C3034